Die IG Metall nach dem Boom

Kurt Thomas Schmitz

Die IG Metall nach dem Boom

Herausforderungen und strategische Reaktionen

DIETZ

Bibliografische Information der Deutschen Nationalbibliothek
Die Deutsche Nationalbibliothek verzeichnet diese Publikation in der Deutschen Nationalbibliografie; detaillierte bibliografische Daten sind im Internet über http://dnb.dnb.de abrufbar.

ISBN 978-3-8012-0575-1

Verlag J. H. W. Dietz Nachf. GmbH
Dreizehnmorgenweg 24, D-53175 Bonn
Umschlaggestaltung: Jens Vogelsang, Aachen
Satz: Ricarda von Klitzing, Bonn
Druck und Verarbeitung: Bookpress, Olsztyn

Printed in Poland 2020

Besuchen Sie uns im Internet: *www.dietz-verlag.de*

Inhalt

Zu diesem Buch

Wolfgang Schroeder

Die IG Metall von 1975-2005: Vorgeschichte der Gegenwart organisatorischer Transformationsprozesse

Wie kommt es, dass die IG Metall trotz epochaler Wandlungsprozesse auf den Weltmärkten, neuer Technologien, sozialstruktureller sowie umweltpolitischer Herausforderungen auch im beginnenden 21. Jahrhundert immer noch ein zentraler wirtschafts- und arbeitsmarktpolitischer Akteur ist? Sich mit dieser Frage zu befassen, heißt, ein Verständnis für die Komplexität von Transformationsprozessen in Branchen und Unternehmen zu entwickeln. Diese Perspektive greift aber zu kurz, wenn man nicht zugleich die kollektiven Akteure berücksichtigt, die eine eigene Idee und Praxis von und für die soziale Einbettung wirtschaftlichen Handelns haben. Was müssen also große soziale und politische Organisationen leisten, um sich erfolgreich an veränderte Umweltbedingungen anpassen zu können? Genau darum geht es in der zeithistorischen Studie, die Kurt Thomas Schmitz zu den Wandlungsprozessen in der IG Metall zwischen 1975 und 2005 vorlegt.

Der Einfluss der IG Metall, die nicht nur die größte europäische Gewerkschaft im verarbeitenden Gewerbe ist, reicht weit über die Automobilindustrie hinaus. Zugleich ist dieser Akteur ein wichtiger Schlüssel zum Verständnis des deutschen Sozialstaates und seiner Arbeitsbeziehungen. Die besondere Rolle der IG Metall in Wirtschaft, Sozialstaat und Politik geht darauf zurück, dass sie mit ihren Aktivitäten, Ressourcen und Instrumenten einerseits Teil der exportorientierten Institutionenordnung ist, und andererseits zeichnet sie sich durch vitale Verbindungen zu und eigene Ansätze in der sozialen Bewegungspolitik aus. Wer sich also mit einem solchen Akteur auf empirischer Grundlage befasst, kann sicher sein, dass er kein randständiges Thema im Bereich Wirtschaft und Politik anfasst. So ist es auch mit der Studie von Kurt Thomas Schmitz, die uns einen tief greifenden Einblick in die Vorgeschichte der Gegenwart der Neuausrichtung der Gewerkschaftspolitik vor und im beginnenden digita-

len Zeitalter vermittelt. Es geht um die Weichenstellungen, die die IG Metall seit dem Strukturbruch der siebziger Jahre bis zum Beginn des Jahrtausends vollzogen hat.
Ausgangspunkt zum Verständnis der gewerkschaftlichen Gegenwartspolitik ist der in den siebziger Jahren einsetzende sozio-ökonomische Strukturbruch[1], der nicht einfach mit dem Zusammenbruch des Bretton-Woods-Systems (1971), der Ölpreiskrise (1973), dem Aufstieg des Neoliberalismus, der sich in Deutschland anders, als in den USA oder Großbritannien, zwar weniger drastisch artikulierte, gleichwohl im Bereich der Steuer- und Sozialstaatspolitik mit einem deutlichen Rück- und Umbau korrelierte.[2] Zum Strukturbruch, der nach dem „kurzen Traum immerwährender Prosperität"[3] (Burkhard Lutz) einsetzte, gehört, dass die etablierten Branchen, die den Aufstieg der deutschen Wirtschaft mit verantworteten, wie die Werften, Stahl-, Textil- und Uhrenindustrie, entweder vor dem Aus standen oder vor einer tief greifenden Umstrukturierung wie es insbesondere in der Automobil-, Maschinenbau- und Elektroindustrie der Fall war, was zugleich vielfältigste Unsicherheiten mit sich brachte. Denn mit diesen Niedergängen und Umbrüchen stiegen neue Mitbewerber in den Ring, vor allem aus dem asiatischen Raum, zunächst die japanische und koreanische Industrie, und der Wettbewerb wurde in vielfältiger Weise rauer und unübersichtlicher. Am Ende dieser konfliktreichen Jahre, in denen es auch zwischen Sozialdemokratie und Gewerkschaften zu schweren Spannungen gekommen war, stand ein neues Paradigma in der politischen Ökonomie: Die Expansion des Sozialstaats wurde für beendet erklärt und die Angebotsbedingungen für die Unternehmen verbessert.[4]
Während die Strukturbruchthese für den sozioökonomischen Wandel und die politisch-ökonomischen Veränderungen auf die Zeit seit Mitte der siebziger Jahre datiert werden kann, stellt sich dies mit Blick auf die Arbeitsbeziehungen und die Gewerkschaften in der Bundesrepublik Deutschland leicht anders dar.
Dort erfolgte die eigentliche Zäsur zeitverzögert in den neunziger Jahren. Bezogen auf diese Inkubationszeit, in der gleichwohl die zentralen Strukturveränderungen für die IG Metall bereits ihren Ausgang nahmen, beleuchtet die Studie von Kurt Thomas Schmitz die Verbindungslinien zwischen Strukturbruch, Arbeitsbeziehungen und Gewerkschaftsmodell und fragt danach, wie und wann die Gewerkschaften auf den massiven sozio-

ökonomischen Wandel und die damit einhergehenden vielfältigen Herausforderungen reagierten. Er leitet die gewerkschaftlichen Aktivitäten nicht abstrakt ab, sondern versucht sie in den Richtungskämpfen der Organisation zu verorten.

Die Gewerkschaften stecken heute immer noch mitten in einem weit reichenden Umbauprozess, dessen Wurzeln bis in die siebziger Jahre zurückreichen. Mit ihren strategischen Suchbewegungen versuchen sie sich organisatorisch und konzeptionell auf die Herausforderungen des veränderten flexiblen und digitalen (postfordistischen) Wettbewerbsmodus einzustellen. Die für Gewerkschaften und Arbeitsbeziehungen konstatierten Krisensymptome treten seit den neunziger Jahren deutlich hervor. Abgesehen von einem verstärkenden Effekt durch die deutsche Wiedervereinigung lassen sich die zugrunde liegenden Probleme und Schwierigkeiten letztlich jedoch auf die umfassenden Veränderungen seit den siebziger Jahren zurückführen.

Auf die Wachstumseuphorie der Nachkriegszeit folgte für die Gewerkschaften eine „Phase der Verunsicherung"[5], wie Klaus Schönhoven die achtziger Jahre beschrieb. Diese Bezeichnung ist insofern zutreffend, als sich die Rahmenbedingungen gewerkschaftlichen Handelns in der Folge des Strukturbruchs zwar sukzessive wandelten, diese Entwicklungen wegen institutioneller Puffer aber erst zeitversetzt in die Arbeitsbeziehungen eingedrungen sind.

Der eklatante Strukturwandel der deutschen Wirtschaft, der von vielen Beobachtern fälschlicherweise als „Abschied vom Industrieland" (Werner Plumpe) apostrophiert wurde[6], zeigte sich insbesondere in den Umbrüchen der Produktionsstrukturen. Geprägt wurden diese strukturellen Verschiebungen, die nicht zuletzt mit dem Aussterben ganzer Berufsgruppen verbunden waren, durch den Aufstieg der Dienstleistungsökonomie[7], die den Arbeiter aus seiner kulturell hegemonialen Position verdrängte; aber auch mit dem langsamen und schließlich dem explosionsartigen Wachstum eines prekären Niedriglohnsektors, der zum Teil die Funktionen übernahm, die zuvor innerhalb der Industrie verankert waren. Die Geschichte der siebziger Jahre kann daher mit Fug und Recht als „Untergangsgeschichte alter Industrien sowie der mit ihr verbundenen Sozialmilieus und als Geschichte vom Verschwinden des Normalarbeitsverhältnisses" erzählt werden.[8]

Damit korreliert aber auch die Geschichte des „Abschieds vom Malocher", womit die IG Metall vor enorme Herausforderungen gestellt wurde. Denn während für die einen die Gewerkschaft „Heimat" war, musste diese für die anderen, die „ArbeitnehmerInnen neuen Typs", die sich durch höhere Qualifikationen auszeichneten, erst entwickelt werden. Denn Milieu und Habitus des Industriearbeiters, die Eingang in die Alltagskultur gefunden hatten, spielten auch für die Gewerkschaftsmitgliedschaft eine zentrale Rolle. „Die ArbeitnehmerInnen neuen Typs" entsprachen nicht mehr der klassischen gewerkschaftlichen Basis, zugleich erodierten auch die mit ihnen verbundenen gewerkschaftlichen Hochburgen. Gleichzeitig entstand eine strukturelle Massenarbeitslosigkeit, bei der Millionen von einfachen Arbeitsplätzen im industriellen Sektor verloren gingen. Dadurch wurde eine große Zahl von ArbeiterInnen freigesetzt, die mit ihrer (geringen) Qualifikation vielfach keine Chancen mehr auf einen neuen, guten Arbeitsplatz besaßen.[9] Der Versuch, darauf mit einer offensiven Politik der Arbeitszeitverkürzung zu reagieren, fiel im Ergebnis ambivalent aus.

Die soziostrukturellen und ökonomischen Rahmenbedingungen, Konstellationen und Voraus-setzungen, unter denen sich gewerkschaftliches Handeln in der Bundesrepublik vollzog, hatten sich damit erheblich gewandelt. Getrieben durch technologische und wettbewerbliche Prozesse entwickelte sich mit und durch Wirtschaftswachstum, Produktivitätssteigerungen und Zuwanderung eine modifizierte soziostrukturelle Basis,[10] die letztlich auch den flexiblen, globalisierungsorientierten Kapitalismus mit einer neoliberaler Ideenwelt flankierte. Die IG Metall hat diese Veränderungen lange unterschätzt und teilweise auch falsch verstanden. Das gleiche gilt auch für den sukzessiven Teilrückzug eines größer werdenden Teils der Arbeitgeberschaft aus der Bindung an den Flächentarifvertrag. Jedenfalls erfolgte die organisatorische und ideenpolitische Annahme dieser Herausforderungen, um auch unter veränderten gesellschaftlichen und wirtschaftlichen Bedingungen attraktiv sowie handlungs- und durchsetzungsfähig zu sein, mit deutlicher Verzögerung. Dass die IG Metall lange mit ihrem Umbau zögerte und sich damit einer offensiveren Anpassung an veränderte Umweltbedingungen entzogen hat, ist auf innerorganisatorische Richtungskämpfe zurückzuführen, die in der Arbeit von Kurt Thomas Schmitz nachgezeichnet werden.

Eine Zäsur, die eindimensional den Aufbruch in eine andere Ideen- und Organisationswelt markiert hätte, gab es damit für die IG Metall in den siebziger und achtziger Jahren nicht. Am ehesten hätte der in diesem Zeitraum erfolgte Zusammenbruch der gewerkschaftlichen Gemeinwirtschaft das Potential entfalten können, eine forcierte Umbaupolitik der Gewerk-schaften mitzubefördern.[11] Der unglaubliche Sinkflug der gewerkschaftlichen Gemeinwirtschaft in den achtziger Jahren war unter anderem das Ergebnis eines längeren Prozesses nicht realisierter Anpassungen an die veränderten Umweltbedingungen. Anselm Doering-Manteuffel und Lutz Raphael sprechen von einer Transformation und Neukonfiguration von Industrie, Staat und Gesellschaft, für die das Jahrzehnt zwischen 1960 und 1970 den Ausgangspunkt bildete und die „ein bis anderthalb Jahrzehnte später in der Breite spürbar" wurde.[12] Aus dieser Perspektive betrachtet stellt der Strukturbruch[13] oder Paradigmenwechsel daher keine „Zäsur" dar, sondern ist von „Umbruch und Kontinuität" beziehungsweise „Beharrung und Wandel" geprägt.[14]

In der institutionell-politischen Rahmung sowie den internen Ressourcen der IG Metall liegt eine wesentliche Ursache dafür, dass die Strukturen des neuen flexibilisierten Kapitalismus nicht eins zu eins auf die Arbeitsbeziehungen übertragen wurden. Indem die Gewerkschaften die Soziale Marktwirtschaft anerkannten, und sie zugleich veränderten, übernahmen sie eine zentrale Rolle für die Stabilität des Systems. Als demokratische Massenorganisationen organisierte sich die IG Metall als einheits- und industriegewerkschaftlicher Akteur, der dem Prinzip „ein Betrieb, eine Gewerkschaft"[15] folgte. Diese Organisation auf Branchen- oder sektoraler Ebene findet sich spiegelbildlich bei den Arbeitgeberverbänden. Erst aufbauend auf dieser Konstellation konnte das Instrument der Flächentarife seine große Bedeutung erlangen, die nicht zuletzt durch ihre den Arbeitsfrieden sichernde Wirkung stabilisierend auf die Sozialpartnerschaft und das deutsche Modell wirkten.

Diese starke und umfassende Startprogrammierung der Nachkriegszeit veränderte sich seit den neunziger Jahren deutlich. Zentrale Indizien sind eine zurückgehende Mitgliederstärke sowie die Erosion der Bindung an den Flächentarifvertrag durch die Arbeitgeber. Es stellt sich daher die Frage, warum diese Erosionstendenzen von den Gewerkschaften erst so spät intensiver und zielgerichteter bearbeitet werden konnten. In der

systematischen Analyse von Kurt Thomas Schmitz wird die meist pfadabhängige Reaktion deutlich, während die Herausforderungen deutlich darüber hinaus weisen.
Die Arbeit von Kurt Thomas Schmitz ist ein wichtiger Beitrag zum Verständnis der Leistungs- und Wandlungsfähigkeit der IG Metall im großen Transformationsprozess der deutschen exportorientierten Industrie. Als zeitgeschichtliche Analyse, die aus einer akteursbezogenen Perspektive argumentiert, sprengt sie den verengten Blick auf Branchen und Unternehmen ebenso wie die deduktive Herangehensweise, die sich über abstrakte kapitalistische Strukturveränderungen legitimiert, indem sie die Organisation ins Zentrum der Analyse rückt. Der Beitrag von Kurt Thomas Schmitz zur „Gesellschaftsgeschichte Westeuropas nach dem Boom“[16] besteht also primär darin, dass er sie von der organisatorischen Seite aus betrachtet. Er weist in seiner Studie nach, dass die Entwicklung der IG Metall in den ersten Jahrzehnten nach dem sozio-ökonomischen Strukturbruch mit keiner wirklichen Zäsur keiner Disruption, verbunden war. Vielmehr kann von einem stückweisen Wandel mit pfadabhängigen Entwicklungslinien gesprochen werden. Es zeigen sich zwar früh zahlreiche Risse, die einen schleichenden Wandel befördern, der für die handelnden Akteure aber selbst nicht immer so klar greifbar war, dass daraus eindeutige strategische Linien abgeleitet werden konnten. Gewerkschaften sind Teil der Wirtschafts-, Sozial- und der Gesellschaftsgeschichte, was mit der Studie von Kurt Thomas Schmitz eindrucksvoll unter Beweis gestellt wird.

Kapitel 1

Einleitung

Der zeitgeschichtliche Blick auf Deutschland lässt die ersten Nachkriegsjahrzehnte als „goldene Jahrzehnte" wahrnehmen, in denen die Herausbildung wirtschaftlicher Prosperität einherging mit der Etablierung demokratischer Institutionen und Aushandlungen, die zugleich ein stabilrobustes System der industriellen Beziehungen mit starken Akteuren ermöglichten und etablierten. Dass die Phase des Booms sich Mitte der siebziger Jahre ihrem Ende zuneigte und sich ein struktureller Wandel in Umrissen abzuzeichnen begann, ist eine Beobachtung und Feststellung, die mehrheitlich von involvierten Akteuren wie von wissenschaftlichen Analytikern geteilt wird. So prominent Anselm Doering-Manteuffel und Lutz Raphael, deren Konzept des Strukturbruchs „die Beobachtung von zahlreichen Brüchen an unterschiedlichen Stellen und zu unterschiedlichen Zeitpunkten in den westeuropäischen Ländern bündeln soll"[17].

Der Strukturbruch lenkt den Blick auf den Wandel und die Umgestaltung, auf Anstöße für Veränderungen, auf kleine und große Umbrüche. Die Autoren weisen auf die Reichweite des Konzeptes hin: „Solche Brüche sind augenfällig, wenn man auf die Entlassungen und dann Schließung von Werften, Stahlwerken oder Zechen oder deren Auswirkungen auf Kernregionen der ersten und zweiten Industrialisierung denkt. (...) Wir sind uns bewusst, dass diese Betonung von Brüchen und deren Rückwirkung auf andere Bereiche von Gesellschaft, Politik, Wirtschaft und Kultur auf den ersten Blick in Widerspruch gerät zu der anderen Beobachtung, wonach Kontinuitätslinien in Staat, Wirtschaft und Kultur aus der Zeit des Booms in die nachfolgenden Jahrzehnte hineinreichen. Es wäre historisch geradezu widersinnig, einen glatten Bruch innerhalb hochkomplexer Transformationsprozesse zu postulieren. Deshalb haben wir betont, dass die Kategorien Strukturbruch und sozialer Wandel von revolutionärer Qualität kein einheitliches Szenario abbilden. Der dynamische Wandel nach dem Boom kann nur dann angemessen erfasst werden, wenn man auch die Gegentendenzen, die Kontinuitäten und das Verharren, in den Blick nimmt – das europäische Soziaalstaats-Modell etwa oder die relati-

ve Zukunftssicherheit der Rentner. Unser Argument jedoch zielt dahin, dass Wandel sich auch innerhalb des Verharrenden, innerhalb klarer Kontinuitäten, vollständige und revolutionäre Qualität entfalten kann".[18]
Dieses Konzept ist geeignet die gewerkschaftliche Entwicklung und insbesondere die der IG Metall in der Phase nach 1970 zu beobachten und zu analysieren. Der Strukturbruch seit den siebziger Jahren erfasste die Gewerkschaften und führte zu Schwierigkeiten, die in Brüchen auf gewerkschaftlicher Ebene endeten. „Worauf gründen die gewerkschaftlichen Probleme? Ein wichtiger Grund liegt in veränderten ökonomischen und politischen Bestandsvoraussetzungen gewerkschaftlicher Politik. Arbeitslosigkeit, unstetes Wachstum, angebotsorientierte Wirtschafts- und Finanzpolitik sowie der betriebliche Wandel sind Stichworte, welche vor allem die äußere Umwelt der gewerkschaftlichen Organisation beschreiben. Ein weiterer wichtiger Grund besteht in der Ausdifferenzierung der Interessen des gewerkschaftlichen Klientels. Divergierende Interessen von Beschäftigten und nicht Beschäftigten, der soziale Wandel sowie Mitgliederverluste sind hier wichtige Anhaltspunkte, welche besonders die Umwelt der Organisation betreffen."[19]
Der Zusammenbruch der Eisen-, Stahl- und Werftindustrie in Deutschland und im westlichen Europa[20] verschob die Ränge. Anselm Doering-Manteuffel und Lutz Raphael weisen auf den Zusammenbruch hin: „Die Umbrüche in den westeuropäischen Gesellschaften – (lassen) – sich (...) nur verstehen, wenn man das ab Mitte der 1970er Jahre wachsende Spannungsverhältnis zwischen der Erfahrungsräumen der Industriegesellschaft und den Erwartungshorizonten der heraufziehenden ‚Dienstleistungsgesellschaft' ernst nimmt. Anhand der zahlreichen Prozesse, Streiks und Konflikte, die mit der Deindustrialisierung einhergingen, lässt sich beispielsweise erkennen, dass diese eben auch eine Politisierungsgeschichte hat, die bis heute nachwirkt."[21] Es ist der Zeitraum „der Zusammenhänge zwischen den Umbrüchen auf betrieblicher Ebene, den Veränderungen im Feld der Wirtschaftspolitik sowie dem Wandel von Leitbildern und Semantiken unternehmerischen Handelns".[22]
Anselm Doering – Manteuffel und Lutz Raphael halten fest: „Wir arbeiten mit der These, dass die Herausbildung des digitalen Finanzmarkt-Kapitalismus die wichtigste und wirkmächtigste Kraft innerhalb des komplexen Wandlungsgeschehens bildet, das seit vier Jahrzehnten zu be-

obachten ist."[23] Sie ordnen die Entwicklung vom Boom über den Strukturbruch in eine neue Phase ein. „Der Wirtschaftsboom seit den 1950er Jahren lieferte (...) die notwendige materielle Grundlage. Erst die wirtschaftliche Umbruchzeit der Ölpreisschocks von 1973 und 1979 stellte diesen Konsens in Frage. Monetaristische Vorstellungen gewannen an Überzeugungskraft, seit die politökonomische Steuerungskompetenz des keynsianischen Modells erschöpft zu sein schien. An dessen Stelle wurde, wirtschaftsideologisch, ein Modell gesetzt, welches dem individuellen Interesse des Kapitaleigners den unbedingten Vorrang einräumte vor dem konsensualen Interesse der Vielen mit unselbständigen Einkommen und dem Wunsch nach sozialer Sicherheit. Die wirtschaftsideologische Rhetorik des alsbald ‚neoliberal' genannten neuen Modells pointierte allein auf das individuelle Interesse hin. Das Gesamtinteresse der Gesellschaft kam darin nicht vor. Diese Rhetorik bezeichnete das Interesse an persönlichem Vorteil und Gewinn als zeitgemäß und verantwortungsbewusst. Damit qualifizierte sie es als moralisch höherwertig gegenüber der Orientierung am ‚liberalen Konsens', der jetzt als überholt, träge und bequem denunziert wurde."[24]
Sie weisen weiter auf das Nebeneinander der Problemlagen hin: „In der Epoche nach dem Boom trafen mithin die ursprünglich einander gänzlich fremden Komponenten der Digitalisierung in Technik und Informationen, die in individualistische Wirtschaftsideologie aus dem Geist des Monetarismus und die neuartige libertäre beziehungsweise künstlerische Gesellschaft und Kapitalismuskritik aufeinander trotz dieses Zusammentreffens hat die ökonomische und kulturelle Transformationskraft erzeugt, die den Industriestaat und sie Industriegesellschaft gewissermaßen neu konfiguriert hat. Das begann im Übergang von den 1970er zu den 1980er Jahren und wurde ein bis anderthalb Jahrzehnte später in der Breite spürbar. Seit 1990 verschmolz das Geschehen mit den Auswirkungen des Zusammenbruchs in den Ostblockländern, weshalb in der zeithistorischen Darstellung dieser Faktor als verstärkendes Element mitgedacht werden muss."[25]
Es ist zu untersuchen, welche Reaktionen auf die IG Metall einwirkten und von ihr aufgegriffen wurden, und wie sie in den Prozess der großen Umbrüche eingebunden sind. „Es wäre falsch, die Prozesse der gegenwärtigen Zeitgeschichte in eine Erzählung einmünden zu lassen, das allein

Verlust und Niedergang beschreibt, wo doch der Wandel zugleich Neues, Anderes, Vorwärtstreibendes hervorbringt."[26] Der Zeitraum der achtziger und neunziger Jahre kann als Übergangsphase verstanden werden, in der die Gewerkschaften, insbesondere die IG Metall, ihre Tarif- und Betriebspolitik und die Industriellen Beziehungen Schritt für Schritt an die Veränderungen anpassten. Es ist eine Wechselwirkung: Kleine Umbrüche lösen große Umbrüche aus und auch umgekehrt. Die IG Metall bezeichnete sich ab 2000 als eine Gewerkschaft in Produktion und Dienstleistung der Bereiche Metall-Elektro, Textil, Holz und Kunststoff, abgekürzt und zugespitzt „IG Metall – Gewerkschaft für Produktion und Dienstleistung im DGB". Es war ein Hinweis darauf, dass es Kräfte in der IG Metall gibt und gab, die beabsichtigen, die organisatorische Zuständigkeit über den bisherigen Rahmen der industriellen Bereiche hinaus auszudehnen. Schon in den späten achtziger Jahren setzte im Deutschen Gewerkschaftsbund (DGB) und in einzelnen DGB-Gewerkschaften die Diskussion über Neuordnung und Zusammenschlüsse von Einzelgewerkschaften zu erweiterten Organisationseinheiten ein. Mitgliederverluste und Finanzverluste zwangen zu Kooperationen, Fusionen und Integrationen und es entstand eine neue Gewerkschaftslandschaft in Deutschland. Es stellte das Konzept der traditionellen Einheitsgewerkschaft in Frage.
Die Industriegewerkschaft Metall war mit diesen vielfältigen Brüchen konfrontiert und sah sich aufgefordert, nach neuen Wegen zu suchen, um ihre Gestaltungskraft bei der Verbesserung der Arbeits- und Beschäftigungsbedingungen der Arbeitnehmerinnen in ihren Organisationsdomänen weiterhin ausüben zu können. Programmatik, Konzepte und Praktiken wurden auf den Prüfstand gestellt. Intendiert war eine Modernisierung von Politik und Organisation einer traditionellen Industrie(arbeiter)gewerkschaft, die als größte Einzelgewerkschaft innerhalb des Dachverbandes DGB immer auch im Kontext der gesamten Gewerkschaftsbewegung sich verortete und agierte. Das gilt auch für die Veränderungen der Gewerkschaftslandschaft, die organisatorisch auch von der IG Metall mit initiiert wurden. Die IG Metall trat seit 2000 als „Gewerkschaft für Industrie und Dienstleistung im DGB" auf am Ende einer Phase, in der sie Suchprozesse eingeleitet hatte, organisatorische Umstrukturierungen und ambitionierte Reformprojekte angeschoben hatte, deren Folgen und Ergebnisse mitunter zwiespältig ausfielen. Der von Jürgen

Habermas 1985 in Umlauf gebrachte Topos der „Neuen Unübersichtlichkeit“ konnte zum geflügelten Wort einer Gegenwartsdiagnose werden, weil er die Wahrnehmungen der beteiligten Akteure zutreffend wiedergab. Auch die Gewerkschaften sahen sich damit konfrontiert, im Strukturwandel sich neu zu positionieren, ohne sich von traditionellen Organisationsstrukturen und etablierten Politik- und Organisationsmustern und -routinen völlig abzuwenden, aber sich zugleich zu öffnen gegenüber neuen Trends und Chancen der Stärkung der gewerkschaftlichen Durchsetzungs- und Gestaltungsmacht.

Insofern sind die beiden Jahrzehnte nach dem Boom, die achtziger und neunziger Jahre in Deutschland für die IG Metall eine Übergangsphase, in der sich Umbrüche und Kontinuitäten mischen und neue Perspektiven gesucht werden.

Die vorliegende materiale Darstellung und Analyse fokussiert die Entwicklung der IG Metall im Zeitraum vom Ende der siebziger Anfang der achtziger Jahre bis zum Beginn des ersten Jahrzehnts des neuen Jahrhunderts, jenem Zeitraum, in dem der Boom der Nachkriegsjahrzehnte unwiederbringlich endet und mit dem Strukturwandel eine neue Phase startet, deren Konturen sich weiter in Bewegung finden und vorläufig sicher noch nicht als abgeschlossen angesehen werden kann. Nach 2003 wurden neue Ansätze der Mitglieder- und Organisationspolitik unter Einbeziehung des Organizing-Konzeptes[27] erprobt. Unter der Verantwortung des späteren Ersten Vorsitzenden Detlef Wetzel konnten auf diese Weise beachtliche Erfolge in der Mitgliederwerbung erreicht werden. Zu diesen Maßnahmen gehörten auch Bemühungen zur Modernisierung des Erscheinungsbildes in der Öffentlichkeit, eines auf Gewerkschaften zugeschnittenen Dienstleistungsmarketings und der Werbung insgesamt. Der Beginn des neuen Jahrzehnts nach 2000 markiert insofern eine vorläufige Zäsur, als neue organisatorische, personelle und organisationsstrategische Neupositionierungen der IG Metall deutlichere Konturen annehmen, deren Verlauf und Resultat derzeit offen bleibt und hier nicht weiter verfolgt werden kann.

Während der achtziger und neunziger Jahre, genauer in ihre Mitte, 1989/1990, mit der Implosion des Realsozialismus, dem Fall der Mauer und der deutschen Einigung, fällt ein epochales Ereignis, das unvorhersehbar war und alle Beteiligten, darunter auch die Gewerkschaften mit

unerwarteten und teilweise überfordernden Ansprüche an die Gestaltung von Wirtschaft, Gesellschaft und Politik konfrontierte, denen nicht auszuweichen war und einen Strukturwandel besonderer Art auslöste. Aufgaben eines Organisationsaufbaus, der Bewältigung von Finanz- und Mitgliederproblemen bis hin zum Kampf um die Angleichung von Lohn und Arbeitszeit in Ost und West führen zu Zuständen von „Erschöpfung" und „Verspätung" in der Organisationspolitik der IG Metall, deren Folgen die IG Metall in den neunziger Jahren zusätzlich zu verarbeiten hatte.
Die folgende Darstellung und Analyse der Entwicklung der IG Metall im Zeitraum der achtziger und neunziger Jahre konzentriert sich auf die zentralen Bereiche von Struktur und Politik: Mitgliederentwicklung, Tarifpolitik, gewerkschaftliche Programmatik, die Zukunftsdebatten und die Organisationsreform. Gewerkschaften umfassten als Dienstleistungsorganisationen ein breit gefächertes Arbeitsfeld. Die IG Metall mit mehr als 3000 Beschäftigten, ein Arbeitsplatz, der sich in ihren strukturellen Erscheinungsformen kaum von anderen Arbeitsplätzen in großen Dienstleistungsorganisationen unterscheidet. Zukunfts- und Reformdiskussionen flammten auf: Sie fanden jedoch nicht das notwendige innerorganisatorische Interesse. Es waren häufig eher Funktionärs- und nicht Mitgliederdebatten. Sie ähnelten denen in den Parteien, die stärker programmatisch fundiert waren. Mitte der achtziger Jahre, unmittelbar nach dem Kampf für die 35-Stunden-Woche, setzten Aktivitäten zur Modernisierung ein, die in den neunziger Jahren, trotz der Krisenerscheinungen fortgeführt wurden.
Tarif- und Betriebspolitik bilden den Kern der Interessenvertretung: Gewerkschaften unterstützen industriepolitische Aktivitäten und erstreiten höhere Löhne und kürzere Arbeitszeiten. Es ist ein Konflikt zwischen Industriepolitik und Aktionismus der Tarifverbände. Man verständigte sich nicht bei jeder Auseinandersetzung auf ein einheitliches Konzept für alle Gewerkschaften. Gewerkschaften im DGB arbeiteten auch nebeneinander her, wie z. B. in Fragen der Arbeitszeitverkürzung in den achtziger Jahren. Das tarifliche jährliche Alltagsgeschäft, je nach Laufzeit der Abschlüsse der Verträge, erforderte jedoch ein intensives Engagement. Die Zustimmung der Mitglieder war der wichtigste Grad für eine erfolgreiche Interessenvertretung. Dies änderte sich schlagartig Ende der siebziger Jahre und in den achtziger Jahren während der Streiks um die Durchset-

zung der 35-Stunden-Woche. Eine Konfliktpartnerschaft wie in der Boomphase war nicht mehr möglich; die Tarifpartner mussten jedoch Lösungen erarbeiten.

Heinrich August Winkler[28] beschreibt in einem bemerkenswerten Beitrag die Rolle der Gewerkschaften national und international. Er weist vorrangig auf die schwierige Lage der Gewerkschaften in ihrer Aufgabe als Interessenvertretung hin: „Was für die Belegschaften galt, traf auch auf die Gewerkschaften und (...) den Sozialstaat zu: Im Zuge der Entfesselung der Finanzmärkte gerieten sie zunehmend in die Defensive. Während der Faktor Kapital sich internationalisierte, blieb für den Faktor Arbeit der Nationalstaat der institutionelle Rahmen und das politische Bezugssystem. Im Außenverhältnis der Nationalstaaten untereinander galt es, die eigene Wettbewerbsfähigkeit zu stärken und sich möglichst viele Standortvorteile zu verschaffen. Je globaler der international Wettbewerb wurde, desto mehr wuchs der Druck auf die Nationalstaaten, soziale Besitzstände zu überprüfen. Ins Kreuzfeuer der Kritik geriet infolgedessen nicht nur alles, was als sozialprotektionistische Wettbewerbsverzerrung wirkte (subventionierte Scheinarbeit, überhöhte Mindestlöhne und rigide Kündigungsschutzregeln zu Lasten der Unternehmen und der Arbeitssuchenden etwa), sondern zunehmend der Sozialstaat schlechthin. Soweit es nach den konsequenten Wortführern des europäischen ‚Neoliberalismus' ging, war die Expansion der Sozialleistungen in der Zeit des Booms, namentlich die Abkoppelung vom Prinzip der Bedürftigkeit, eine historische Fehlentwicklung, die dringend der Korrektur bedurfte. Daraus ergab sich ein sozialpolitischer Minimalismus: Bestand haben sollte nur, was als Grundsicherung gegen existentielle Risiken wie Unfälle, Krankheiten, Altersarmut oder Arbeitslosigkeit unabdingbar erschien. Amerikanische Verfechter der ‚reinen' Marktwirtschaft gingen oft sehr viel weiter: Für sie standen faktisch staatliche Sozialleistungen grundsätzlich unter Sozialismusverdacht."

Die Darstellung und Interpretation des Verlaufs der beiden Jahrzehnte als politische Organisationsgeschichte der IG Metall, in der sich Krisen, Kontinuitäten und Reformen überlappen, begreift sie perspektivisch als „Vorgeschichte der Gegenwart". Protokolle der Gewerkschaftstage der IG Metall, der Kongresse des Deutschen Gewerkschaftsbundes (DGB), der Fachkonferenzen der IG Metall, der Personengruppenkonferenzen der IG

Metall, Stellungnahmen und Reden der Vorsitzenden und Vorstandsmitglieder, veröffentlichte Geschäftsberichte des DGB und der IG Metall, weitere gewerkschaftseigene Veröffentlichungen, wie Broschüren, Gewerkschaftszeitungen, Pressematerialien, statistische Materialien und wissenschaftliche Arbeiten über gewerkschaftliche Probleme bilden die Basis der Untersuchung. Eine kritische Auswertung wurde angestrebt; sie konnte jedoch nicht immer ausgeführt werden, sodass es zu Fehldeutungen kommen kann. Es sei nicht verschwiegen, dass der Autor selbst sowohl als teilnehmender Beobachter wie auch als aktiv Mitwirkender im Dienste der IG Metall in den Jahren 1978 bis 2000 (Referent in der Grundsatzabteilung des 1. Vorsitzenden 1978 bis 1991, Leiter der Abteilung Werbung, Marketing und Kulturarbeit 1991 bis 2000) die hier analysierte Phase mit begleitet und mit gestaltet hat. Ob dies den Blick getrübt oder geschärft hat bei der Registrierung und Interpretation der Entwicklung der Gewerkschaft mag der politisch und historisch interessierte Leser nach der Lektüre entscheiden. Ohne Unterstützung und stete Ermunterung wäre das Projekt nicht zu Ende geführt worden. Besonderer Dank gilt Professor Dr. Wolfgang Schroeder für seine vielen Anregungen und seine stete Bereitschaft zu Diskussionen über die geplante Studie. Professor Dr. Klaus Schönhoven unterstützte das Vorhaben durch konzeptionelle Hinweise und die kritische Lektüre der Vorstudie. Dr. Hans Joachim Sperling prüfte das Konzept und wirkte mit vielen guten Vorschlägen am letzten Schliff des Textes mit.

Kapitel 2

Zäsuren der achtziger und neunziger Jahre

Die siebziger Jahre, am Ende der langen Boom-Phase in Deutschland, waren für die Gewerkschaften und im Besonderen für die IG Metall, die ihre Organisationskraft in den industriellen Kernsektoren der Wirtschaft – der Eisen- und Stahlindustrie, der Werft- und Automobilindustrie, dem Maschinenbau und der Elektroindustrie – ausbauen konnte, erfolgreiche Jahre, in denen sie ihre Mitgliederbasis ausbauen und stabilisieren und ihre Finanzen konsolidieren konnte. In der Mitbestimmungspolitik erzielte sie Terraingewinne und in der Tarifpolitik Verbesserungen der Arbeits- und Beschäftigungsbedingungen für die Arbeitnehmerinnen und Arbeitnehmer. Die Mitwirkung der Gewerkschaften am Ausbau des Sozialstaats trug zu einer Aufwertung der Gestaltungskraft der Gewerkschaften in der politischen Arena maßgeblich bei.

Der Strukturbruch, der mit dem Ende der siebziger Jahre begann, ereignete sich nicht als singulärer Einschnitt, sondern verlief in unterschiedlichen Feldern, Phasen, Geschwindigkeiten und Intensitäten. Exemplarisch lassen sich die Verwerfungen im Folgenden an drei Einschnitten festmachen und illustrieren, die erhebliche Auswirkungen und Folgeprobleme für die IG Metall nach sich zogen.

Zum einen gilt dies für den Übergang der sozialliberalen zur konservativ-liberalen Koalition in der Bundesregierung, die politisch veränderte Konstellationen für gewerkschaftliche Politik nach sich zog. Zum anderen schuf die skandalisierte Affäre um die „Neue Heimat“ und der schließliche Ausstieg der Gewerkschaften aus der Gemeinwirtschaft im Verlaufe der achtziger Jahre nicht nur gravierende Probleme für die Finanzkraft der Gewerkschaften, sondern bescherte den Gewerkschaften heftige Glaubwürdigkeitsprobleme.

Und schließlich veränderte der Untergang der DDR und der Prozess der Vereinigung ökonomisch, politisch und kulturell die Konstellationen auch gewerkschaftsorganisatorisch und gewerkschaftspolitisch die Gestaltungs- und Durchsetzungskraft der IG Metall in den achtziger und neunziger Jahren, für die zentral die Arbeit der „Treuhand“ steht. Allerdings greift es zu kurz, die achtziger Jahre als bloßen Übergang zur deutschen Einheit in die Geschichte der Bundesrepublik Deutschland einzuordnen. Ein solcher Interpretationsansatz verkürzt Entwicklungen in den achtziger Jahren und verkennt, dass sich die politischen und gesellschaftlichen Kräfte in diesen Jahren intensiv mit dem Umbau der Bundesrepublik beschäftigten. Eckart Conze hält fest: „Für die 1980er Jahre gilt (…) in ganz besonderem Maße, was für die Geschichte der ‚alten' Bundesrepublik insgesamt gilt: Die rückschauende Analyse muss sich mit aller Macht gegen die historiographische Gravitationskraft der Jahre 1989/90 stemmen; sie muss der Versuchung widerstehen, die Entwicklungen als unmittelbare Vorgeschichte der Wiedervereinigung erscheinen zu lassen (…)."[29] Andreas Wirsching[30] betont den tiefgreifenden Wechsel, der sich in den siebziger und achtziger Jahren vollzog. Individualisierung, sozialkultureller und ökonomischer Wandel verbinden sich seiner Einschätzung nach zu einer „historisch neuartigen Legierung".

Die politische „Wende" der achtziger Jahre

Der Regierungswechsel von der sozialliberalen Koalition unter Helmut Schmidt (SPD) zur christlich-liberalen Regierung unter Helmut Kohl (CDU) im Jahre 1982 konfrontierte die Gewerkschaften mit Veränderungen in der Wirtschafts- und Sozialpolitik. In den letzten Jahren der sozialliberalen Regierung hatte sich schon ein Politikwandel in diesen Bereichen auf Druck des Koalitionspartners FDP zuungunsten der Gewerkschaften angekündigt.

Gewerkschaften waren im historischen Verlauf stets in zahlreiche gesellschaftspolitische und politische Konfliktsituationen einbezogen. Sie kommen in den Auseinandersetzungen der Gewerkschaften mit den Parteien zum Ausdruck, wobei vor allem die regierenden Parteien im Vordergrund der Konflikte stehen. Die Bindung zwischen Gewerkschaften und Parteien ist unterschiedlich eng, wobei die zur SPD im Vordergrund steht und die zur CDU und CSU, die zwar beide im Rahmen der Einheitsgewerkschaft eingebunden sind, jedoch eher eine Randposition einnehmen.

In der Regierungszeit der sozialliberalen Koalition waren die Beziehungen zwischen SPD und Gewerkschaften enger als in den folgenden Oppositionsjahren der Sozialdemokraten. Die Aufrufe des DGB vor den Bundestagswahlen in den siebziger Jahren zur Wahl signalisierten eine politisch-programmatische Nähe zwischen SPD und Gewerkschaften. Zudem gab es einen regelmäßigen politischen Austausch im Gewerkschaftsrat der SPD, in dem die Vorsitzenden von DGB und Einzelgewerkschaften, die Mitglieder der SPD waren, vertreten waren. Bundeskanzler Helmut Schmidt lud Vorsitzende der großen Einzelgewerkschaften zu politischen Gesprächen in das Bundeskanzleramt ein. Kontakte wurden auch auf regionaler und lokaler Ebene zwischen SPD und Gewerkschaften gepflegt. In der Ära der SPD-Vorsitzenden Willy Brandt und Hans-Jochen Vogel fand die Politik der Gewerkschaften, insbesondere die Auseinandersetzung um die 35-Stundenwoche 1984 die Unterstützung der Sozialdemokraten.

Trotz einzelner Differenzen blieb die Zusammenarbeit der Gewerkschaften mit der SPD für beide Seiten „ein notwendiges Bündnis".[31] Franz Steinkühler fasste die Diskussion in seinem Beitrag[32] zum 125-jährigen Jubiläum der SPD zusammen: „Nicht nur bei konkreten Problemen, sondern auch in Fragen von Taktik und Strategie gibt es Unterschiede, die zu kontroversen Diskussionen führen können, die jedoch mit dem Ziel geführt werden, letztlich die Lage der arbeitenden Menschen zu verbessern, die Freiheitsspielräume in unserer Gesellschaft zu vergrößern und die Demokratisierung insgesamt voranzutreiben. Parteipolitische Unabhängigkeit und Kooperation mit Parteien in Sachfragen schließen sich nicht aus."

Der DGB-Vorsitzende Heinz-Werner Meyer, der zuvor Mitglied der SPD-Bundestagsfraktion von 1987 bis 1990 war, forderte, dass „Gewerkschaften und Sozialdemokraten (...) Wege finden" müssen, „die zur Übernahme von politischer Verantwortung motivieren"[33] und sprach sich für einen ständigen Austausch von Ideen und Erfahrungen zwischen SPD und Gewerkschaften aus. Das Jahr 1982 war bedeutend für die Gewerkschaften und damit die Gewerkschaftspolitik.[34]

Mit dem Begriff ‚Wende'[35] kündigte Bundeskanzler Helmut Kohl an, dass seine Regierung einen grundlegenden Politikwechsel anstrebe und sich deutlich von der sozialliberalen Regierungszeit absetzen werde. Eckart Conze betont, dass die Verwendung des Begriffes Wende „problematisch war, weil er die Kontinuitäten beiseite drängte, in denen die Regierung stand. Der wichtigste Kontinuitätsfaktor war die FDP, die zwar insbeson-

dere ihr wirtschafts- und finanzpolitisches Profil stärker angebotsorientiert ausgerichtet, sich aber ansonsten keineswegs von allen Positionen verabschiedet hatte, für die sie in der sozialliberalen Ära eingetreten war. (...) Letztlich zielte (...) die ‚Wende'-Rhetorik gar nicht auf Veränderungen in einzelnen Politikbereichen, vielmehr verband sich damit eine Krisendiagnose, eine Reaktion auf ganz unterschiedliche Krisensymptome (...).“[36]
Die verschiedenen Bundesregierungen unter der Führung von Helmut Kohl verzichteten auf eine aktive Beschäftigungspolitik und setzten ihre sozialpolitischen Maßnahmen gegen SPD, Gewerkschaften[37] und Wohlfahrtsverbände durch. Die IG Metall kritisierte ihr Mitglied Norbert Blüm (CDU), der 16 Jahre lang unter Kohl Arbeits- und Sozialminister war und die Arbeitsmarkt- und Sozialpolitik in der Ära Kohl prägte. Die IG Metall kritisierte die Sozialpolitik der Regierung Kohl/Genscher scharf, oft in harter Agitationssprache:[38] „Die Arbeitslosigkeit hat in der Bundesrepublik Deutschland 1983 die Zwei-Millionen-Grenze überschritten. Der Anteil der Langzeitarbeitslosen ist gestiegen und steigt weiterhin, ebenso die Zahl derer, die dauerhaft aus dem Arbeitsmarkt ausgeschieden oder überhaupt nie in ihn hineingekommen sind. Die Spaltung unserer Gesellschaft in eine Mehrheit von Arbeitsplatzbesitzern mit gesicherten Einkommensverhältnissen und eine zunehmende Minderheit von Arbeitslosen, Frührentnern, Gelegenheitsarbeitern und Sozialhilfeempfängern ist im Gange. Hierdurch werden nicht nur die Lebenschancen der Betroffenen zerstört, sondern auch die Grundlagen unseres Sozialstaates.'
Manfred G. Schmidt[39] weist auf die unterschiedlichen Einschätzungen der Entwicklung in der Sozialpolitik in den achtziger Jahren hin: „Das Bild der inneren Entwicklung der Bundesrepublik während der 1980er Jahre schwankt in der Forschung. Es schwankt zwischen dem Eindruck des neuen Aufschwungs und der fortdauernden Strukturkrise, der gelungenen Modernisierung und der verpassten Chancen. Das gilt auch und im Besonderen für die Geschichte der Sozialpolitik in der ersten Hälfte der Regierungszeit Helmut Kohls, als der verbindliche Bezugsrahmen jeder Innenpolitik noch die ‚alte' Bundesrepublik war. Wenige Politikfelder sind dabei zeitgenössisch so kontrovers beurteilt worden wie die Sozialpolitik. Den Gegnern galt die christlich-liberale Sozialpolitik als ‚Sozialabbau' und Rückkehr in die ‚Ellbogengesellschaft', was mit dem Schlagwort der ‚Wende' charakterisiert wurde; die Befürworter betonten die alternativlose

Notwendigkeit, die sozialen Sicherungssysteme finanziell zu konsolidieren und somit ihre Zukunftsfähigkeit zu sichern. Wieder anderen gingen die Einschnitte während dieser Phase längst nicht weit genug. Solche eher grobschlächtigen Frontstellungen sind durch die politik- und sozialwissenschaftliche Forschung bereits seit Längerem korrigiert worden."

Der Schwerpunkt der Arbeitsmarktpolitik der IG Metall seit den achtizger Jahren konzentrierte sich auf die tarifliche Forderung und Durchsetzung der 35-Stunden-Woche. Die IG Metall zeichnete in ihrem Geschäftsbericht für die Zeit von 1983 bis 1985 ein insgesamt düsteres Bild der Entwicklung der Arbeitsmarkt- und Sozialpolitik. Für die Gewerkschaften war der Regierungswechsel 1982, nach 13 Jahren sozialliberaler Regierung, auch deshalb ein Einschnitt, weil wirtschaftsliberale Kräfte, nicht nur in der FDP, sondern auch in der CDU/CSU an politischem Einfluss gewannen und die neoliberalen Gesellschafts- und Wirtschaftskräfte sich nach und nach durchsetzten.

Das Verhältnis zwischen der CDU/CSU und den Gewerkschaften verschlechterte sich in der Auseinandersetzung um die 35-Stunden-Woche, in der Bundeskanzler Kohl, seine Regierung und die sie tragenden Parteien diese Forderung der IG Metall vehement ablehnten. Die Konflikte spitzten sich während des Streiks weiter zu und kulminierten in der Gesetzgebung zur Änderung des §116 Arbeitsförderungsgesetz. Die Regierung Kohl und die wirtschaftsliberalen Kräfte setzten sich letztlich in diesem Gesetzgebungsprozess durch, jedoch fanden die Gewerkschaften eine breite Unterstützung in der Bevölkerung gegen diese Vorhaben. CDU und wirtschaftsliberale Kräfte wollten insgesamt den politischen Einfluss der Gewerkschaften schmälern, sie letztlich auf die Position politisch neutraler Interessenvertretungen reduzieren. In diesem Konflikt stellte sich Bundespräsident Richard von Weizsäcker – zum Ärger von Kanzler Kohl – auf dem 13. Ordentlichen DGB-Kongress 1986 in Hamburg an die Seite der Gewerkschaften. „Politisch neutral können Gewerkschaften nicht sein; denn allzu viel, was Arbeitnehmer betrifft, wird politisch entschieden. Dennoch müssen sie parteipolitisch ungebunden und unabhängig sein und bleiben; andernfalls würde die Einheitsgewerkschaft ihre eigene Grundlage zerstören. (…) Spannungen muss jeder Mensch aushalten können, aber Zerreißproben des eigenen Gewissens sind nicht zumutbar. Dies den eigenen Mitgliedern zu ersparen, das haben letzten

Endes nur die Gewerkschaften selbst in der Hand. Es muss möglich bleiben, gleichzeitig Mitglied der Gewerkschaften und einer jeden demokratischen Partei zu sein, ohne unaufrichtig und ohne sich selbst untreu zu werden."[40]

Frank Neuhaus hält in einer Analyse des bilateralen Verhältnisses zwischen DGB und CDU von 1982 bis 1990 fest, dass sich der DGB „eine Politik der ‚no-relationship' zur CDU nicht leisten" kann, „wenn er nicht freiwillig auf wesentliche Gestaltungselemente verzichten will. Zusätzliche Bedeutung erhält die CDU für den DGB dadurch, dass er sich als Einheitsgewerkschaft versteht, deren integraler Bestandteil auch das christlich-soziale Gedankengut ist; bis zu einem Drittel der Gewerkschaftsmitglieder präferieren bei Wahlen die Unionsparteien".[41] Trotz der Konflikte waren also CDU/CSU und Gewerkschaften aufeinander angewiesen. Kurt Biedenkopf fasste die grundsätzliche Position der CDU und der CSU zu den Gewerkschaften[42] zusammen und formulierte eine Reihe weitgehender Herausforderungen. Ausgangspunkt war für ihn ein Wandel der SPD: „Es heißt konkret, den Schritt zu tun von der kollektiven Gestaltung der Lebensverhältnisse zur Ordnung der Vielfalt. Dies tangiert vor allem das Verhältnis der SPD zu den Gewerkschaften. (...) (Die) Gewerkschaften ... (tun sich) ... besonders schwer, Vielfalt zu organisieren, mehr Individualität zuzulassen und damit das Verhältnis von Solidarität und Subsidiarität, aber auch von Freiheit und Eigenverantwortung neu zu bestimmen. In der Vielfalt der Möglichkeiten sehen die Gewerkschaften eine Bedrohung der solidarischen Einheit ihrer Bewegung. Deshalb stehen sie der neuen Wirklichkeit eher ablehnend gegenüber." Die Gewerkschaften waren, so die Bilanz von Frank Neuhaus, die Verlierer der Auseinandersetzungen zwischen DGB und CDU: „Am Ende dieser fast achtjährigen Konfrontationsphase musste der DGB, was die Durchsetzung außerhalb der Tarifautonomie liegender Forderungen anbelangte, eine bittere Bilanz für sich selbst ziehen. In fast allen wichtigen Bereichen der Bundespolitik war sein Einfluss rapide gesunken, relevante Entscheidungen wurden von der Koalition weitgehend ohne Rücksicht auf die Gewerkschaften getroffen."[43]

Im Vorfeld des DGB-Bundeskongresses 1990 in Hamburg stritten sozialdemokratische und christdemokratische Gewerkschafter über die Anzahl der Vorstandsmitglieder im geschäftsführenden DGB-Bundesvorstand. Die christlich-soziale Richtung wollte trotz Reduzierung des Führungsgremiums auf acht Mitglieder ihre beiden Mandate behalten. Das hätte eine Verstärkung des personellen Einflusses der CDU bedeutet. Um dieses Ziel zu erreichen, wurde ein Streit über die Grundlagen der Einheitsgewerkschaft vom Zaun gebrochen – ein untrügliches Zeichen dafür, dass die Neuordnung des Verhältnisses der CDU und CSU zum DGB zur Diskussion anstand. Die Schaffung einer einheitlichen Interessenvertretung nach der Einheit war eng mit dieser personellen Problematik verbunden. Die christlich-soziale Richtung befürchtete eine Links-Lastigkeit des Apparates. Die Auseinandersetzungen hatten letztlich keine negativen Auswirkungen auf den Bestand der Einheitsgewerkschaft und die Zusammenarbeit zwischen den SPD- und CDU-Funktionärinnen und Funktionären in den Gremien der Gewerkschaften.[44]

Der „Neue Heimat"-Skandal und Ausstieg aus der Gemeinwirtschaft

Das ökonomisch-politische Konzept der Gemeinwirtschaft gehörte historisch zu den programmatischen Säulen der Gewerkschaften in Deutschland. Die gewerkschaftseigenen Unternehmen blieben nach 1945 über viele Jahre unbeachtet. „Von der Arbeiterbewegung getragene gemeinwirtschaftliche Unternehmen, die vor 1933 der Selbsthilfe der Arbeiterschaft dienten und nach 1945 als Wohnungsbaugesellschaften, Banken, Versicherungen und Konsumgenossenschaften auf den Plan traten, teilten dieses Schicksal zunächst noch nicht. So wichtig ihr Beitrag zum westdeutschen Wiederaufbau aber auch im Einzelnen gewesen war, so unterschieden sie sich doch bald nicht mehr grundlegend in ihrem Geschäftsgebaren und in ihren wirtschaftlichen Zielsetzungen von anderen Genossenschaften oder privatkapitalistisch geführten Unternehmen. Diese Entwicklung wirkt umso spektakulärer, als sich die Zahl der Industriearbeiter in den fünfziger Jahren um mehr als zwei Millionen erhöhte, Ansatzpunkte eines arbeiterspezifischen Marketings nach klassischer Deutung also durchaus vorhanden gewesen wären. Als wichtige Unternehmen des gemeinwirtschaftlichen Imperiums der deutschen Gewerkschaften in den neunziger Jahren eine in eine Schieflage gerieten, wie die Handelskette Coop und die Wohnungsbaugesellschaft Neue Heimat, war

es nur noch eine Frage der marktwirtschaftlichen Rationalität, die ‚Liquidierung der Gemeinwirtschaft' auch äußerlich zu vollziehen."[45]
Die gemeinwirtschaftlichen Unternehmen der Gewerkschaften entwickelten sich in eigenständiger Autonomie, abseits von ihren Trägern. Nur wenige Gewerkschafter – meistens waren es die ‚von Amts wegen' zuständigen ‚Kassierer' der Gewerkschaften – kümmerten sich um die Unternehmen, zumal diese auch vorerst keinen Anlass zu grundlegender Kritik gaben. Die konkreten wirtschaftlichen, sozialen und auch politischen Rahmenbedingungen, wie etwa die Beseitigung der Wohnungsnot der Nachkriegszeit, schrieben ihnen die Tätigkeit als Gewerkschaftsunternehmen fast zwangsläufig vor. Die Unternehmen der Gemeinwirtschaft entwickelten sich zu Kapitalgesellschaften, die auf der Basis eines besonderen sozialen Ausgleichs, grundsätzlich marktorientiert agierten. Die verschiedenen regionalen Gemeinwirtschaftsbanken wurden 1958 zur Bank für Gemeinwirtschaft fusioniert, und die Wohnungsbaugesellschaften bis 1960 im Neue-Heimat-Konzern zusammengefasst. Die selbstständigen Konsumgenossenschaften entzogen sich diesem Zentralisierungsprozess nicht: Im Jahre 1974 wurde mit Unterstützung der Gewerkschaften die Coop AG gegründet, der sich die meisten kleinen Konsumgenossenschaften anschlossen. Die Gewerkschaften machten den Funktionswandel ihrer Gemeinwirtschaftsunternehmen intern, auf Gewerkschaftstagen oder in ihren publizistischen Organen nicht zum Thema. Man beschwor den überlieferten Anspruch, durch die gemeinwirtschaftlichen Unternehmen eine Form organisierter Selbsthilfe für die Arbeitnehmerinnen und Arbeitnehmer zu haben, auch noch in der Zeit, in der gesellschaftlich begründete Notsituationen die überwiegende Mehrheit der Arbeitnehmerinnen und Arbeitnehmer nicht mehr betrafen. In der Mitgliedschaft hielt sich aufgrund einer falschen Traditionsbildung ein diffuses Bild von den Aufgaben und Möglichkeiten der Gemeinwirtschaft, das der vom Markt geprägten Realität der Unternehmenspolitik der gemeinwirtschaftlichen Unternehmen nicht länger entsprach.
In den gewerkschaftsinternen und auch in politisch-öffentlichen Diskussionen wurde häufig gefragt, ob die Mandatsträger der Gewerkschaften, die in den Aufsichtsräten der gemeinwirtschaftlichen Unternehmen Kontrollfunktionen ausübten, ihrer Aufgabe nicht nachgekommen wären. Viele Funktionärinnen und Funktionäre und auch Mitglieder hatten den

wirtschaftlichen Wandel der gemeinwirtschaftlichen Unternehmen in der Phase der wirtschaftlichen Prosperität nicht erkannt oder auch nicht erkennen wollen. Die Neue Heimat gehörte mit der Bank für Gemeinwirtschaft und der Volksfürsorge-Versicherungsgruppe zu den großen, traditionsreichen Unternehmen der gewerkschaftlichen Gemeinwirtschaft, die 1933 von den Nationalsozialisten beschlagnahmt und nach dem Zweiten Weltkrieg erst nach einem langwierigen Restitutionsprozess an die Gewerkschaften zurückgegeben worden waren.

Die gemeinwirtschaftlichen Unternehmen gerieten in den achtziger Jahren in eine Krise, die im Zusammenbruch der Unternehmen endete, bei dem auch Missmanagement, Korruption und mangelnde Kontrolle durch die Gewerkschaften eine Rolle spielten. Krise und Vertrauensverlust der Gewerkschaften sind seither in vielen Veröffentlichungen und wissenschaftlichen Darstellungen dokumentiert und untersucht worden.[46] „Was als ‚NH-Skandal' begann, entwickelte sich mehr und mehr zu einer schweren finanziellen Belastung"[47] der Gewerkschaften. Der DGB beschäftigte sich intensiv mit diesen Themen und Problemen auf seinen Kongressen 1982, 1986 und 1990 und stand zugleich in der politischen und publizistischen Öffentlichkeit im Mittelpunkt der Auseinandersetzungen. Die Einzelgewerkschaften waren auch davon betroffen, hatten die Möglichkeit sich aus der öffentlichen Diskussion zurückzuziehen, konnten sich jedoch nicht der politischen und finanziellen Verantwortung entziehen. Dies traf insbesondere die IG Metall, die wegen ihrer Größe und wegen ihrer Finanzstärke über einen zentralen Einfluss im DGB verfügte.

Die Bestandsaufnahme der neuen Geschäftsführung der Neuen Heimat nach der Offenlegung der Krise ließ im Sommer 1982 deutlich werden, dass neben persönlichen Verfehlungen und Verstößen gegen das Wohnungsgemeinnützigkeitsgesetz auch erhebliche wirtschaftliche Probleme den NH-Konzern belasteten. Erst nachdem in den Jahren 1982 und 1983 die Immobilienpreise zum Teil bis zu 30 Prozent gefallen waren, wurde deutlich, dass neben NH-Städtebau auch die gemeinnützige Neue Heimat in der bestehenden Struktur nicht aus eigener Kraft gesunden konnte. Zwar steckten im Wohnungsbestand erhebliche Reserven, jedoch schien ein Verkauf von bis zu einem Drittel des mehr als 300.000 Wohnungen umfassenden Bestandes angesichts der sich verschlechternden Bedingungen am Immobilienmarkt kurzfristig kaum möglich zu sein. Dies hätte letztlich fast zur Preisgabe des gesamten sozialen Wohnungsbestandes der Neuen Heimat mit niedrigen Mieten auf dem Immobilienmarkt bedeutet, was die Gesellschafter aus sozialpolitischen Gründen ablehnten.

Die IG Metall ging in ihrem Geschäftsbericht für den Gewerkschaftstag 1983 nur ‚einsilbig' auf den Skandal Neue Heimat ein. „Im Frühjahr 1982 wurden durch eine Veröffentlichung im Magazin *Der Spiegel* Privatgeschäfte einzelner Vorstandsmitglieder der Neuen Heimat aufgedeckt, die zunächst zur fristlosen Entlassung von zwei Vorstandsmitgliedern führten, nach Vorlage des (...) Prüfungsberichtes durch die unabhängige Wirtschaftsprüfungsgesellschaft Deutsche Treuarbeit auch zur Entlassung der zunächst beurlaubten weiteren Geschäftsführer mit Ausnahme des erst kurzfristig in die Geschäftsführung eingetretenen Vorstandsmitglieds für den Bereich Personal. Die gleichzeitig eingeleitete Bestandsaufnahme deckte erhebliche Bewertungsrisiken im Grundstücksbestand der Neuen Heimat Städtebau auf. Trotz sofort eingeleiteter Sanierungsmaßnahmen war ein einmaliger Verlustausgleich durch die Gesellschafter, den DGB und die Einzelgewerkschaften, erforderlich. Die Vorgänge bei der Neuen Heimat führten zu einer grundsätzlichen Diskussion um die gemeinwirtschaftlichen Unternehmen. Es besteht Einverständnis darüber, die Geschäftstätigkeit der Neuen Heimat auf die ursprünglichen gemeinwirtschaftlichen Aufgaben zurückzuführen."[48] Die IG Metall war finanziell in den Unternehmen der Gemeinwirtschaft engagiert und hielt über ihre Treuhandverwaltung IGEMET GmbH folgende Beteiligungen: Beteiligungsgesellschaft für Gemeinwirtschaft AG (BGAG) Frankfurt am Main (Beteiligungsquote 24,9 %), Neue Heimat Städtebau GmbH (NHS) Hamburg (Beteiligungsquote 12,3 %), Neue Heimat Gemeinnützige Wohnungs- und Siedlungsgesellschaft mbH (NH) Hamburg (Beteiligungsquote 10,2 %). Die Delegierten des 14. Ordentlichen Gewerkschaftstages der IG Metall in München 1983 diskutierten heftig über die gemeinwirtschaftliche Krise und verabschiedeten eine Entschließung zur Gemeinwirtschaft. Damit war die Krise nicht vom Tisch, sondern weitete sich in den folgenden Jahren aus.

Nachdem der Versuch im Jahre 1984, alle gemeinnützigen NH-Unternehmen in einer Gesellschaft zusammenzufassen, um einen internen Verlustausgleich zu ermöglichen, an der Weigerung der Finanzminister der Länder gescheitert war, auf die fällige Grunderwerbssteuer zu verzichten, konzentrierten sich die weiteren Bemühungen darauf, die Neue Heimat in regionale Gesellschaften aufzuteilen. Im Herbst 1985 nahm die Geschäftsführung der Neuen Heimat Gespräche mit den Bundesländern auf, um sie dafür zu gewinnen, die jeweiligen Regionalgesellschaften der Neuen Heimat oder ihre Wohnungsbestände zu kaufen. Das wichtigste Ziel dieser Bemühungen war es, auf diesem Weg den weiteren Verkauf von Mietwohnungen am Immobilienmarkt zu vermeiden und die Sozialbindung der Wohnungen der Neuen Heimat langfristig zu sichern. Die Verhandlungen gestalteten sich aus zwei Gründen schwierig, zum einen weil das Anliegen der Neuen Heimat viele Bundesländer vor komplizierte finanzielle Probleme stellte und zum anderen, weil der krisengeschüttelte Konzern Neue Heimat ins Zentrum der politischen Auseinandersetzungen gerückt war. Es kam zur Einsetzung eines Parlamentarischen Untersuchungsausschusses des Deutschen Bundestages, was in erster Linie von der CDU/CSU-Bundestagsfraktion betrieben worden war.[49] Die CDU wollte mit dieser Initiative die Verfehlungen bei der Neuen Heimat zu einem gegen die Gewerkschaften und vor allem gegen die SPD gerichteten Wahlkampfthema in den bevorstehenden Bundestagswahlen 1987 machen. Die politischen Auseinandersetzungen trugen dazu bei, dass die Bereitschaft der Landesregierungen sank, sich an der Lösung der wirtschaftlichen Probleme der Neuen Heimat zu beteiligen. Vor diesem Hintergrund schien der Verkauf der Neuen Heimat an den bis dahin weithin unbekannten Berliner Brotfabrikanten Horst Schiesser eine letzte Notlösung zu sein, wobei jedoch die Aktion als eine nicht ‚nachzuvollziehende Kurzschlusshandlung' der Gewerkschaften bezeichnet werden muss, die ohne Beispiel in der deutschen Wirtschaftsgeschichte ist. Nach der Rückabwicklung des Verkaufs wurde Ende 1986 mit der Berufung des von den Gesellschaften und den kreditgebenden Gewerkschaften gemeinsam getragenen Treuhänders Dr. Heinz Sippel[50] als neutralem Mittler für die Neue Heimat ein gesellschaftsrechtlicher Rahmen geschaffen, der es ermöglichte, die unterschiedlichen Interessen von Gewerkschaften, Banken und Bundesländern zusammenzuführen. Bis zum Ende der achtziger Jahre konnten mit den meisten Bundesländern, mithilfe von Zugeständnissen der Banken und weiteren Unterstützungsmaßnahmen der Gesellschafter, Vereinbarungen zur Regionalisierung abgeschlossen werden. Auf dem Gewerkschaftstag der IG Metall 1986 in Hamburg war

der Beschluss gefasst worden, eine Konferenz zur Gemeinwirtschaft durchzuführen.[51] Auf dieser Konferenz am 14. Oktober 1987 in Frankfurt verständigte sich die IG Metall auf einen Ausstieg aus der Gemeinwirtschaft. „Von daher wurde eine weitere Verringerung der Beteiligung an den Unternehmen der Gemeinwirtschaft im Interesse der gewerkschaftlichen Handlungsfähigkeit für unabdingbar notwendig betrachtet."
Einen weiteren Schritt auf dem Weg des Ausstiegs stellte die Entschließung des 14. Ordentlichen Gewerkschaftskongress des DGB in Hamburg (29.–25. Mai 1990) dar, die als Schlussstrich unter die Diskussionen über die Zukunft der Gemeinwirtschaft gedacht war. Die Bemerkung des DGB-Vorsitzenden Ernst Breit „Unternehmen lassen sich nicht mit Gewerkschaftsbeschlüssen führen" wurde zum geflügelten Wort. Weiter führte er in Hamburg dazu aus: „Aus den hinter uns liegenden Erfahrungen müssen wir heute nüchtern feststellen, dass sich die bisherige Form der gewerkschaftlichen Gemeinwirtschaft überlebt hat." Dieser Satz markiert den vorläufigen Abschluss einer achtjährigen Debatte.
Die Entschließung dieses Gewerkschaftskongresses leitete die letzte Phase der Abwicklung der gemeinwirtschaftlichen Unternehmen ein. Der Beschluss umfasste folgende Verfahrensvorschläge: (1) Die Gewerkschaften dürfen keine unternehmerischen oder wirtschaftlichen Risiken eingehen, die die Erfüllung ihrer eigenen Aufgaben gefährden. (2) Schrittweise und unter möglichst günstigen Bedingungen – sowie unter Wahrung der sozialen Interessen der Beschäftigten sollen die Beteiligungen veräußert werden, (3) von dem Verkauf ausgenommen werden die Beteiligungen, die der unmittelbaren Unterstützung der gewerkschaftlichen Arbeit dienen und die zur Förderung der politischen und kulturellen Aufgaben der Gewerkschaften beitragen. Schon Ende 1985 hatte die gewerkschaftliche Beteiligungsgesellschaft für Gemeinwirtschaft AG (BGAG), die Minderheitsbeteiligung an der Coop AG verkauft. Im Herbst 1986 folgten Mehrheitsanteile an der Bank für Gemeinwirtschaft, zum Jahresende 1988 wurde die Mehrheit an der Volksfürsorge-Versicherungsgruppe veräußert. Mit den Verkäufen konnten die größten finanziellen Probleme bewältigt werden, sie beendeten damit zugleich das unternehmerische Engagement der Gewerkschaften. Der Zusammenbruch der Coop AG 1989 und die Affäre um dessen Vorstandsvorsitzenden Bernd Otto verschärften später noch einmal die Glaubwürdigkeitskrise in den Gewerkschaften

und in der Öffentlichkeit. Das Siechtum der gemeinwirtschaftlichen Unternehmen zog sich bis 2005 hin.
Mit der Übernahme des Vorstandsvorsitzes der BGAG durch Hans Matthöfer[52] wandelte sich die BGAG von einer Holdinggesellschaft gemeinwirtschaftlicher Unternehmen in eine gewerkschaftliche Vermögensverwaltungsgesellschaft und änderte im Jahre 1995 ihren Namen in Beteiligungsgesellschaft der Gewerkschaften AG. Im November 1999 verkündete der Nachfolger Hans Matthöfers, Rolf- J. Freyberg,[53] die neue BGAG habe mit der alten nichts mehr zu tun.[54] Weitere Verkäufe von Beteiligungen folgten: Die ehemalige Regionalgesellschaft „Neue Heimat Niedersachsen", die heute zur BauBeCon-Gruppe gehört, blieb bis Herbst 2005 in Gewerkschaftsbesitz und wurde dann an die Gesellschaft „Cerberus Capital Management" verkauft. Finanzprobleme der Allgemeinen Hypothekenbank Rheinboden (AHBR) zwangen zum Verkauf des gewerkschaftlichen Anteils an den US-Investor Lone-Star. Ende des Jahres 2005 wurden die Anteile des Beamten-Heimstätten Werkes (BHW) an die Postbank und die Volksfürsorge-Anteile an den AMB Generali Konzern, eine Tochter der italienischen Generali, veräußert. Am 18. Dezember 2006 folgte der Verkauf eines größeren Immobilienpakets mit 46 Objekten, darunter 10 Gewerkschaftshäuser – unter anderem gehörte das Volkshaus in Leipzig dazu – ebenfalls an das Unternehmen „Cerberus-Capital-Management".
Das Ende der Neuen Heimat war ‚prosaisch', wie die folgende kurze lapidare Mitteilung belegt: „Im Juni 1998 wurde die Hamburger Verwaltungs- und Betreuungsgesellschaft (HVB), eine Nachfolgegesellschaft der Neue Heimat AG auf die Beteiligungsgesellschaft der Gewerkschaften (BGAG) verschmolzen. Damit war die Abwicklung des ehemals gewerkschaftseigenen Neue Heimat-Konzerns, der durch sein Engagement im sozialen Wohnungsbau in den fünfziger, sechziger und siebziger Jahren maßgeblich am Wiederaufbau der Bundesrepublik beteiligt war, in den achtziger Jahren aber in eine wirtschaftliche und personelle Krise geriet, abgeschlossen."[55]
Anke Hassel[56] stellt die Auflösung der gemeinwirtschaftlichen Unternehmen in den breiteren Kontext der Diskussionen über die Entwicklung der Deutschland AG und damit in die Phase nach dem Strukturbruch: „Im Prozess der Auflösung der Deutschland AG ist zu erwarten, dass die für

deutsche Unternehmen typische Gemengelage unterschiedlicher Aktionärsinteressen zugunsten einer Finanzorientierung der Aktionäre und der Unternehmen weicht. Modelle der ‚Gemeinwohlorientierung' oder politische Zielsetzungen werden unwahrscheinlicher, wenn sich nicht gleichzeitig die Kapitalkosten erwirtschaften lassen. Die Gewerkschaften sind kein Beispiel dafür, dass dieser Prozess zu bedauern ist. Eine stärkere Finanzorientierung der Eigentümer hätte eine stärkere Kontrolle der Unternehmensvorstände erzwungen. Den Gewerkschaften wäre dadurch vieles erspart geblieben."
Die Gewerkschaften hatten die Kontrolle der gemeinwirtschaftlichen Unternehmen in der Phase der wirtschaftlichen Prosperität sträflich vernachlässigt. Dieser Vorwurf traf nicht nur die Funktionäre, die in den Aufsichtsräten saßen, sondern auch die Funktionäre auf allen gewerkschaftlichen Ebenen. Ein intensiver Kontakt zu den gemeinwirtschaftlichen Funktionsträgern wurde nicht entwickelt, man behandelte sie wie die Beschäftigten anderer Unternehmen der Immobilien-, Bank- und Versicherungswirtschaft. Als die Krise 1982 aufbrach, wurde innergewerkschaftlich die Verantwortung für den Skandal und den Zusammenbruch allein den Vorstandsmitgliedern der Gewerkschaften zugeschoben, die Mandate in den gemeinwirtschaftlichen Unternehmen übernommen hatten – eine schlichte Folgerung, weil der Kreis der Verantwortlichen in einer politischen Organisation immer größer ist, sowohl bei Erfolgen wie auch bei Misserfolgen. Die Mitglieder kritisierten die finanziellen Verluste, sie fühlten sich von den Funktionärinnen und Funktionären getäuscht. Reaktionen aus dem Apparat gab es nur wenige. Hauptamtliche Funktionäre kritisierten die NH-Krise intern, nicht öffentlich. Man ging schnell zur Tagesordnung über. Eugen Loderer beklagte intern die Vertrauensverluste bei den Mitgliedern. Bertin Eichler, Vorsitzender des Aufsichtsrats der BGAG und Kassierer der IG Metall, schrieb im Geleitwort der Untersuchung von Peter Kunz, dass die „Gewerkschaften (...) aus dem Scheitern der Gemeinwirtschaft als Unternehmensphilosophie und aus dem Ende der Neuen Heimat tief greifende Konsequenzen gezogen" haben. „Insbesondere haben sie gelernt, dass Unternehmen keine Instrumente der Politik sein können. Effiziente Unternehmens- und Konzernstrukturen, qualifiziertes Personal sowie ein ausgereiftes Berichtswesen und Controlling sollen gewährleisten, dass sich die Geschichte der Neuen

Heimat nicht noch einmal wiederholt. Für die Unternehmen der Gewerkschaften bedeutete dies einen radikalen Wandel in ihrem Selbstverständnis und in ihrer Kultur."[57]

Deutsche Einheit und die „Treuhand"

Neben den Veränderungen der politischen Rahmenbedingungen für die IG Metall durch die Ablösung der sozialliberalen Regierungskoalition in Bonn durch die Kohl-Genscher-Regierung Anfang der achtziger Jahre und den Auswirkungen des Neue Heimat Skandals und des Ausstiegs der Gewerkschaften aus der Gemeinwirtschaft prägte der unerwartete Prozess der deutschen Einigung die Veränderungen der poltisch-ökonomischen Konstellationen und konfrontierte die IG Metall mit gänzlich neuen Herausforderungen. Sie führten zu einer spezifischen „neuen Unübersichtlichkeit", in der sich die Organisationsstrukturen und –kulturen der IG Metall zu bewähren hatten im Verlauf der neunziger Jahre und bei der die Treuhand eine zentrale Rolle spielte.

Auf dem 2. außerordentlichen Gewerkschaftstag der IG Metall vom 1. bis 2. November 1990 in Bonn, knapp einen Monat nach dem offiziellen staatsrechtlichen Einheitsakt vom 3. Oktober 1990, wurde die Ausdehnung der Metallgewerkschaft in die neuen Bundesländer beschlossen.[58] In Sachsen wurde ein eigener Bezirk und insgesamt in den neuen Bundesländern 35 Verwaltungsstellen errichtet. „Trotz des Höchstmaßes an Hilfsbereitschaft und Flexibilität aller Beteiligten traten beim Organisationsaufbau in den Ost-Verwaltungsstellen Defizite wie Vorzüge der Organisationsarbeit deutlich zutage. Was in den West-Verwaltungsstellen durch breites Organisationswissen verfügbar war, fehlte hier. Gar keine oder schlechte Kommunikationsverbindungen zwischen Verwaltungsstellen, Bezirken und Vorstand ließen sich nicht nur durch mangelnde Telefonleitungen erklären, sondern hatten ihre Ursachen auch in organisatorischen Schwächen. Die (...) Selbständigkeit der Verwaltungsstellen hat sich bei dieser Aufbauarbeit erneut bewährt." [59]

Die IG Metall entschied sich für einen organisatorischen und personellen Neuanfang und übernahm die ca. 600 hauptamtlichen Funktionärinnen und Funktionäre der IG Metall der DDR nicht in ihre Dienste. Die Entscheidung, die IG Metall der DDR als Organisation aufzulösen und die

Funktionäre nicht zu übernehmen, führte zu Kritik aufseiten der PDS und verschärfte eine gegenseitige Distanz. Ende 1991 umfasste die IG Metall 192 Verwaltungsstellen, 9 Bezirke und 5 Bildungsstätten. Die Mitgliedschaft war auf 3,6 Millionen angestiegen, die Zahl der Beschäftigten der IG Metall auf 3459 Frauen und Männer.
Die Gewerkschaften übertrugen ihre in der ‚alten' Bundesrepublik entwickelte Organisation, ihre Struktur, ihre Organisationspraxis und ihre Organisationskultur auf die Organisationseinheiten in den neuen Bundesländern. Es war im Wesentlichen ein Institutionentransfer. Der IG Metall fiel eine besondere Rolle zu, wobei sie genauso hilflos gegenüber der neuen Aufgabe stand, wie alle anderen an der Einheit beteiligten Parteien, Verbände, Interessengruppen, politische Institutionen und Akteure. Der Einheitsprozess führte nicht nur zu einer Übertragung der Strukturen der IG Metall, sondern auch zu einer damit verbundenen Übertragung der ‚westlichen' Netzwerke. Freude und Begeisterung schwanden nach und nach als die Schwierigkeiten des ‚Zusammenwachsens von Ost und West, West und Ost' deutlich wurden.
Die Gewerkschaften nahmen in dem Prozess der politischen Einheit eine untergeordnete Rolle ein. Sie übertrugen ihre im politischen, gesellschaftlichen und wirtschaftlichen System der ‚alten Bundesrepublik' eingespielten und erprobten Arbeitsweisen und Organisationsformen auf die neuen Bundesländer.[60] Sie avancierten zu Ansprechpartnern für berufliche und betriebliche Fragen und Probleme, waren jedoch in dieser Situation nur bedingt Hoffnungsträger für die Arbeitnehmerinnen und Arbeitnehmer in der ehemaligen DDR, von denen viele ihre Arbeitsplätze in der Wirtschafts- und Beschäftigungskrise und in der insgesamt lange andauernden Vereinigungskrise verloren. Der Aufbau gewerkschaftlicher Strukturen gestaltete sich langwierig und kompliziert. Die wirtschaftliche Entwicklung im Zuge des Zusammenbruchs der Wirtschaft zwang sie, bei stetig sinkenden Mitgliederzahlen, zu einem permanenten Umbau der lokalen und der regionalen Einheiten sowohl in den neuen und auch in den alten Bundesländern. Schwierigkeiten auf dem Wege zur Einheit führten dazu, dass die Entwicklung der gesamtdeutschen DGB-Gewerkschaften einschließlich der IG Metall in zwei Geschwindigkeiten verlief. So gab es, auch noch nach über einem Jahrzehnt, zwei verschie-

dene Metallgewerkschaften, nicht in der Organisation, sondern in der Organisationskultur und in der Fähigkeit gewerkschaftlich zu agieren.
Die führende Rolle[61] in dem wirtschaftlichen Umbruchprozess der DDR nahm die Treuhandanstalt ein.[62] Der Ministerrat der DDR beschloss am 1. März 1990, kurz vor den ersten freien Volkskammerwahlen, die Gründung der „Anstalt zur treuhänderischen Verwaltung des Volkseigentums" – das sogenannte Treuhandgesetz – deren Aufgabe die Entflechtung der Kombinate und Umwandlung der Nachfolgeunternehmen in Kapitalgesellschaften sein sollte. Die Volkskammer der DDR verabschiedete am 17. Juni 1990 das Gesetz zur Privatisierung und Reorganisation des volkseigenen Vermögens, das Treuhandgesetz, in Verbindung mit dem Einigungsvertrag und dem Staatsvertrag vom 18. Mai 1990. Damit wurden die Aufgaben der Treuhandanstalt über die Wiedervereinigung hinaus festgelegt.
Die Treuhandanstalt war eine bundesunmittelbare Anstalt des öffentlichen Rechts unter der Fachaufsicht des Bundesministeriums der Finanzen.[63] Es war zunächst vorgesehen, das Vermögen zu verwalten. Ende August 1990 wurde dem Vorsitzenden des Hoesch-Konzerns, Detlev Rohwedder,[64] die Leitung der Treuhandanstalt übertragen. Zu diesem Zeitpunkt hatte sich die Aufgabenstellung der Treuhandanstalt bereits verändert: Sie sollte die Betriebe privatisieren, die Wettbewerbsfähigkeit der Unternehmen herstellen und Arbeitsplätze sichern. Die Privatisierung beförderte den Trend zur Verkleinerung der Betriebsgrößen. Die Treuhandanstalt übernahm alle Geschäftsanteile der in 10.000 Kapitalgesellschaften umgewandelten volkseigenen Betriebe, die Land- und Forstwirtschaft, das Kommunalvermögen sowie das Staatssicherheits- und Parteivermögen. Das Bundesfinanzministerium, westdeutsche Landesregierungen und private Investoren drängten auf Privatisierung – auch unter weitgehender Vernachlässigung einer beschäftigungs- und industriepolitischen Steuerung. „Dagegen votierte die IG Metall im Bündnis mit Teilen der christdemokratisch geführten ostdeutschen Länderregierungen, der Sozialdemokratie und der ostdeutschen Bundestagsabgeordneten für eine aktive Privatisierungsstrategie, bei der die Treuhandanstalt auch beschäftigungspolitische Verantwortung übernehmen sollte."[65] Helmut Schmidt[66] bezeichnete die Treuhandanstalt eine „für alle sechs ostdeutschen Landesregierungen sehr mächtige Nebenregierung."

Am 1. Januar 1995 wurde die weitere Abwicklung der Aufgaben der Treuhandanstalt auf das Bundesfinanzministerium übertragen. Der Geschäftsbericht der IG Metall für die Jahre 1992–1994, der dem Gewerkschaftstag 1995 in Berlin vorgelegt wurde, forderte eine aktive regionale Arbeitsmarkt- und Strukturpolitik: „Die bisherigen Ausführungen zur Arbeit in den Aufsichtsratsgremien der Treuhand-Nachfolgeeinrichtungen zeigen deutlich, dass allein durch die aktive Mitarbeit in diesen Gremien eine Bewältigung der bestehenden Probleme nicht möglich ist. Wichtig ist daher eine Verzahnung mit regionaler Arbeitsmarkt- und Strukturpolitik, die die Arbeit der IG Metall in Ostdeutschland in den letzten Jahren bereits stark bestimmte."[67]
Untersuchungsausschüsse des Bundestages analysierten die Arbeit der Treuhandanstalt in der zweiten Hälfte der neunziger Jahre. Die westdeutschen Unternehmen, Banken und Versicherungen übten einen bestimmenden Einfluss auf die Führung und die Politik der Treuhandanstalt aus. Der Einfluss der Gewerkschaften und der Betriebsräte war und blieb gering. Sie waren zu Kompromissen bereit, um möglichst viele Arbeitsplätze zu sichern. Der DGB und die Einzelgewerkschaften konnten die hohe Arbeitslosigkeit und die damit verbundenen steigenden Mitgliederverluste in den neuen Bundesländern nach 1992 nicht verhindern. Sie konzentrierten ihre Aktivitäten auf den Ausbau und Erhalt der Organisation und auf die Handlungsfelder Tarif und Betrieb. Die Einheitsbegeisterung verflog bald: Es setzte eine Verschlechterung des ‚Klimas' ein. Man kritisierte ein arrogantes Auftreten von Vertretern der Unternehmen, Banken und Versicherungen und auch zum Teil von westdeutschen Politikern. Das Wort von den ‚Kolonialoffizieren' machte die Runde.
Heinrich August Winkler[68] stellt kritisch fest, dass „die Euphorie über die endlich wiedererlangte Einheit" rasch verflog, „in den neuen Ländern noch sehr viel schneller als in den alten. Die wirtschaftliche Lage auf dem Gebiet der ehemaligen DDR war desolat; kaum ein Unternehmen war konkurrenzfähig, auch nicht in der während der zweiten Hälfte der achtziger Jahre massiv geförderten Mikroelektronik. Bei den in Kapitalgesellschaften umgewandelten früheren Volkseigenen Betrieben fehlten Schlussbilanzen der alten und Eröffnungsbilanzen der neuen Unternehmen, sodass die Treuhandanstalt die Überlebensfähigkeit der Neugründungen kaum beurteilen konnte. Das Wegbrechen der Märkte in den

bisherigen Staatshandelsländern des Ostens, mitbedingt durch den Übergang zur Abrechnung in frei konvertierbaren Währungen um die Jahreswende 1990/91 war ein Faktor des Niedergangs der ostdeutschen Wirtschaft, ein anderer die anhaltende Neigung ostdeutscher Verbraucher, nach der offiziellen Einführung der DM nur noch Westprodukte zu kaufen, Ostprodukte aber liegenzulassen". Es gab kein „zweites Wirtschaftswunder"[69] in Deutschland, wie der Wirtschaftshistoriker Werner Abelshauser festhält: „Ganz im Gegensatz zu Westdeutschland 1948 ist Ostdeutschland heute, dank des Transfers aus dem Westen, zwar relativ reich, aber in seinen produktiven Kräften unterentwickelt. Diese gilt insbesondere für die institutionellen Landschaften im sozialen System der Produktion. Was in vier Jahrzehnten wüst gefallen ist, lässt sich nicht kurzfristig in einen blühenden Garten zurückverwandeln. Es genügt deshalb nicht, die vorhandenen Kräfte marktwirtschaftlich zu entfesseln. Sie müssen neu entwickelt werden. Es ist sehr wahrscheinlich, dass Ostdeutschland- langfristig – wie in einem System kommunizierender Röhren – das westliche Produktionsniveau erreichen wird."
Die Entwicklung in Ost und West war von zwei Geschwindigkeiten geprägt. Das gilt nicht nur für die gewerkschaftlichen Aktivitäten, sondern auch für gesamte Entwicklung in West- und Mitteldeutschland. Gesellschaftspolitische Kontroversen der Gewerkschaften mit der jeweiligen Bundesregierung in den Jahren nach 1990 erreichten einen vorläufigen Höhepunkt in den Auseinandersetzungen mit der rot-grünen Regierung Schröder/Fischer über die Gesetze auf der Basis der Agenda 2010, mit denen wichtige Veränderungen in der Sozial- und Arbeitsmarktpolitik durchgesetzt wurden.

Kapitel 3

Zukunftsdiskussionen und Zukunftsprojekte der IG Metall

Die gravierenden wirtschaftlichen und gesellschaftlichen Veränderungen, die sich in der Phase nach dem Boom der IG Metall aufdrängten, verlangten nach neuen programmatischen und organisatorischen Orientierungen und Positionierungen. Programmatische Debatten und Beschlussfassungen auf Konferenzen und Gewerkschaftstagen begleiten die IG Metall in ihrer Geschichte seit Langem. Willensbildungs- und Entscheidungsprozesse sind bis in die Gegenwart auf allen Ebenen langwierige, auch von taktischen Erwägungen geprägte Verläufe, bei denen verschiedene Gremien und Funktionärsebenen mitreden wollen und sollen. Zwischen Arbeitsgruppen zirkulieren Entwürfe, Diskussionspapiere und Expertisen – mit einem Wort viel Papier. Insbesondere die IG Metall erarbeitete eine Vielzahl von Stellungnahmen, Entschließungen und Aktionsprogrammen. Sie dienten neben einer gewerkschaftlichen Positionierung in den gesellschaftspolitischen Debatten immer auch der Bindung von Funktionärinnen und Funktionären und der Mitglieder an die Organisation.
Die Gewinnung und Bindung neuer Mitglieder ließ es erforderlich erscheinen, nicht nur die gesellschaftlichen und ökonomischen Veränderungen zu thematisieren, sondern auch Organisationsstrukturen und -kulturen der IG Metall selbst zum Gegenstand von Analysen und Veränderungsprojekten werden zu lassen. Diesem Ziel und Zweck dienten in den achtziger und neunziger Jahre eine ganze Reihe von Kongressen und Foren, auf denen politische und gesellschaftliche Modernisierungskonzepte diskutiert wurden und Folgerungen für die verschiedenen Politikfelder der IG Metall abgeleitet wurden. Nach den Jahrzehnten des Booms überprüfte die IG Metall ihre Konzepte und Instrumente für eine zeitgemäße Veränderung. Diese zielten auch ausdrücklich auf eine Effektivierung der Strukturen und Prozesse der IG Metall selbst als einer Mitglieder-Organisation und konzentrierten sich in den neunziger Jahren auf die Entwicklung und Durchführung eines eigenständigen innovativen Organisationsentwicklungsprojektes, das sich im sogenannten OE-Prozess konkretisierte.

1 Zukunftsdiskussionen der IG Metall der achtziger Jahre

Bereits in den Boom-Jahrzehnten der sechziger und siebziger Jahre führte die IG Metall eine Reihe von Programmdiskussionen durch. Vielbeachtet waren die Konferenz ‚Aufgabe Zukunft – Qualität des Lebens. Vierte internationale Arbeitstagung der IG Metall' in Oberhausen 11.–14. April 1972 und die Konferenz vom 17.–19. Mai 1976 in Köln unter dem Thema ‚Krise und Reform in der Industriegesellschaft'. In den folgenden Jahren verzichtete die IG Metall auf weitere Klärungsprozesse und erst in der zweiten Hälfte der achtziger Jahre griffen Führungen und Apparate der Gewerkschaften in die gesellschaftlichen Reform- und Zukunftsdebatten mit eigenen Diskussionsbeiträgen und Programmvorschlägen ein.

Zaghaft wurde in den Gewerkschaften über eine Modernisierung von Organisation und Organisationspolitik diskutiert. Für diese Verspätung lassen sich eine Reihe von Gründen benennen: Man hielt es nicht für nötig, die eigene Organisation in einem groß angelegten Reformprozess zu modernisieren, weil man ständig, wie andere Großorganisationen auch, eine schrittweise permanente Anpassung an die Herausforderungen im gesellschaftlichen und politischen System vornahm. In programmatischen Fragen war man zurückhaltend: Entschließungen und Stellungnahmen, verabschiedet auf den Gewerkschaftstagen, waren zunächst für die Gewerkschaften eine ausreichende Grundlage für ihre Arbeit und sie konnten zwischen den Gewerkschaftstagen einem ‚Praxistest' unterworfen werden. Zudem verspürten viele Funktionärinnen und Funktionäre keine Notwendigkeit, ihre eigenen Arbeitsansätze zu überprüfen und zu verbessern – was in Modernisierungsprozessen zwangsläufig der Fall ist. Ein weiterer Grund für die Zurückhaltung in den achtziger Jahren war das tarifpolitische Großprojekt der wöchentlichen Arbeitszeitverkürzung, das schon im Vorfeld der Einstimmung auf dieses Vorhaben Kräfte band. Zugleich befürchtete man, dass Diskussionen über Modernisierung in dieser Phase zu einer Desorientierung von Funktionärinnen und Funktionären und damit zu einer innerorganisatorischen Schwächung der IG Metall führen könnten, ein Argument, das in jeder Modernisierungsdebatte jeder Großorganisation eine Rolle spielt und vorgebracht wird, um Veränderungsprozesse schon von vorneherein zu vermeiden oder zu unterbinden.

Die achtziger Jahre sind trotz oder wegen aller Herausforderungen der Gewerkschaften das ‚Projektjahrzehnt' mit dem Schwerpunkt von 1985 bis 1989: Der Weg von Diskussionen über Modernisierung bis zur Formulierung von Modernisierungsprojekten zog sich über eine längere Zeit hin. Für eine allgemeine Zukunftsdiskussion von 1987 bis 1989 war der Vorstandsbereich des Ersten Vorsitzenden zuständig, für das Medienprojekt Printmedien mit der Zeitung Metall der Zweite Vorsitzende, für das Projekt Betriebs- und Organisationsstrukturen zunächst der Zweite Vorsitzende, ab 1986 Karin Benz-Overhage, für die Projekte Aus- und Weiterbildung und im Bereich der gewerkschaftlichen Technologiepolitik auch der Zweite Vorsitzende. Leider wurden keine Projekte in den Organisationsschwerpunkten Betriebspolitik und Personalentwicklung geplant.
Seit 1983 lassen sich ‚Reformbaustellen' in der IG Metall orten. Der damalige Zweite Vorsitzende der IG Metall Franz Steinkühler unternahm nach seiner Wahl im Jahre 1983 den Versuch, die Diskussionen über Modernisierung und Reformen anzustoßen, vor allem im Bereich Organisation und Verwaltung. Als Erster Vorsitzender verstärkte er dann ab 1986 die Reformbemühungen im programmatischen Feld, die in die Zukunftsdiskussionen von 1987–1989 einmündeten. Mit diesem Zukunftsprojekt schaltete sich die IG Metall in die gesellschaftspolitischen Zukunftsdiskussionen ein.[70] Bemühungen um eine Modernisierung von Organisation und Organisationspolitik blieben auf der Tagesordnung. Die Zukunftsdiskussionen der IG Metall erstreckten sich, wenn man das Organisationsentwicklungsprojekt (OE-Projekt) von 1992 bis 1999 und die Zukunftsdebatte von 2000 bis 2002 einbezieht, über einen Zeitraum von 1985 bis 2003. In dieser Periode fanden nicht nur in Deutschland, sondern auch in anderen europäischen Ländern und in USA Diskussionen[71] in den Gewerkschaften über Zukunftsfragen und über neue Ansätze der Gewerkschaftspolitik statt. Gewerkschaften wurden eher gezwungen, sich an diesen Prozessen zu beteiligen statt sich proaktiv in die Veränderung einzuschalten.
Karlheinz Janzen, bis 1986 im Vorstand der IG Metall neben Sozial-, und Arbeitsmarktpolitik auch für die Bereiche Automation und Technologie zuständig, legte die Grundlagen für eine neue gewerkschaftliche Technologiepolitik.[72] Die Veränderungen in der Arbeitswelt und die technischen Veränderungen in Produktion und Verwaltung stellten die IG Metall vor

die Herausforderung, neue Ansätze für eine gewerkschaftliche Technologiepolitik und auch für eine neue Betriebspolitik zu diskutieren und zu entwickeln. Erste Aktivitäten konzentrierten sich auf eine Analyse der Veränderungen in der Arbeitswelt. Die Resonanz in der IG Metall war zunächst schwach, weil viele Funktionärinnen und Funktionäre glaubten, dass die technologischen Sprünge keinen Paradigmenwechsel in der Industriegesellschaft einleiten würden und damit auch keine neuen Ansätze in der gewerkschaftlichen Betriebspolitik nötig machten. Es war jedoch ein Nachholbedarf in Fragen der Zukunftsentwicklung gefordert.
Der Gewerkschaftstag in Berlin 1980 erteilte den Arbeitsauftrag, ein „Aktionsprogramm gegen negative Folgen von Rationalisierungsmaßnahmen und technischem Wandel„ zu erarbeiten,[73] dass vom Vorstand beschlossen wurde.[74] „Der gesamte Betrieb wird (...) zum Gegenstand von Veränderungen. Er wird als ‚informationstechnisches System' begriffen: als eine datenmäßig zu verknüpfende Produktion mit dem Ziel, Durchlaufzeiten zu verkürzen bzw. Liege- und Stillstandszeiten zu minimieren, um so die Kapitalbindung zu verringern. Menschliche Arbeit soll aus dem unmittelbaren Produktionsprozess verdrängt werden; angestrebt wird die menschenarme Fabrik. (...) Das systemische Rationalisierungskonzept erfordert (...) die Überwindung einzeltechnologischer Lösungen. Die neue Dimension der Rationalisierung geistiger Arbeit ist dabei zu berücksichtigen. Trotzdem darf die gewerkschaftliche Betriebspolitik die Bedingungen am einzelnen Arbeitsplatz, beispielsweise die Bekämpfung gesundheitlicher ‚Altlasten' nicht vernachlässigen. (...) Die soziale Gestaltung von Arbeit und Technik kann sich nicht allein auf Einzeltechniken beschränken. Der präventive Schutzcharakter gewerkschaftlicher Gestaltungspolitik muss vielmehr ergänzt werden durch die Frage nach dem ‚Wie' und dem ‚Was' industrieller Produktion. Ausgangspunkt für die soziale Gestaltung von Arbeit und Technik ist demnach ein positiver Arbeits- und Zukunftsbegriff."[75] Diese herausgearbeiteten Tendenzen stellten neue Anforderungen an die gewerkschaftliche Gestaltungspolitik. Ein Ergebnis der Untersuchungen und der inner- und außergewerkschaftlichen Diskussionen war das Aktionsprogramm ‚Arbeit und Technik', das die Grundlage der neuen gewerkschaftlichen Technologiepolitik legte: Die zuständige Abteilung Automation und Technologie bearbeitete in der Folge eine Reihe von Projekten, die sie als ‚Pionieraufgaben' für die gewerkschaftli-

che Technologie- und Humanisierungspolitik in den neunziger Jahren"[76] verstand.
Die IG Metall unternahm 1986 den Versuch, die Zukunftsdiskussionen in einem Zukunftsprojekt zu bündeln. Über das Zukunftsprojekt wurde eine Reihe von Veröffentlichungen von den Beteiligten vorgelegt[77], jedoch fehlt bislang eine umfassende Darstellung der Zukunftsdebatte. Das Projekt gliederte sich in drei Teile: Foren über Themen, die für die künftige Entwicklung wichtig sind, den Zukunftskongress, der im Jahre 1988 durchgeführt wurde, und ‚Leitlinien zur gesellschaftlichen und gewerkschaftlichen Reform' für die künftige Arbeit der IG Metall, die auf dem Gewerkschaftstag 1989 beschlossen wurden. Die Themen der Foren waren Umweltschutz[78], Neokonservatismus und Wertewandel, Struktur- und Wirtschaftspolitik, Technologiepolitik, soziale Sicherheit und Altenpolitik und das Thema Tarifpolitik im Strukturwandel.
An dem internationalen Zukunftskongress nahmen über 1000 Wissenschaftler, Künstler, Politiker, Unternehmer, Vertreter von gesellschaftlichen Gruppen und Gewerkschafterinnen und Gewerkschafter aus dem In- und Ausland teil. Um die zukünftige Rolle der Gewerkschaften in der Industriegesellschaft kreisten die Referate und Diskussionen. Franz Steinkühler betonte in seinem Referat, dass es in der Zukunft auch weiterhin starke und durchsetzungsfähige Gewerkschaften geben müsse, um Wirtschaft und Gesellschaft vor dem Hintergrund einer zunehmenden Internationalisierung von Politik und Ökonomie zu gestalten. Offenheit, Toleranz und Diskussionsfreudigkeit und Dialogfähigkeit nach innen und nach außen nannte er als wichtige Eckpunkte der Erneuerung. Die Öffnung der Gewerkschaften als Diskussionsplattform für Wissenschaftler, Künstler, Schriftsteller und Politiker, eine Neuorientierung der Ziele und eine Änderung des Arbeitsstils wurden als wichtige Aufgaben für die kommenden Jahre genannt. Nach seiner Auffassung stehe die Europäisierung der Gewerkschaftsbewegung auf der Tagesordnung. Eine Bewährungsprobe für die Arbeitnehmerorganisationen sei die Gestaltung der Europäischen Gemeinschaft. Die Leitlinien, der dritte Teil des Zukunftsprojektes, sollten die Diskussionen über die Gestaltung der Zukunft in konkrete Anforderungen und konkrete Vorschläge für eine Reformpolitik bündeln. Sie waren als eine Orientierungslinie für die Meinungs- und Willensbildung in der IG Metall für die neunziger Jahre gedacht. Die In-

halte standen im Kontext der bisherigen Programmatik der IG Metall, setzten jedoch zugleich neue Schwerpunkte und Akzente für die Organisationspolitik und die Organisationsarbeit.
Der Gewerkschaftstag der IG Metall in Berlin vom 22. bis 28. Oktober 1989 verabschiedete Schwerpunkte für die weitere gewerkschaftsinterne Zukunftsdiskussion. Die IG Metall benannte die Handlungsfelder der künftigen Arbeit: Wiederherstellung der Vollbeschäftigung bei gleichberechtigtem Zugang aller zur Erwerbsarbeit, qualitative Verbesserung der Arbeits- und Lebensbedingungen, eine ökologisch orientierte Umgestaltung von Wirtschaft und Gesellschaft, Weiterentwicklung des Sozialstaates und umfassende demokratische Gestaltung aller Lebensbereiche. Es gelte „Selbstbewusstsein, Kreativität, Solidaritätsbereitschaft und Engagement ihrer Mitglieder und Funktionäre zu fördern und (sich) für die Überwindung betrieblicher und gesellschaftlicher Missstände einzusetzen".
Franz Steinkühler wies in seinem Geschäftsbericht auf dem Gewerkschaftstag 1989 auf die besondere Bedeutung der Zukunftsdiskussion für die Organisationskultur der IG Metall hin. Es sollte in Zukunft ein neuer Ton in einer zentralistischen Organisation herrschen. Das folgende längere Zitat fasst die Perspektiven einer geplanten Veränderung zusammen.[79]
„Die Konkretisierung der Zukunftsdebatte und ihre Übertragung in Alltagshandeln wird ein Schwerpunkt unserer Arbeit in den nächsten Jahren darstellen müssen. Mir ist der Vorwurf sehr wohl bekannt, dass die Leitlinien in manchen Punkten zu unkonkret seien und dass eine klare Orientierung hier und da fehle. Aber ist dieser Ruf nach klarer Orientierung nicht oftmals auch Ausdruck der Hilflosigkeit? Gibt es nicht Zeiten, in denen klare Orientierung nicht in jedem Punkt möglich ist, weil aufgrund veränderter gesellschaftlicher Bedingungen erst neues Wissen angeeignet werden muss, bevor man handeln kann? Geraten wir nicht in die Gefahr, in der wir Führung vorgaukeln nach dem Motto, wir wissen zwar nicht, wohin wir marschieren, dafür aber mit doppeltem Tempo? Ist das vorherrschende Bild des Funktionärs, der Tag und Nacht der IG Metall zur Verfügung steht, der immer gesund und einsatzbereit ist und immer weiß, wo es langgeht, noch zeitgemäß? Ich weiß, wenn ich solche Fragen stelle, dann hört sich das für viele von Euch so an, als ob ein Trinker über die Tugenden der Abstinenz redet. Aber auch ich bin ein Kind des Widerspruches: Einerseits der Überzeugung zu sein, dass Offenheit und Tole-

ranz, Kooperationsfähigkeit und Teamgeist die Voraussetzungen für überzeugtes gemeinsames Handeln sind. Andererseits aber, wie viele von Euch die Erfahrung zu machen, dass es oft schneller zum Ziel führt, allein entscheidend die Richtung vorzugeben und ihre Einhaltung zu überprüfen. Aber ich wünsche mir einen Stil, bei dem Entscheidungen getroffen werden auf der Basis einer differenzierten Analyse, unter Einbeziehung vieler Betroffener, bei Abwägung aller Pro und Contras und unter Berücksichtigung mancher Zweifel und Bedenken, bei dem Ziele und Strategien entwickelt werden, die von uns allen aus innerer Überzeugung getragen werden. Dies setzt aber voraus, dass man bereit ist, selbst Verantwortung zu tragen und nicht bei jedem Problem gleich nach dem Vorstand oder gar dem nach dem Vorsitzenden ruft, dass man unangenehme Entscheidungen vertritt und sie nicht nach oben abschiebt, dass man zu Selbstkritik fähig und zur inhaltlichen Diskussion bereit ist. Dies bedeutet nicht den Verzicht auf Orientierung und auf Vorgaben von oben. Dies bedeutet aber eine neue Legitimität von Entscheidungen, die von uns allen ein höheres Maß an inhaltlicher Transparenz, an Dialogfähigkeit, Toleranz und kollektiver Rationalität erfordert. Wer zu Recht erwartet, dass Entscheidungen von oben transparent und inhaltlich nachvollziehbar sein sollen, der muss diese Maßstäbe an sein eigenes Verhalten anlegen. So wie der Vorstand, eine Bezirksleitung, eine Ortsverwaltung oder ein Betriebsrat seine Entscheidungen immer aus der Sicht der Verantwortung für das Ganze zu treffen hat, so muss die Kritik ebenfalls aus dem Prinzip der Gesamtverantwortung heraus erfolgen. Sie muss die Sache zum Ziel haben und nie die Person."

Für die praktische Arbeit lautete das Ziel „Tradition und Moderne, alte Erfahrungen der Arbeiterbewegung und neue Erkenntnisse der sozialen Bewegung miteinander zu verbinden".[80] Der Gewerkschaftstag 1989 verabschiedete auch Vorschläge zu Reformen der Organisationspolitik, deren wichtigstes Ziel „die feste Verankerung der IG Metall in allen Betrieben des Organisationsbereichs durch funktionsfähige Interessenvertretung der Arbeitnehmer und einen ständigen Dialog mit den Mitgliedern" sein sollte. Dabei müsse die Kompetenz der Gewerkschaft bei den bisher nicht ausreichend repräsentierten Arbeitnehmergruppen Angestellte, Frauen, Jugendliche und Ausländer nachhaltig verbessert werden. Die verstärkte Außenarbeit setze eine effizientere Organisation voraus. Die

Stärkung der Mitgliederbasis und Durchsetzungsfähigkeit der IG Metall verlangten „Offenheit, Toleranz und Diskussionsbereitschaft innerhalb und außerhalb der Organisation, gleichermaßen aber Disziplin bei der Vertretung unserer Beschlüsse".[81]

Wenige Wochen nach dem Berliner Gewerkschaftstag der IG Metall 1989, der die Beschlüsse zur Umsetzung der Zukunftsdiskussionen verabschiedet hatte, setzte der Prozess der deutschen Einheit ein. Im Rahmen der Veranstaltungen zur 100-Jahrfeier der IG Metall im Jahre 1991 veranstaltete die IG Metall einen weiteren internationalen Zukunftskongress in Frankfurt, der jedoch nur formal an die Diskussionen der siebziger und achtziger Jahre anknüpfen konnte, weil die zentralen Herausforderungen der Einheit zu diesem Zeitpunkt keinen Raum für weitere Themen und Ansätze frei ließen.

Die Zukunftsprojekte verfolgten neben einer Erweiterung des programmatischen Themenspektrums eine Verbesserung des Erscheinungsbildes und des Auftritts als Interessengruppe im politischen und gesellschaftlichen Prozess. Die weitgesteckten Ziele konnten in kurzer Zeit kaum erreicht werden, jedoch konnten erste Ansätze in Richtung Neuorientierung formuliert und umgesetzt werden. Die IG Metall bemühte sich insbesondere um eine Verbesserung der Abläufe in Organisation und Verwaltung: Sie strebte eine Vereinfachung und Erleichterung der Alltagsarbeit mit der verstärkten Nutzung moderner Informations- und Kommunikationstechnologien an und forcierte in diesem Zusammenhang Maßnahmen für eine zusätzliche Qualifizierung des Personals auf allen Ebenen von Verwaltung und Organisation.

Der Prozess der Modernisierung führte, wie in allen Großorganisationen, zu innerorganisatorischen Konflikten. Es lassen sich folgende Tendenzen in der IG Metall feststellen: Zum einen verlangsamten die Konflikte die Modernisierungsprozesse und verstärkten die Tendenz zur Verschiebung der Modernisierung auf Randphänomene, zum anderen beinhalteten die Konflikte Möglichkeiten für eine weitere Zentralisierung und Bürokratisierung des hauptamtlichen Apparates, die dazu genutzt wurden, die Modernisierung ‚von oben' zu gestalten. Zugleich wurden Beteiligungsmöglichkeiten der Verwaltungsstellen eingeschränkt. Daneben lässt sich eine bemerkenswerte Verschiebung im gesamten Machtgefüge der IG Metall feststellen: zum einen Stärkung des Einflusses des betrieblichen

‚Funktionärskörpers' der IG Metall aus den Wirtschaftsbereichen Automobilindustrie – Träger des Streiks für eine 35-Stunden-Woche – Maschinenbau und Elektroindustrie und zum anderen eine Schwächung des Einflusses des ‚Funktionärskörpers' der Wirtschaftsbereiche Stahl- und Eisenerzeugung und Werften – den eher ‚sterbenden' Industrien. Im zentralen Handlungsfeld Tarifpolitik kam es außerdem zu wichtigen Veränderungen: Zum einen handelte es sich um die Flexibilisierung der tariflichen Wochenarbeitszeit und zum anderen um die Verlagerung eines Teils der Regelungskompetenz auf die Unternehmensleitungen und die Betriebsräte, die für Betriebsvereinbarungen einen tarifvertraglichen Spielraum hatten. Das hatte Auswirkungen auf die gewerkschaftliche Betriebspolitik und bot Möglichkeiten zu einem steigenden Einfluss auf der betrieblichen Ebene.

Die IG Metall versachlichte in diesen Jahren ihre Beziehungen zu den neuen sozialen Bewegungen, den Bürger- und Umweltbewegungen. Projekte der betrieblichen Umweltpolitik führten zu Kontakten mit Umweltgruppen und Umweltinitiativen. In diesem Zusammenhang wurden auch erste Kontakte zu der Partei ‚Die Grünen' aufgenommen. Franz Steinkühler wies auf die Bedeutung dieser Kontakte hin: „Gesellschaftliche Unterstützung für unsere Reformvorstellungen ist nur im Rahmen eines Konfliktmodells zu suchen. Wir können nicht auf veränderte gesellschaftliche Kräfteverhältnisse am Wahltag warten, sondern müssen auf veränderte gesellschaftliche Kräfteverhältnisse im Alltag setzen. Das Bündnis zwischen alten und neuen sozialen Bewegungen wird deshalb immer wichtiger. So lässt sich der Druck auf das organisierte Unternehmertum und die parlamentarischen Parteien erhöhen. Von uns verlangt das die Öffnung für die Umwelt-, für die Friedens- und die Frauenbewegung. Von den neuen sozialen Bewegungen verlangt das die Öffnung für sozialpolitische, für beschäftigungspolitische, für verteilungspolitische Fragen und Initiativen."[82]

Die Gewerkschaften versuchten, in der sozialpolitischen Debatte der achtziger Jahre eine aktive Rolle einzunehmen. Auf die Schwierigkeiten einer Einflussnahme auf den direkten politischen Prozess in diesem Arbeitsfeld wies der Zweite Vorsitzende Karl Heinz Janzen immer wieder hin. Ein zentrales Thema in den achtziger Jahren und auch später waren

Fragen zur weiteren Entwicklung des Sozialstaates. Sie waren Gegenstand vieler Veröffentlichungen, auf die hier nur hingewiesen wird.[83]

2 Organisationsentwicklungsprojekt und OE-Prozess

In der Krise der IG Metall, die sich abzeichnete, wandten sich Funktionärinnen und Funktionäre im ‚Apparat' verstärkt Diskussionen über Organisationskultur zu mit dem Ziel, die Identifikation der Mitglieder mit ihrer Gewerkschaft zu verstärken. Mit Blick auf die Tradition wurde zugleich der Vorwurf erhoben, die IG Metall trete altmodisch auf, wirke hausbacken. Sie werde mit diesen Auftritten keine neuen Mitglieder gewinnen und keine Mitglieder auf Dauer binden können. Die unklare Gruppe ‚Modernisierer' im ‚Apparat' forderte eine Verbesserung des Images, um die Organisationskultur zu stärken und die Attraktivität der IG Metall steigern zu können.
Es war mehr als nur eine bloße Effektivierung der Organisationsabläufe notwendig. Nach langen internen Diskussionen entschieden sich die führenden Gremien für ein umfassendes Organisationsentwicklungsprojekt und unternahmen damit einen mutigen Versuch zur Modernisierung der großen Dienstleistungsorganisation IG Metall. Wie nicht anders zu erwarten, wehrten sich jedoch von Anfang an viele Beschäftigte der IG Metall auf allen Ebenen gegen Veränderungen im ‚Apparat', gegen neue organisatorische Abläufe und gegen Vorschläge zur neuen Verteilung von Aufgaben und Zuständigkeiten. Von Anfang an war also das Projekt dadurch belastet, dass der ‚Apparat' nicht geschlossen hinter der neuen zentralen Aufgabe stand. Dennoch: Trotz dieser Startschwierigkeiten wurde das Vorhaben vor allem auf der Ebene der Verwaltungsstellen angenommen und weitgehend erfolgreich durchgeführt. Der 17. Ordentliche Gewerkschaftstag 1992 der IG Metall forderte einen „entschlossenen Reformschritt".[84] Die Entschließung mit der programmatischen Überschrift: "Lebendig, handlungsstark, durchsetzungsfähig – Die IG Metall im Prozess der Organisationsentwicklung" listete einen umfassenden Katalog von Vorhaben auf, der weit über eine bloße Modernisierung der Organisationsabläufe hinaus zielte, zusätzlich eine Reihe von programmatischen Reform- und Zukunftsvorstellungen enthielt und damit an die umfassenden Zukunftsdiskussionen der IG Metall von 1987–1989 anknüpfte.

Die geplante neue Reformdebatte orientierte sich an folgenden Schwerpunkten:[85]
1. Beibehaltung der bisherigen Organisationsstruktur, Sicherung des Prinzips der Einheitsgewerkschaft, Erhaltung des Organisationsprinzips ‚Ein Betrieb – eine Gewerkschaft', Kooperationen der Gewerkschaften angesichts neuer Produktions- und Beschäftigungsverhältnisse;
2. Beibehaltung des Betriebs als Grundlage gewerkschaftlicher Arbeit und Betonung der besonderen Rolle der gewerkschaftlichen Betriebspolitik;
3. Gewerkschaftliche Arbeit in außerbetrieblichen Bereichen;
4. Überprüfung der Aufgabenverteilung zwischen Vorstand und Verwaltungsstellen;
5. Veränderte Arbeitsorganisation, kooperativer und beteiligungsorientierter Führungsstil.
Die IG Metall beschritt mit dem Konzept der Organisationsentwicklung neue methodische Wege. Der Ansatz war weitreichend mit einem umfassenden Gestaltungsanspruch: „Organisationsentwicklung bedeutet, wahrzunehmen, was an eigenen, internen Veränderungen nötig und möglich ist. Organisationsentwicklung bedeutet auch, eigenes Verhalten zu korrigieren und Positionen anderer zu respektieren. Im Ergebnis geht es darum, die Stärken der IG Metall weiterzuentwickeln, Erfolge zu erhalten, auszubauen und erkannte Schwächen zu beseitigen. (...) Die Diskussion muss sowohl mit den Mitgliedern als auch mit befreundeten Einrichtungen geführt werden. Eine Projektorganisation, in der die üblichen Zuständigkeiten und Kompetenzen aufgehoben sind, könnte den Prozess erleichtern. Dazu soll ein ‚Projekt Organisationsentwicklung' entstehen, das den Prozess ermöglicht. Das Projekt umfasst alle Ebenen der Organisation."[86]
Zustimmung zum Projekt und Ablehnung des Projektes verliefen nicht nur entlang der Linie traditionell und modern, sondern machten sich auch an der geplanten Reichweite fest, die manche befürchten ließ, dass am Ende des Projektes eine neue, eine andere IG Metall stehe, die Schwierigkeiten mit ihrer Aufgabe der Interessenvertretung habe. Das umfassende Konzept des Projektes bot ständige Ansatzpunkte für kritische Anmerkungen. Der Start des Vorhabens verlief holprig: Die politische Verantwortung für das Projekt Organisationsentwicklung, das vorbereitende Arbeiten im März 1993 aufnahm, lag zunächst beim Zweiten Vorsitzenden Klaus Zwi-

ckel, der als Verantwortlicher für die Tarifpolitik zur gleichen Zeit eine schwierige tarifpolitische Auseinandersetzung in den neuen Bundesländern führte, die in den ersten Streik dort mündete. Auf dem 3. außerordentlichen Gewerkschaftstag im Oktober 1993 in Mainz wurde Walter Riester zum Zweiten Vorsitzenden gewählt, der den Arbeitsbereich von Klaus Zwickel übernahm. Walter Riester, ausgewiesener Tarifpolitiker, setzte seinen Arbeitsschwerpunkt, wie nicht anders zu erwarten war, auf die Tarifpolitik. In das Projekt Organisationsentwicklung musste er sich erst einarbeiten.

Es folgte demnach ein Neu-Start des OE-Projektes. Walter Riester unterstützte das Reformvorhaben, weil es Teil eines strategischen Ansatzes zur Modernisierung der IG Metall war, eines Vorhabens, dem er sich wie Franz Steinkühler und Klaus Zwickel verpflichtet fühlte. Im November 1993 wurde ein Projektteam gebildet und im April 1994 beschloss der Vorstand Projektplan, Projektaufgaben und Teilprojekte.[87] Der Projektplan war ein Gemeinschaftswerk von Vertretern aller Organisationsebenen: Es wurde der Versuch unternommen, den Projektgedanken und das Projektverfahren als neues organisatorisches Leitprinzip in der IG Metall zu implementieren, zugleich bemühte man sich darum, Anstöße für eine neue Organisationskultur zu geben und in das Miteinander der Organisationsebenen umzusetzen.

Das Organisationsentwicklungsprojekt der IG Metall gewann an Bedeutung für die Reformdiskussionen im DGB und in anderen Einzelgewerkschaften. Fast alle DGB-Gewerkschaften standen vor vergleichbaren Schwierigkeiten: Mitgliederverluste, einbrechende Einnahmen und dem daraus erwachsenen Zwang, die Organisation neuen Bedingungen anzupassen. Weiterhin war Personalentwicklung eine wichtige Aufgabe für alle Gewerkschaften. Der DGB-Vorsitzende Heinz-Werner Meyer wies auf wichtige Aspekte der Zukunftsdiskussionen hin, die auch für die Debatten im Organisationsentwicklungsprojekt von Bedeutung waren: „Der Zukunftsdiskurs des DGB und der Gewerkschaften hat Konsequenzen, nicht nur für die Politik, sondern auch für ihre Organisation. Öffnung für neue Ideen und eine andere Praxis bedeutet auch Öffnung für Menschen, die bisher den Gewerkschaften mit kritischer Distanz gegenüberstanden. Dies ist erwünscht."[88]

Walter Riester legte dem Gewerkschaftstag der IG Metall 1995 in Berlin einen Zwischenbericht über den Stand des Organisationsentwicklungsprojekts vor. Die gewerkschaftliche Lage war zu diesem Zeitpunkt schwierig: Mitgliederverluste und die sich daraus ergebenden negativen Auswirkungen auf die Finanzausstattung der IG Metall verschärften die Diskussionen auch um den Prozess der Organisationsentwicklung, der mittlerweile erfolgreich angelaufen war. Viele hatten sich schnellere Ergebnisse und eine zügige Umsetzung neuer Vorhaben erhofft.
Walter Riester griff in seinem Zwischenbericht die organisationsinternen Kritikpunkte am Organisationsentwicklungsprozess geschickt auf und wandte sich unmittelbar an die Kritiker – so deutlich, wie es sonst auf einem Gewerkschaftstag nicht der Fall war: „Ein spannender Prozess spielt sich ab – spannend nicht nur, weil bisher mehr als 450 Beteiligte in 25 Projekten mit größerem Engagement um Kompetenz bei der Sache sind; der Prozess spiegelt auch die Spannungsfelder wider, in denen sich unsere Arbeit bewegt.“[89] Seiner Einschätzung nach verdichtete sich die Kritik in der Organisation auf vier Felder:
(1) Zentralität oder Dezentralität: „Wir haben uns entschieden, diese Spannung auszuhalten. Wir versuchen den Balanceakt und haben regionale und übergreifende Teilprojekte auf den Weg gebracht: teils dezentral, aber nicht beliebig, sondern exemplarisch; teils zentral, aber nicht diktierend. Die Arbeitsergebnisse müssen für die gesamte Organisation fruchtbar werden; über sie muss breit informiert werden. Hier gibt es noch Defizite.“
(2) Ergebnisorientierung oder Prozess: „Wir wollen Schlussfolgerungen ziehen und dann Beschlüsse fassen. Es braucht Zeit, und die müssen wir uns nehmen. Doch das Organisationsentwicklungsprojekt ist mehr als ein Projekt zur Vorbereitung von Beschlüssen. Unsere Organisation tut sich häufig schwer, Antworten auf neue Entwicklungen zu finden. Gestalten heißt aber, Entwicklungen frühzeitig zu erkennen, Vorschläge zu erarbeiten und Durchsetzungsstrategien zu finden. Dazu brauchen wir gute Arbeits- und Kommunikationsstrukturen. Auch diese müssen wir teilweise erst aufbauen.“
(3) Politisierung oder Entpolitisierung: „Ich will es zuspitzen: Misstrauische Geister in unseren Reihen befürchten, das OE-Projekt wolle politische Entscheidungen an sich reißen, letztlich die Entpolitisierung der IG

Metall betreiben. Gut, das mag man behaupten, möglichst lautstark, richtiger wird es dadurch nicht; denn wir haben in unserer Satzung festgelegt, wer die politischen Entscheidungen fällt und die Verantwortung zu übernehmen hat. Das OE-Projekt soll Entscheidungen vorbereiten helfen, indem es exakte Problembeschreibungen und mögliche Lösungswege aufweist. Es soll mithelfen, dass wir unsere Aufgaben als Gewerkschaft besser erfüllen können."

(4) Beteiligungsorientierung oder möglicherweise bloß Sparkonzept: „Der Vorwurf lautet: Beteiligung diene nur dazu, Abbau zu verschleiern. Ich sage: Wir können nicht wählen zwischen Organisationsentwicklung und Strukturmaßnahmen, die notwendig sind. Wer zuhören will, soll zuhören: Wir haben in den letzten zwei Jahren Monat für Monat im Schnitt über 10.000 Mitglieder verloren. 1991 waren noch 76 Prozent unserer Mitglieder Vollbeitragszahler, heute sind es nur noch 62 Prozent. Wir können also unsere Ausgaben nicht konstant halten. Wir müssen Kosten reduzieren. Wir haben die Pflicht, mit den Beiträgen unserer Mitglieder sorgsam umzugehen. Sie haben ein Anrecht auf unsere Leistungen, vor allem auf unsere Leistungen im Streik. Wer unsere Ausgaben auf der bisherigen Höhe in aller Breite halten will, der muss wissen: Das ist nur auf Kosten unserer Rücklagen für die Arbeitskämpfe zu machen. Der muss wissen: Er gefährdet die Handlungsfähigkeit der IG Metall in ihrem Kern."

Der Gewerkschaftstag fasste nach einer ausführlichen Debatte den Beschluss, das Organisationsentwicklungsprojekt fortzuführen. Ein Jahr später legte das Projekt den Statusbericht 1996 vor, der eine weitere erfolgreiche Bearbeitung der Teilprojekte nachwies: „Der OE-Prozess tritt (...) in seine Umsetzungs- und Transferphase. (...) Als praktischer Prozess der kleinen Schritte und Ergebnisse wird er sich auf dem außerordentlichen Gewerkschaftstag 1998 präsentieren und eine lebendige IG Metall spiegeln."[90]

Vom 29.11. bis 2.12.1998 fand ein außerordentlicher Gewerkschaftstag in Darmstadt zum vorläufigen Abschluss des Projektes statt. Zunächst schien es so, als ob der Gewerkschaftstag in Darmstadt allein der geplanten abschließenden Diskussion über die Organisationsentwicklung vorbehalten bliebe. Jedoch überlagerten zwei Ereignisse diese Veranstaltung und ließen die Diskussionen über die Organisationsentwicklung auf einen hinteren Platz der Tagesordnung rücken: Bundeskanzler Gerhard

Schröder und sein Arbeits- und Sozialminister Walter Riester, beide erst wenige Wochen im Amt, nahmen an der Eröffnung des Gewerkschaftstages teil und prägten die Diskussionen am ersten Gewerkschaftstag. Weiterhin war der Gewerkschaftstag von Auseinandersetzungen über die Nachfolge von Walter Riester überlagert. Jürgen Peters, Bezirksleiter des Bezirks Niedersachsen, bewarb sich um das Amt des Zweiten Vorsitzenden. Erst nach der Wahl des neuen Zweiten Vorsitzenden begann der OE-Kongress, der die Ergebnisse eines fast fünfjährigen Diskussionsprozesses bewerten sollte und sich das Ziel gesetzt hatte, Vorschläge für die weitere Organisationsentwicklung und vor allem für die Organisationsreform vorzulegen.
Klaus Zwickel hatte die Aufgabe übernommen, die Bilanz des OE-Projektes vorzulegen. Er formulierte einen umfassenden Anspruch, der sich an alle Ebenen der Organisation und an alle Funktionäre richtete: „Gefordert ist (...) unsere Nützlichkeit. Ich sage das ganz bewusst. Jedes Mitglied muss vom Nutzen der IG Metall überzeugt sein, denn es zahlt ja schließlich Monat für Monat seinen nicht geringen Beitrag. Das wird erstens natürlich durch unsere tarifpolitischen Erfolge, durch unser Ansehen in den Betrieben, durch unsere politischen Leistungen erreicht. Das verlangt aber zum anderen, dass die Qualität unserer Dienstleistungen keinen Vergleich zu scheuen braucht. Das ist nach meiner Überzeugung heute wichtiger denn je. Dies gilt nicht nur im Verhältnis zum Mitglied, sondern auch im Verhältnis der Organisationseinheiten zueinander. Das gilt für unsere Medien, das gilt für unsere Bildungsarbeit, und das gilt nicht zuletzt auch für unsere technischen Dienste. Wir leben nun mal in einer Dienstleistungsgesellschaft. Das kann und darf auch an uns selbst nicht vorbeigehen.“[91] Er benannte eine Reihe von Verbesserungen, die seit 1993 erarbeitet worden waren. Dazu zählten Projekte in Verwaltungsstellen und Bezirken zur Verbesserung der Arbeitsorganisation und Arbeitsabläufe. Wichtige Vorhaben in diesem Zusammenhang waren die geplante Kooperation von Verwaltungsstellen und die Verbesserung der Rechtsschutzarbeit, weiterhin eine Reihe von betrieblichen Projekten mit Beteiligung der Mitglieder, die zur Aktivierung der Vertrauensleutearbeit genutzt werden sollten. Neue Formen der Arbeit wurden im Feld der Personengruppenarbeit und der Stadtteil- und wohngebietsbezogenen Aktivitäten erprobt. Eine besondere Bedeutung kam der Ausbildung von Kolle-

ginnen und Kollegen auf allen Ebenen zu, die nach einer Schulung im Rahmen des Projektes Veränderungsvorhaben in Seminaren moderierten. Diese Qualifizierungsmaßnahmen für Projektarbeit veränderten die berufliche Praxis der Funktionärinnen und Funktionäre – ein wichtiger Schritt zur Weiterbildung des hauptamtlichen Personals der IG Metall. In seinen Ausführungen zog Klaus Zwickel ein – eher vorläufiges – Fazit. Neben Erfolgen und unerledigten Vorhaben nannte er eine Reihe schwieriger Aufgaben, deren Bewältigung die gesamte Organisation herausforderte: die Eindämmung der Mitgliederverluste, die Überprüfung der Aufgaben der Organisation, Tarifpolitik und die Arbeitsweise der Organisation. Der Gewerkschaftstag beendete seine Beratungen mit der Verabschiedung einer Entschließung zur organisationspolitischen Entwicklung der IG Metall. Diese Entschließung enthielt ein umfassendes Reformkonzept, das auf Zustimmung in der Organisation stieß, tastete jedoch zugleich die bisherigen Machtverhältnisse in der IG Metall nicht an.

Der neue Zweite Vorsitzende, Jürgen Peters, forderte die Delegierten des 5. außerordentlichen Gewerkschaftstages auf, die Projektarbeit fortzuführen, setzte jedoch zugleich andere Akzente für die künftigen Projektaktivitäten. „Das, was wir uns im OE-Prozess erarbeitet haben, was wir diskutiert haben, die Anstöße, die wir erhalten haben, all das muss sich nun im Alltag unserer IG Metall bewähren. Und dieser Alltag ist keine Routine. Ich bin sicher: Diese IG Metall wird sich fortentwickeln, sie wird auch attraktiver werden.“[92] Das OE-Projekt erhielt insgesamt viel Zuspruch, vor allem aus Verwaltungsstellen und Bezirken. Der 19. ordentliche Gewerkschaftstag in Hamburg 1999 beendete das OE-Projekt mit dem Programm zur Umsetzung des OE-Projektes.

Mit dem Organisationsentwicklungsprojekt wurde ein neuer Ansatz zur Organisationsreform umgesetzt. Das Projekt war – trotz vieler interner kritischer Stimmen – erfolgreich, weil es den Funktionärinnen und Funktionären, vor allem in den Verwaltungsstellen, Chancen zur Gestaltung ihrer Arbeit anbot, die von ihnen gerne angenommen wurden. Sie bot Chancen für eine verbesserte Zusammenarbeit und neue Formen der Kommunikation zwischen Funktionären und Mitgliedern. Zugleich setzte jedoch eine vertiefte Zentralisierung und Bürokratisierung im ‚Apparat‘ ein, die von leitenden Mitarbeitern unter Billigung der Vorstandsmitglieder gefördert und unterstützt wurde. Damit entwickelte sich ein neuer

Führungsstil, der die gewerkschaftliche Arbeit erschwerte. Beide Prozesse waren Begleiterscheinungen der Maßnahmen zur Überwindung der innerorganisatorischen Krise und konterkarierten jedoch zugleich die neuen Ansätze, die durch das Organisationsentwicklungsprojekt zum Tragen gekommen waren.

Im Rahmen des OE-Prozesses wurde die Aufgabenstellung des Beirates erweitert, der mehr parlamentarische Funktionen erhielt und damit die kontinuierliche Beteiligung der regionalen und lokalen Einheiten verbesserte und auch zwischen den Gewerkschaftstagen sicherte. Die Rolle der Bezirksleiter wurde in der politischen Praxis ebenfalls aufgewertet und eine schon in der Ära Loderer vorgezeichnete Linie einer – eher ungewollten – Regionalisierung der IG Metall fortgeführt. Die Reduzierung der Zahl der geschäftsführenden Vorstandsmitglieder ging einher mit der Stärkung der Rolle des Ersten und Zweiten Vorsitzenden und des Kassierers, die zusammen ein informelles Gremium, einen ‚engeren' Vorstand im Kreis der geschäftsführenden Vorstandsmitglieder bildeten und faktisch ihre Macht ausdehnten. Der ‚Aufsichtsrat' der IG Metall reduzierte den politischen Einfluss der anderen geschäftsführenden Vorstandsmitglieder und beeinträchtigte auch deren Gestaltungsmöglichkeiten.

Der 19. ordentliche Gewerkschaftstag der IG Metall in Hamburg 1999 beendete das Organisationsentwicklungsprojekt. In seiner Grundsatzrede fasste Klaus Zwickel die Diskussion über den OE-Prozess zusammen: Mit „diesem Gewerkschaftstag schließen wir formell das Organisations-Entwicklungsprojekt ab. Der Organisations-Entwicklungs-Prozess darf nicht zu Ende sein. Viele Entwicklungen und Ergebnisse des OE-Projektes waren umstritten. Viele sinnvolle Erfahrungen, zukunftsträchtige Initiativen, attraktive Ideen sind aber noch keineswegs auf breiter Basis umgesetzt. (...) Wir sind allen Gerüchten zum Trotz (...) keine zentralistische Organisation, wo (...) Vorgaben von oben gemacht und nach unten durchgestellt werden. Umso mehr ist die Verantwortung und Initiative jeder einzelnen Verwaltungsstelle, jedes einzelnen Vertrauenskörpers gefragt. Wir wollen eine Vielfalt von Wegen. Aber wir haben auch ein klares Ziel: Handlungsstark zu bleiben und mitgliederstärker zu werden."[93]

3 Eine neue Reformdebatte der IG Metall 2000–2003

Auf dem Hamburger Gewerkschaftstag der IG Metall 1999 formulierte der Erste Vorsitzende der IG Metall, Klaus Zwickel, in seiner Grundsatzrede das ‚Regierungsprogramm' für seine letzte Arbeitsperiode, die 2003 endete. Neben dem Vorschlag für ein Bündnis für Arbeit war es vor allem der Vorschlag für eine neue Zukunftsdebatte der IG Metall. Der fast nahtlose Übergang des OE-Projekts in eine neue Zukunftsdiskussion kam überraschend. Die Startbedingungen für ein solches Vorhaben waren nicht günstig: Die Absicht, eine erneute Diskussion über programmatische Fragen zu führen, stieß auf geringes Interesse, weil die negative Mitgliederentwicklung, betriebliche Probleme und die Tarifpolitik von besonderer Dringlichkeit im Alltag der Organisation waren und die Arbeitskraft der Funktionärinnen und Funktionäre banden. Das neue Vorhaben bot von Anfang an Ansatzpunkte für eine harsche innergewerkschaftliche Kritik: eine neue Programmdebatte sei ‚verkopft' bis hin zu dem Vorwurf, dass eine neue Debatte sich eher an den ‚Interessen der hauptamtlichen Funktionärinnen und Funktionären der oberen Organisationsebenen' und weniger an denen der Mitglieder orientiere, die von ihrer Organisation vorrangig eine erfolgreiche ‚Butter- und Brotpolitik' einforderten.

Unabhängig von der Kritik schien man in der engeren Führung der IG Metall ‚in Eile' zu sein: Im Mai 2000 wurde schon ein Rahmenkonzept für Ablauf und Durchführung der neuen Zukunftsdebatte beschlossen. Die organisatorische Verantwortung lag beim Ersten Vorsitzenden, der den Funktionsbereich Gesellschaftspolitik mit der Abwicklung beauftragte. Der Arbeitsumfang war umfassend geplant: Die Zukunftsdebatte sollte, so der Geschäftsbericht[94] für den Zeitraum 1999 bis 2002, die gesellschaftliche und betriebliche Arbeit der IG Metall, ihre programmatischen Positionen und gewerkschaftlichen Ziele auf Zukunftstauglichkeit überprüfen. Die Debatte knüpfte an die gewerkschaftlichen Diskussionen der neunziger Jahre und an frühere Zukunftsdebatten der IG Metall an.

Das Projekt, als ‚Prozess' angelegt[95], durchlief unter der Leitlinie ‚Mehr erkennen – Weiter denken – Zukunft leben' drei Phasen: Phase 1: Mehr erkennen: Befragungen und Erhebungen, Phase 2: Weiter denken: Beteiligung und Aktivierung und Präsentation eines Zukunftsmanifestes auf dem Zukunftskongress, Phase 3: Zukunft leben. Dazu sollten auf dem Zukunftskongress 2002 Schlussfolgerungen für die Programmatik der IG Metall gezogen werden. Man strebte eine breite Beteiligung von Mitgliedern und Nichtorganisierten an. Es wurden zahlreiche empirische Befragungen und Erhebungen[96] durchgeführt: eine Repräsentativbefragung mit 2.792 Befragten, eine Befragung der Zeitung *metall*, an der sich ca. 30.500 Leserinnen und Leser beteiligten, Befragungen in 699 Betrieben mit ca. 80.000 Teilnehmerinnen und Teilnehmern, eine Befragung von 2.543 Teilnehmerinnen und Teilnehmer an drei ‚online'-Befragungsangeboten. Daneben gab es quantitative Untersuchungen, vorbereitet durch qualitative Vorstudien in Gruppendiskussionen und biografische Leitfadeninterviews. Weiterhin wurden wissenschaftliche Literaturberichte und Mentorenberichte erarbeitet.

Die zahlreichen Informationen und Daten konnten in der kurzen Zeit vor dem Zukunftskongress nicht ausgewertet werden. Der Zukunftskongress, der vom 13. bis 15. Juni 2002 in Leipzig unter dem Motto ‚Neue Wege wagen' stattfand, sollte medialer Höhepunkt der Zukunftsdebatte werden. Die Veranstaltung hatte nicht die Aufgabe, Beschlüsse zu fassen oder ein ‚Programm' zu verabschieden. Ziel des Kongresses war es, unterschiedliche Sichtweisen zu Wort kommen zu lassen und offen zu diskutieren. Dafür war die Zeit jedoch zu kurz: Es blieb bei der Formulierung von wohlklingenden Überschriften, verschieden verpackt. Vor allem sollten die Teilnehmerinnen und Teilnehmer den Entwurf des Zukunftsmanifestes ‚Offensive 2010 – Chancen für eine bessere Zukunft' beraten. Das endgültige Zukunftsmanifest wurde vom Vorstand der IG Metall am 8. Oktober 2002 beschlossen. Der Vorstand bewertete in seinem Geschäftsbericht für den Gewerkschaftstag 2003 die Zukunftsdebatte selbstverständlich als Erfolg. Sie „hat die Diskussion um programmatische Erneuerung und organisatorische Stabilisierung der IG Metall ein wichtiges Stück vorangebracht".[97] Die Ansätze für die Phase 3 ‚Zukunft leben' wurden zwar noch wie geplant formuliert, jedoch seine Umsetzung, die sicher mehrere Jahre in Anspruch genommen hätte, fand nach dem Gewerkschaftstag 2003 nicht mehr statt. Die Zukunftsdiskussionen in den Jahren 2000–2002 hatten einen Einfluss auf die Formulierungen der Entschließungen zum Gewerkschaftstag im Jahre 2003.

Die Debatte über die Zukunft wurde jedoch auf dem Gewerkschaftstag förmlich beendet. Die neue Führung der IG Metall kehrte zu früheren

Formen und Inhalten der Interessenvertretung zurück, beschwor die neue, ‚alte' Stärke, verzichtete auf einen Beitrag zur gesellschaftlichen Modernisierung und auch auf einen programmatischen Wettbewerb mit der Regierung Schröder/Fischer in gesellschaftspolitischen Fragen. Die Auseinandersetzungen konzentrierten sich auf die Agenda 2010 der Bundesregierung. An erster Stelle standen für die IG Metall nach dem Gewerkschaftstag 2003 folgende Aufgaben: Konsolidierung der Organisation, Intensivierung der Mitgliederwerbung, Sicherung der finanziellen Lage.

Zukunfts- und Reformdebatten erstreckten sich über den langen Zeitraum von 1985 bis 2003. Es war ein ‚Generationenprojekt'. Die Zukunftsdiskussionen 1987–1989 und das Organisationsentwicklungsprojekt (OE-Projekt) von 1992–1999 können als geglückte Reformdebatten bezeichnet werden, weil sie an zentralen Fragen und Problemen in der IG Metall anknüpften. Dies gilt nicht für die Reformdebatte von 2000–2002: Sie knüpfte nicht an dringende Probleme an, weil zu dem Zeitpunkt, als sie gestartet wurde, gerade eine Reformdebatte beendet wurde und von dieser und der vorherigen Debatte viele brauchbare Reformvorschläge auf dem Tisch lagen, die umgesetzt werden konnten und mussten. Allerdings lässt sich für die neunziger Jahre eine ‚Thesenfreudigkeit' in der IG Metall feststellen. Reformentwürfe, Entschließungen und Konzepte zu vielen Themen wurden vorgelegt, leider wurde die Umsetzung nicht mit der gleichen Energie betrieben. Die IG Metall versammelte zwar mit den Zukunftsdiskussionen Expertenwissen, das sie jedoch zögerlich abrief und zurückhaltend in die organisatorischen, politischen und gewerkschaftlichen Prozesse einbrachte. Geringen Einfluss hatte die programmatische Diskussion der Sozialdemokraten, der Grünen und anderer Parteien und Organisationen auf die Zukunftsdiskussionen der IG Metall.

Kapitel 4

Veränderungen in der Gewerkschaftslandschaft

1 Gewerkschaftliche Reformdebatten

Die Zukunfts- und Reformdebatten, die im Verlauf der achtziger und neunziger Jahre in der IG Metall geführt wurden, fanden in diesem Zeitraum auch in den meisten Einzelgewerkschaften und beim Dachverband DGB statt. In diesen Debatten wurden jeweils auch die spezifischen Problemlagen thematisiert, die sich aus den jeweiligen Organisationsdomänen ergaben. Diese resultieren einerseits aus den strukturellen Veränderungen der Arbeits- und Produktionsbedingungen in den industriellen Sektoren der Wirtschaft, andererseits aus den Veränderungen in den Dienstleistungssektoren und in den öffentlichen Diensten. Programmatisch zielten die Debatten auf eine Anpassung der gewerkschaftlichen Ziele und Mittel an sich verändernde Bedingungen, die der Strukturwandel auf die gewerkschaftliche Agenda setzte und die durch den Prozess der deutschen Einheit verschärft wurden.

Die Zukunftsdebatten in den Einzelgewerkschaften und im DGB versuchten dabei zugleich, auf die veränderten Ansprüche der Menschen nach Beteiligung an der Gestaltung ihrer Arbeits- und Lebensbedingungen zu reagieren, die sich vor dem Hintergrund der Tendenzen zur Pluralisierung, Individualisierung und Fragmentierung der Lebensverhältnisse herausbildeten.

Neben diesen programmatischen Reformulierungen und Neujustierungen von gewerkschaftlichen Zielen standen immer auch Probleme einer Organisationsreform von Gewerkschaften im Zentrum der Debatten in den achtziger und neunziger Jahren, die aufgrund sinkender Mitgliederzahlen und schwindender Finanzkraft unabweislich wurden.

Einen Schwerpunkt bildeten die Diskussionen über eine Reform des DGB und des Verhältnisses zu den Einzelgewerkschaften, in denen sich die IG Metall als größte Einzelgewerkschaft des DGB aktiv engagierte. Aus der Sicht der IG Metall hatte sich die Reform des DGB an folgenden Aufgaben zu orientieren:

„(1) Der DGB muss auf allen Ebenen als die gewerkschaftliche Stimme gegenüber Staat, Wirtschaft, Organisationen, Parteien etc. auftreten, (2) Der DGB muss die politischen, insbesondere Recht setzenden Entscheidungsprozesse auf allen Ebenen kompetent beeinflussen, (3) Der DGB muss seine Mobilisierungs- und Kampagnenfähigkeit stärken: Am 6. Juli 1999 wurden die von einer Arbeitsgruppe von sieben Gewerkschaftsvorsitzenden vorgeschlagenen Kernelemente der DGB-Organisationsreform festgeschrieben. Mit dieser Beschlussfassung waren die Aufgabenstellungen des DGB in den Grundzügen mit den Gewerkschaften abgeklärt. Der DGB gliedert sich in die Ebenen Bund, Bezirke, Regionen, wobei die Wahlmandate gesichert sind. Die politische Willensbildung findet stärker in den Mitgliedsgewerkschaften statt. Die Bildung der insgesamt 94 DGB-Regionen wurden im November 1991 abgeschlossen.“[98] Für die IG Metall war es schon aufgrund ihrer Größe und ihres finanziellen Engagements selbstverständlich, sich an den Diskussionen über eine Reform des DGB stärker zu beteiligen. Die Gruppe der ‚gewerkschaftsinternen Kirchturmspolitiker‘ in der IG Metall warnte – selbstverständlich nicht öffentlich – vor einer Beteiligung an der DGB-Reform. Die IG Metall-Führung vertrat jedoch einmütig „die Auffassung, dass auch neustrukturierte Mitgliedsgewerkschaften und eine veränderte Gewerkschaftslandschaft einen starken Bund brauchen (...)“. [99]
Man einigte sich 1999 auf Kernelemente einer DGB-Organisationsreform. Damit waren neue Aufgabenstellungen des DGB in den Grundzügen mit den Einzelgewerkschaften abgeklärt: Dazu gehörten insbesondere die organisatorische Gliederung des DGB in die Ebenen Bund, Bezirke und Regionen. Weiterhin wurde festgelegt, dass die politische Willensbildung stärker in den Mitgliedsgewerkschaften stattfinden sollte.[100] Diese Beschlüsse hatten eine Kehrseite: Sie schrieben die politische Entmachtung des DGB durch die Einzelgewerkschaften fest. Der Dachverband DGB verlor an Einfluss, erhielt eine geringere Finanzausstattung von den Einzelgewerkschaften und war auch zu Personalreduzierungen gezwungen. Die Beschlüsse führten folglich langfristig zu einem Einfluss- und Machtverlust des DGB in Politik und Gesellschaft. Die Einzelgewerkschaften waren nicht in der Lage, diesen erzwungenen Rückzug des DGB[101] auf zentraler Ebene zu kompensieren. Sie konzentrierten sich stärker auf ihre ‚ureigenen‘ Handlungsfelder Betriebs- und Tarifpolitik. Die DGB-

Gewerkschaften konnten ihre negative Mitgliederentwicklung und die Finanzverluste nicht allein mit Sparprogrammen beheben. Weitere, vor allem langfristige Maßnahmen zur Mitgliederentwicklung waren notwendig, um die strukturellen Probleme der einzelnen Gewerkschaften und die Probleme und Schwierigkeiten zwischen den Verbänden zu verringern. Dazu gehörten neben Projekten zur Organisationsentwicklung[102] Integrationen und Fusionen[103] von einzelnen DGB-Gewerkschaften.
Fusionen, Integrationen und Neugründungen veränderten die Gewerkschaftslandschaft. Die Ausgaben für die verschiedenen Verwaltungseinheiten in den neuen Bundesländern konnten von vielen DGB-Gewerkschaften nicht aus den dort erzielten Mitgliedsbeiträgen finanziert werden, weil im Zuge der wirtschaftlichen Restrukturierung die Beschäftigung in der ostdeutschen Industrie einbrach und dramatische Mitgliederrückgänge auslösten. Auf die daraus erwachsende finanzielle Krise, reagierten die DGB-Gewerkschaften organisationsweit mit Personalreduzierungen und Einsparungen, die zu einer Straffung und auch zu einer Reduzierung von Aktivitäten führten. „Vor dem Hintergrund der programmatischen Erneuerung war es eine der wichtigsten Aufgaben des 16. Ordentlichen Bundeskongress, auch die Organisationsstrukturen des DGB den veränderten Gegebenheiten anzupassen. Der Umzug des DGB nach Berlin wurde auf der Grundlage eines Antrages der IG Metall beschlossen. Die Organisationsreform ist auf dem Bundeskongress nicht in wünschenswertem Umfang vorangekommen. Die Diskussion darüber wird weitergeführt. Die IG Metall vertritt die Auffassung, dass auch neustrukturierte Mitgliedsgewerkschaften und eine veränderte Gewerkschaftslandschaft einen starken Bund brauchen, um die gemeinsamen Interessen ihrer Mitglieder und aller Beschäftigten über die einzelnen Branchen, Industrie-zweige und Wirtschaftssektoren hinweg wirkungsvoll politisch und gesellschaftlich vertreten zu können."[104]
Die mit dem Strukturwandel einhergehenden Veränderungen führten, wesentlich auch ausgelöst von den sich verschärfenden Finanzproblemen der Gewerkschaften, zu organisationspolitischen Konzentrationsprozessen: Im Jahre 2002 waren unter dem Dach des DGB nur noch acht Einzelgewerkschaften vertreten, während es bis in die achtziger Jahre noch 17 Einzelgewerkschaften waren. An diesem Prozess war auch die IG Metall aktiv beteiligt. Eine Neustrukturierung der IG Metall erfolgte Ende der

neunziger Jahre durch eine Aufnahme von zwei Gewerkschaften mit unterschiedlichen Industrietraditionen und organisationskulturellen Identitäten. Deren Integration in eine mit eigenen Traditionsbeständen aufwartende IG Metall erwies sich als nicht ganz leichte Aufgabe, wie sich herausstellen sollte.

2 Integrationen der Gewerkschaft Textil und Bekleidung (GTB) und der Gewerkschaft Holz und Kunststoff (GHK) in die IG Metall

Im Jahre 1998 fand die Integration der Gewerkschaft Textil und Bekleidung (GTB) und im Jahre 2000 der Gewerkschaft Holz und Kunststoff (GHK) in die Metallgewerkschaft statt. Die neue IG Metall war nur noch programmatisch eine Einheitsgewerkschaft. Das Prinzip ‚ein Betrieb, eine Gewerkschaft' galt zwar für die einzelnen Betriebe weiter, jedoch nicht für die Organisation im Ganzen. Die neue Organisation vertrat die Interessen der Beschäftigten verschiedener Wirtschaftsbereiche. Die Mitglieder erwarteten von ihrem neuen Verband eine konsequente Interessenvertretung in ihren Arbeitsbereichen. Solche Probleme hatten auch andere Industriegewerkschaften: neben der IG Metall die frühere Gewerkschaft Chemie, Papier, Keramik, die mit der Industriegewerkschaft Bergbau und Energie und der Gewerkschaft Leder fusionierte und auch die Industriegewerkschaft BAU. IG Metall, GTB und GHK standen vor der Herausforderung, gemeinsam eine Identität zu entwickeln. Dafür waren die Vorgaben der ‚alten' IG Metall zur Gestaltung des Prozesses der Integrationen Erleichterung und Last zugleich. Es entstand eine neue Einheit mit einer veränderten Organisationskultur, die sich erst in der gewerkschaftlichen Praxis und in der organisatorischen Zusammenarbeit allmählich herausbildete. Wer gehörte zu dieser neuen organisatorischen Einheit?

2.1 Integration der GTB in die IG Metall

In dem Zeitraum von 1970 bis 1989 sank die Beschäftigtenzahl in der Textil- und Bekleidungsindustrie in der ‚alten' Bundesrepublik um mehr als die Hälfte, von 881.000 auf 381.000 Beschäftigte. Die wesentlichen Gründe dafür waren eine permanente Rationalisierung und die Verlagerung der Produktion ins Ausland. Die wirtschaftlichen Entwicklungen führten zu ständigen Beschäftigtenverlusten und in ihrer Folge zu dramatischen Mitgliederverlusten.

Die negative Mitgliederentwicklung verstärkte Bemühungen der GTB um Kooperationen mit anderen Gewerkschaften. Im Jahre 1978 wurden die Betriebsratswahlen von Gewerkschaft Nahrungsmittel, Genuss und Gaststätten (NGG) und GTB gemeinsam vorbereitet. Noch im Jahre 1993 erklärte die GTB im Rahmen der Diskussionen um eine DGB-Organisationsreform, selbständig bleiben zu wollen. Die negative Mitgliederentwicklung zwang jedoch bald zu einem Wechsel der zukünftigen Organisationspolitik: Statt Kooperation stand jetzt Integration auf der Tagesordnung. Nach intensiven Vorgesprächen zwischen den Vorständen der IG Metall und der GTB, schlossen beide am 10. September 1996 einen Integrationsvertrag. Aus der Sicht der IG Metall verliefen die Diskussionen, die zur Integration führten, zügig und erfolgreich. „Nach Vorgesprächen fasste im Juni 1996 der Hauptvorstand der Gewerkschaft Textil-Bekleidung (GTB) den Grundsatzbeschluss, die Integration in die IG Metall zu vollziehen. Im November 1996 bestätigte der GTB-Beirat diese Entscheidung. Im Oktober 1997 beschloss der 3. Außerordentliche Gewerkschaftstag der Gewerkschaft Textil-Bekleidung einstimmig die Auflösung der Organisation und ihre Integration in die IG Metall. Die IG Metall schuf gleichfalls im Oktober 1997 auf einem außerordentlichen Gewerkschaftstag die satzungsmäßigen Voraussetzungen einer Aufnahme. (...) Neben den formalen Voraussetzungen wurden als Maßnahme der Organisationsentwicklung ‚Kennenlern-Seminare' durchgeführt, und so auf die unterschiedlichen Organisationskulturen Rücksicht genommen. Gleichzeitig hat die IG Metall auf ihrer Beiratssitzung im Dezember 1997 bestätigt, dass die Besonderheiten der Branchen im ehemaligen Bereich der GTB – und auch später der GHK – auch langfristig einer spezifischen Vertretung bedürfen. Mit der Integrationsrichtlinie hat die IG Metall einen formalen Rahmen geschaffen, der Sicherheiten bietet und gleichzeitig Impulse für verstärkte Branchenarbeit liefern kann. So bleibt Spielraum für branchenspezifische Entwicklungen, ohne dass eine ‚Gewerkschaft in der Gewerkschaft' entsteht." [105]

Manfred Schallmeyer, Vorstandsmitglied der GTB und ab 1. Januar 1998 geschäftsführendes Vorstandsmitglied der IG Metall, sprach auf dem außerordentlichen Gewerkschaftstag eine Reihe von wichtigen Problemen der Integration an. „Die GTB-Integration in die IG Metall (...) war eine politische Entscheidung, und dadurch ist sicherlich kein einziges Zukunftsproblem der IG Metall gelöst worden. Insofern sind wir wohl eher eine Bereicherung (...). Wir haben (...) in den acht Monaten IG Metall-Lehrzeit schon viel erfahren, wir müssen aber noch kräftig dazulernen, dass etwa die IG Metall eine wesentlich politischere Organisation ist, dass die Streitkultur nicht von übertriebenem Harmoniebedürfnis geprägt ist, sondern vom kompromisslosen Drang nach klaren Konturen bestimmt wird, dass es in der IG Metall wesentlich intellektueller zugeht, was hoffentlich auch immer und in jedem Fall intelligenter bedeutet. Und schließlich bleibt die Fragestellung, ob stechende, brillante Professionalität auf allen Arbeitsebenen zwangsläufig und immer durch lähmende Bürokratie relativiert werden muss. Wir von der alten GTB müssen ganz schnell lernen und verinnerlichen, dass man in der IG Metall nicht abgeholt wird, dass aber akzeptiert und beteiligt ist, wer sich selbst bewegt, wer den Mund auftut und sich im gewerkschaftlichen Alltagsgeschäft, bei der gewerkschaftlichen Kärrnerarbeit, genauso persönlich engagiert, einbringt und interessiert wie auf dem Markt von Ämtern und Funktionen. Im Übrigen, Kolleginnen und Kollegen, kenne ich keinen ehemaligen Funktionär und keine ehemalige Funktionärin der GTB, die sich über zu wenig Beteiligung, über zu wenige Termine in der neuen Gewerkschaft beklagen. (...) Schließlich und endlich haben wir kapiert, branchenspezifische Fragen stärker als bisher in gesellschaftlichen und gewerkschaftlichen Gesamtzusammenhängen zu betrachten und zu behandeln."[106]

Vielen ehemaligen Mitgliedern, Funktionärinnen und Funktionären der GTB bereitete es Sorge, in der großen IG Metall ihre ‚Gewerkschaftsidentität' zu verlieren. Im Mittelpunkt dieser Befürchtungen stand die Frage nach der ‚textilen Identität', zu der sich Manfred Schallmeyer in einem Interview äußerte: „Die Beschäftigten der Textil- und Bekleidungsindustrie, unsere vorhandenen und potentiellen Mitglieder, beschäftigten sich mit Kopf und Händen, mit Herz und Verstand mit der Herstellung von hochmodischen, technisch sensiblen und ökologisch hilfreichen Produkten. Kurz, sie beschäftigen sich mit intelligenter Produktion. Das schafft hohe Identifikation mit dem Beruf, mit dem Produkt, mit dem Betrieb. Das macht stolz auf die Ergebnisse der eigenen Arbeit; das schafft Wir-Gefühl. (...) Für mich war immer herausragend der vielfältige Schulterschluss zwischen hauptamtlichen und ehrenamtlichen Kolleginnen und Kollegen in unserer guten alten GTB. Man hat aufeinander gezählt, man konnte sich aufeinander verlassen. Wir haben von unendlich vielen Kontakten, ja von Freundschaften, die nur auf der Plattform der GTB möglich waren, gezehrt. Ohne diesen ausgeprägten Familiensinn hätten wir die gute alte GTB bei den dramatischen äußeren Rahmenbedingungen, unter denen unsere Branchen leiden, überhaupt nicht integrationsfähig halten können."[107]

2.2 Integration der GHK in die IG Metall

Die Gewerkschaft Holz und Kunststoff (GHK)[108], wie die GTB mit Sitz in Düsseldorf, hatte im Jahre 1993 205.000 Mitglieder. Sie wies zwei besondere Merkmale auf: Sie war ihrer Mitgliederstruktur nach eine ‚Männergewerkschaft' und zugleich eine ‚Arbeitergewerkschaft'.

Die Mitgliederstruktur der GHK entsprach weitgehend der Beschäftigtenstruktur: Sie organisierte Beschäftigte aus den Wirtschaftsbereichen Bearbeitung und Verarbeitung von Holz, Verarbeitung von Kunststoffen. In der Holzverarbeitung waren vor allem männliche Facharbeiter und qualifizierte angelernte Arbeiter beschäftigt. In der industriellen Produktion, insbesondere im Fertighausbau, Karosserie- und Fahrzeugbau, in den Bereichen Möbelproduktion und Spanplatten waren mittelständische Betriebe dominierend. Der Bereich des Handwerks umfasste Tischler, Bodenleger, Innenarchitekten, Bleistiftmacher, Orgelbauer, Vergolder, Böttcher, Küfer, Knopfmacher, Klavierbauer, Schiefertafelmacher, Schuhleistenmodelleure, Korbmacher und Bürstenbinder. Die GHK beschäftigte 260 hauptamtliche Funktionäre und Verwaltungsangestellte. Im Jahre 1993 gehörten 6.200 Betriebsratsmitglieder der GHK an und daneben waren 13.000 gewählte oder delegierte Vertrauensleute in den Betrieben aktiv. Bei den Betriebsratswahlen im Jahre 1990 errang die GHK 82,4 Prozent der Mandate, allerdings gab es eine Vielzahl von Kleinbetrieben ohne Betriebsrat. Dramatische Mitgliederverluste und sinkende Einnahmen zwangen zu Kooperationen mit anderen Gewerkschaften. Die Zahl der Mitglieder sank von 239.000 im Jahre 1990 auf 154.000 im Jahre 1997. Am Rande des 5. außerordentlichen DGB-Bundeskongresses in Dresden wurde am 14. November 1996 ein Kooperationsvertrag[109] zwischen der IG

Metall und der Gewerkschaft Holz und Kunststoff mit dem Ziel der Integration der GHK in die IG Metall unterzeichnet.
In der Präambel des Kooperationsvertrages werden Ziele der Integration benannt: „Der Hauptvorstand der Gewerkschaft Holz und Kunststoff und der Vorstand der Industriegewerkschaft Metall vereinbaren eine enge Zusammenarbeit mit dem Ziel des Zusammenschlusses beider Gewerkschaften durch die Integration der Gewerkschaft Holz und Kunststoff in die Industriegewerkschaft Metall. Angesichts neuer Herausforderungen wie veränderter Arbeitgeberstrategien in der Tarif- und Sozialpolitik, zunehmender Angriffe auf das Tarifvertragssystem durch Regierung und Arbeitgeber, sinkender Mitgliederzahlen der Gewerkschaften aufgrund vielfältiger Ursachen und allgemein schwieriger Rahmenbedingungen für gewerkschaftliche Aktivitäten werden beide Organisationen alle Möglichkeiten der praktischen Kooperation nutzen und ihre politischen Planungen und organisatorischen Maßnahmen aufeinander abstimmen. Ziele der Kooperation (...) sind insbesondere die Verbesserung der Mitglieder- und Betriebsbetreuung in kleinen und mittleren Unternehmen aus dem Organisationsbereich beider Gewerkschaften, die Erhöhung des Organisationsgrades in erschlossenen Betrieben und die Erschließung bisher nicht organisierter Betriebe, die Verbesserung des Services für die Mitglieder trotz knapper werdender finanzieller Spielräume, die Sicherung der gewerkschaftlichen Handlungsfähigkeit auf tarif-, branchen- und organisationspolitischem Gebiet und der Anpassung gewerkschaftlicher Strukturen an veränderte Wirtschaftsstrukturen in ihrem jeweiligen Organisationsbereich und der dadurch erforderlich gewordenen Optimierung der gewerkschaftlichen Betreuungsarbeit. Beide Organisationen treten ein für das Prinzip der Einheitsgewerkschaft unter dem Dach eines starken DGB. Hinsichtlich der beim DGB anstehenden Entscheidungen erfolgt zwischen der Gewerkschaft Holz und Kunststoff und der Industriegewerkschaft Metall eine enge gegenseitige Information und Abstimmung. Beide Gewerkschaften treten für einen effektiven Rechtsschutz durch den DGB ein."[110]
Der Vorsitzende der GHK, Gisbert Schlemmer[111], begrüßte auf dem 5. außerordentlichen Gewerkschaftstag der IG Metall 1998 die Integration seines ehemaligen Verbandes in die IG Metall. Sie „war und ist eine notwendige und richtige Entscheidung. (...) Ich bin überzeugt, dass wir eini-

ges in die IG Metall einbringen können. Damit meine ich weniger unseren finanziellen Beitrag. (...) Aber viel wichtiger ist das gewerkschaftspolitische Kapital, das wir einbringen. Dies sind über 150.000 Mitglieder in der Holzwirtschaft und in der Kunststoffverarbeitung. (...) Die Hälfte all unserer Mitglieder ist in Betrieben ohne freigestellten Betriebsrat beschäftigt. Abgesehen vom Möbelbecken in Ost-Westfalen sind unsere Mitglieder sehr weit in der Fläche verteilt. Deswegen waren und sind wir außerordentlich auf starke ehrenamtliche Arbeit und ehrenamtliches Engagement angewiesen. (...) Für eine dauerhafte und erfolgreiche Integration der GHK-Mitglieder in die IG Metall ist entscheidend, dass unsere Mitglieder sehen, fühlen und begreifen: Die IG Metall kümmert sich auch um die kleinen Branchen und Betriebe. Die IG Metall ist eine kompetente Interessenvertretung auch in allen branchenspezifischen Fragen für die Mitglieder der Holzwirtschaft und der Kunststoffverarbeitung. Und es reicht nicht aus, dass nur der Verstand ‚ja' sagt zur Integration der IG Metall, unsere Funktionäre müssen auch mit dem Herzen dabei sein".[112]

Die Integration in die IG Metall erfolgte am 1. Januar 2000. Die IG Metall fasste in ihrem Geschäftsbericht für den Gewerkschaftstag 2003 den Verlauf des Integrationsprozesses zusammen.[113] Danach gehörten der GHK die Wirtschaftsbereiche Holz- und Kunststoff an, die kleinere und mittlere Betriebe aufwiesen und hauptsächlich von der Möbelindustrie geprägt waren. Weitere Teilbranchen waren die Holzwerkstoffindustrie, die Bauelementeherstellung und die Kunststoffverarbeitung, einschließlich der Automobilzulieferung sowie weitere kleinere Bereiche, u. a. Klavier- und Musikinstrumentenbau, Caravanbau, die Schreib-, Zeichengeräte- und Kosmetikindustrie. Die gewerkschaftliche Betriebspolitik der GHK fußte auf der Branchenarbeit. Auf der Ebene der Verwaltungsstellen hatten sich 80 Branchenausschüsse gebildet, in den Bezirken Branchenausschüsse und auf zentraler Ebene ein Bundesbranchenausschuss. Die GHK wies bei der Integration in die IG Metall 135.000 Mitglieder auf. Seitdem ist die Mitgliederentwicklung negativ, vor allem bedingt durch den Beschäftigungsabbau in einzelnen Bereichen. Wolfgang Rhode[114] wurde Mitglied des Vorstandes der IG Metall. Die neue IG Metall fand schnell Einfluss in der Holz- und Kunststoffbranche, so die Ausführungen im Geschäftsbericht für die Jahre 1999–2002: Die GHK konnte die IG Metall für Branchenarbeit gewinnen. Im Mai 2000 wurde die erste Bundesbranchenkonferenz durchgeführt, um die Arbeitsschwerpunkte und das weitere branchenpolitische Vorgehen zu vereinbaren. Die Umgestaltung der Gewerkschaftslandschaft war im Jahre 2000 nicht beendet. Nach Fusionen und Integrationen und der Neugründung der Dienstleistungsgewerkschaft Ver.di verschärfte sich die Diskussion über die Aufgabenstellung des Dachverbandes DGB.

Die IG Metall, die sich nach den Integrationen als ‚IG Metall. Die Gewerkschaft in Produktion und Dienstleistung der Bereiche Metall-Elektro, Textil-Bekleidung, Holz – Kunststoff, bezeichnete, beanspruchte nach wie vor eine führende Rolle in der DGB-Reform, und sie musste, ob sie wollte oder nicht, in diesem Prozess „eine Schlüsselrolle"[115] einnehmen. Die ‚neue' IG Metall wurde von der ‚alten' IG Metall dominiert. Die Dominanz zeigte sich in den zentralistischen Strukturen, in den prägenden Arbeitsformen der alten Organisation, in der Arbeitsweise der Funktionärinnen und Funktionären und in der Organisationskultur. GTB und GHK erweiterten jedoch die bisherige Betriebspolitik der IG Metall um die Branchenpolitik – ein realistischer und erfolgreicher Ansatz gewerkschaftlicher Betriebspolitik beider Gewerkschaften. Gemeinsame Ziele der drei ehemaligen Gewerkschaften wurden nicht diskutiert und auch nicht formuliert. Die Leitung der Arbeitsbereiche und Handlungsfelder war fast ausschließlich ‚Kadern' aus der alten IG Metall vorbehalten.

Zwei Fragen beherrschten die interne Diskussion: Versteht sich die ‚neue' IG Metall als bloße ‚Tarifmaschine' für die unterschiedlichen Beschäftigten- und Berufsgruppen und Branchen? Entwickelt sich eine neue Organisationskultur in der neuen Gewerkschaft oder dominiert die bisherige ‚IG Metall Kultur' in der neuen Gewerkschaft? Eine neue Organisationskultur entwickelte sich nicht. Die bisherige IG Metall Kultur prägte das Innenleben der ‚neuen' Gewerkschaft. Die Tarifpolitik nahm einen größeren Einfluss in der gewerkschaftlichen Arbeit nach der Integration der GTB und der GHK ein. Die damit verbundenen neuen Ansätze führten intern und extern zu Unzufriedenheit und zur Charakterisierung der IG Metall als ‚Tarifmaschine' – ein Ausdruck, der auch die gewerkschaftliche Tarifpolitik insgesamt denunzieren sollte.

Kapitel 5

Nach den Boom-Jahrzehnten: Vielfalt und Erosion der Mitgliederentwicklung der IG Metall

Als freiwillige Mitgliederorganisation sind Gewerkschaften darauf verwiesen, Beschäftigte von ihren Zielen und Aktivitäten zu überzeugen und sie dadurch zu einem Beitritt und einer dauerhaften Bindung zu bewegen. Motive und Gründe von Arbeitnehmern und Arbeitnehmerinnen für einen Beitritt weisen eine breite Spannbreite auf: von Beschäftigten, die eine passive Versicherungsleistung ihrer Arbeits- und Beschäftigungsverhältnisse erwarten, über jene, die mit einer Mitgliedschaft eine aktive Gestaltung und Verbesserung ihrer Lohn- und Arbeitszeitkonditionen verbinden, bis zu Beschäftigten, die ein individuelles und kollektives Engagement in der Arbeitswelt mit politischen Ideen und Vorstellungen verknüpfen.
Neben diesen Motivgründen auf der Seite der Beschäftigten haben die Strukturen der Arbeitsmärkte sowie die Unternehmen und deren Veränderungen einen erheblichen Einfluss auf das Mitgliederpotenzial von Gewerkschaften. Für Gewerkschaften ist eine hohe Zahl von Mitgliedern ein unerlässliches Fundament für ihre finanziellen, personellen und organisatorischen Ressourcen, die sie in die Lage versetzen, aufgrund ihrer Organisationsmacht Einfluss und Gestaltung ausüben zu können, um betrieblich, tariflich und politisch-gesellschaftlich Verbesserungen für die Arbeitnehmer und die Arbeitnehmerinnen erreichen zu können. Der Strukturbruch, der seit Mitte der siebziger Jahre Industriestrukturen, ökonomische Aktivitäten von Unternehmen und die Arbeitsmärkte gravierend verändert hat, kommt auch zum Ausdruck in Veränderungen der Mitgliederzahlen und der Zusammensetzung der Mitglieder der DGB-Einzelgewerkschaften. Im Besonderen die IG Metall sah sich in den achtziger und neunziger Jahren mit diesen Umstrukturierungen konfrontiert, die eine Erosion und eine Ausdifferenzierung der Mitgliederbasis nach sich zogen, und denen die IG Metall mit unterschiedlichen Konzepten und organisatorischen Maßnahmen zu begegnen suchte, ohne bis zur Jahr-

hundertwende einen stabilen Verlauf der Mitgliederentwicklung und die Erschließung und Bindung neuer Mitgliederpotenziale erreichen zu können.

1 Mitgliederentwicklung und Mitgliederwerbung nach dem Boom

Nach der Neugründung der Gewerkschaften in der Bundesrepublik Ende der vierziger Jahre erhöhte sich zunächst die Zahl der Gewerkschaftsmitglieder in erstaunlich hohem Maße, weshalb Theo Pirker von einem „Wunder der Organisation“ sprach. Eine starke Fluktuation prägte dabei in den ersten Nachkriegsjahren die Mitgliederentwicklung, die seit Mitte der sechziger Jahre eingedämmt wurde. Hans-Otto Hemmer nimmt an, dass seit diesem Zeitpunkt die Mitgliederentwicklung durch eine gesicherte Beitragskassierung stabil gehalten werden konnte. „Dieser Umstand sowie die in Facharbeiterkreisen (...) vorhandene intergenerationelle Gewerkschaftstreue und die Mitgliederrekrutierung durch Betriebs- und Personalräte haben viele (...) als eine Art von Bestandsgarantie für die Gewerkschaften gedeutet.“[116]
Im Jahre 1951 hatte die Metallgewerkschaft 1,4 Millionen Mitglieder, die Strukturprobleme in der Mitgliedschaft waren gravierend. Es fehlten, wie in den anderen Gewerkschaften, in Verbänden und Parteien die im Krieg „ausgebluteten Geburtsjahrgänge von 1910 bis 1920“.[117] Die Altersgruppe der 20- bis 30-Jährigen, die zwischen 1917 und 1930 Geborenen, hauptsächlich die Generation der Frontsoldaten und der Flakhelfer, zeigte eine geringere Organisationsneigung. Besondere Probleme bereiteten schon damals die drei Mitgliedergruppen Frauen, Angestellte und Jugendliche. Die Mitgliederzahl der Frauen stieg nur langsam an. Verantwortlich dafür war auch eine unterentwickelte Frauenpolitik. Im Jahre 1952 zählte die IG Metall 110.000 Angestellte als Mitglieder, deren Zahl dann wie die der „Gesamtmitgliedschaft“ Jahrelang stagnierte. Der Überhang an älteren Mitgliedern, weiter die Schwierigkeiten bei der Werbung von Frauen und Angestellten zwangen die IG Metall in den frühen fünfziger Jahren zu einem Strategiewechsel in der Mitgliederwerbung.
Sie verstärkten die Bemühungen zur Gewinnung von Jugendlichen der Altersgruppe 14 bis 21 Jahre. Die Werbung hatte Erfolg und die Mitgliederzahlen in dieser Gruppe stiegen an. Im Jahre 1950 zählte die IG Metall

nur 98.000 Jugendliche und 1956 waren es 257.000. Bei den Betriebsratswahlen ab 1953 konnten auch Jugendvertreter in die Betriebsräte gewählt werden. Im Jahre 1955 erreichte die IG Metall in diesem Segment 85 % der Mandate. Die Zahlen dokumentieren eine erfolgreiche Jugendarbeit der IG Metall, „der es in der ersten Hälfte der fünfziger Jahre (...) gelang, die Indifferenz Jugendlicher gegenüber der Gewerkschaftsbewegung aufzubrechen".[118] Proteste von Jugendlichen gab es in dieser Zeit kaum, „als sich die Trümmergesellschaft zur Wohlstandsgesellschaft" entwickelte. Klaus Schönhoven verweist jedoch darauf, dass sich schon Mitte der fünfziger Jahre Vorboten eines Generationenkonfliktes zeigten. Auseinandersetzungen zwischen den sogenannten „Halbstarken" und den Erwachsenen kündigten „den Wandel der tradierten autoritätsorientierten Einstellungen von Jugendlichen" an. Nach einer Stagnation in den sechziger Jahren setzte Anfang der siebziger Jahre eine positive Wende ein. Insgesamt stellen die siebziger Jahre ein ‚goldenes Jahrzehnt' der Mitgliederentwicklung dar, sowohl insgesamt für die DGB-Gewerkschaften, deren Mitgliederzahl von 6,7 Millionen im Jahre 1970 auf 7,9 Millionen im Jahre 1980 anstieg, im gleichen Zeitraum erhöhte sich die Zahl der IG Metall Mitglieder von 2,2 Millionen auf 2,6 Millionen. Dieser Aufwärtstrend begann sich dann in den achtziger Jahren umzukehren und führte auch in den neunziger Jahren zu einer weiteren Erosion der Mitgliederbasis in den DGB-Gewerkschaften und in der IG Metall.
Steigende Arbeitslosigkeit „seit der 2. Ölkrise 1979/1980 und die konservative Politikwende unter der Regierung Kohl seit 1982 verschlechterten (...) das Umfeld der Gewerkschaften: Der DGB verlor zwischen 1981 und 1984 nahezu 300.000 Mitglieder (...) und konnte erst langsam, Mitte der 1980 Jahre, wieder Mitglieder hinzugewinnen".[119] Verluste und Zunahmen sind Messlatten für Erfolg bzw. Misserfolg gewerkschaftlicher Arbeit. Deshalb ist die Mitgliederentwicklung ein ständiges Gesprächsthema zwischen Funktionärinnen und Funktionären. Es berührt ihre Arbeitsgrundlagen. Im Jahre 1990 – in der ersten Phase der Einheit – hatte der DGB 7.938.000 Mitglieder, davon waren 5.998.000 Männer und 1.940.000 Frauen (24,4 %), die sich auf den Berufsstatus Arbeiter mit 5.289.000 (66,6 %) Mitglieder, den Berufsstatus Angestellte mit 1.851.000 (23,3 %) Mitglieder und den Berufsstatus Beamte mit 798.000 (10,1 %) Mitglieder aufteilten. Bernhard Ebbinghaus zieht folgendes Fazit: „Zwischen 40 und

50 % der Arbeiter sind in den letzten fünf Jahrzehnten gewerkschaftlich organisiert gewesen. Dabei folgen die Organisationserfolge unter den Arbeitern den gleichen Schwankungen wie der allgemeine Trend; der Aufwärtstrend der 70er-Jahre ist jedoch ausgeprägter. Hier wirken sich die verbesserten gewerkschaftlichen Zugangsmöglichkeiten durch die Mitbestimmungsreformen aus. Die DGB-Gewerkschaften vermögen es, den Arbeiterorganisationsgrad bis Ende der 80er-Jahre bei 50% zu halten (...). Die Vereinigung brachte 1991 kaum einen Zugewinn, weil der Organisationsgrad durch den Stellenabbau besonders schnell im Osten und etwas langsamer im Westen fiel; er liegt heute, wie in den 60er Jahren, bei 40 % in Gesamtdeutschland (...). Der Stellenabbau durch Rationalisierungsmaßnahmen und internationalen Wettbewerb wirkte sich negativ auf die Mitgliederentwicklung der Industriegewerkschaften im produzierenden Gewerbe aus.“[120]

Der Trend sinkender Mitgliederzahlen wurde mittelfristig in den neunziger Jahren auch durch den zunächst erfolgten vereinigungsbedingten Mitgliederzustrom aus der ehemaligen DDR nicht aufgehalten, ebenso wenig wie durch die Integration der Gewerkschaft Textil und Bekleidung und der Gewerkschaft Holz und Kunststoff. Abgesehen von wenigen Monaten kurz nach der Einheit, als in den neuen Bundesländern Tausende der IG Metall beitraten und die Zahl der Mitglieder auf weit über drei Millionen hoch schnellte, war die Mitgliederentwicklung in den neunziger Jahren nach 2.000 negativ. Die dramatischen Verluste zwangen zu intensiven und vielfältigen Bemühungen, um den Mitgliederschwund zu stoppen; fast um jeden Preis bemühte man sich darum, neue Mitglieder zu werben. Am 31.12.1991 zählte die IG Metall 3.625.420 Mitglieder, jedoch am 31.12.1994 waren es nur noch 2.995.732 Mitglieder. Das bedeutete einen Rückgang von 629.690 Mitglieder (17,4 %.). In der Ost-West-Verteilung sah die Bilanz folgendermaßen aus: Ende 1994 gehörten ostdeutschen Verwaltungsstellen 545.290 Mitglieder der IG Metall an, in Westdeutschland 2.450.448 Frauen und Männer. Die Ost-West-Aufteilung in der Mitgliedschaft betrug im Verhältnis 81,8 Prozent im Westen zu 18,2 Prozent im Osten.

Was erwarteten die Mitglieder der IG Metall in den neuen Bundesländern: nach einer Übergangsphase eine Angleichung an die Lage der westdeutschen Mitglieder. Was erhielten sie: kaum Arbeitsplatzsicherheit,

Arbeitslosigkeit, Angebote für eine Umschulung und eine Entlohnung, die unter der der Kolleginnen und Kollegen im Westen lag. Nichts zeigte deutlicher die Machtlosigkeit der Gewerkschaften. Anfang der neunziger er Jahre war eine geringe Bereitschaft für gewerkschaftliche Aktionen bei den Beschäftigten in den neuen Bundesländern vorhanden. Die IG Metall sah sich dort mit der De-Industrialisierung der Metall- und Elektrowirtschaft konfrontiert, die einen Rückzug zwangsläufig aus den Städten und der Fläche und damit verbunden Mitgliederverluste nach sich zog. Die Aktionsmuster der IG Metall aus den westlichen Bundesländern sprachen die Mitglieder im Osten nur bedingt an.
Die Mitgliederentwicklung verlief weiterhin negativ. Von 1995 bis 1998 verlor die IG Metall fast 200.000 Mitglieder trotz der Integration der 175.000 Mitglieder der GTB am 1. April 1998. Die IG Metall nannte für diese verstörende Entwicklung folgende Gründe: „Der wesentliche Grund liegt in den industriellen Beschäftigungsverlusten – insbesondere in Ostdeutschland. Ein weiterer Grund sind strukturelle Fehlentwicklungen (...). Die Beschäftigungs- und Altersstruktur der IG Metall-Mitglieder deckt sich nicht mit der Beschäftigungs- und Altersstruktur (...). Aus der Altersstruktur kann (...) abgelesen werden, dass die Anzahl der über 50jährigen (...) größer ist als der Anteil der Jugendlichen.“[121] Der unaufhaltsam erscheinende Negativtrend der Mitgliederzahlen löste in den achtziger und neunziger Jahren in der IG Metall Diskussionen aus, die zu verschiedenen organisationspolitischen Ansätzen bei der Mitgliederwerbung führten, die im Resultat nicht zu einer Trendwende führten.
Norbert Fischer[122] von 1975 bis 1986, zuständiges Vorstandsmitglied für Finanzen, äußerte sich im Jahre 1985, knapp ein Jahr nach dem Streik um die 35-Stunden-Woche, in einem Artikel[123] des Funktionärsorgans ‚Der Gewerkschafter‘ umfassend über die Mitgliederentwicklung. In seinem Beitrag nahm der ‚Finanzminister‘ der IG Metall auf die oben schon erwähnte negative Bilanz der Mitgliederentwicklung Bezug. Demnach war von 1980 bis 1985 die Gesamtzahl der Metallerinnen und Metaller von 2.622.267 auf 2.553.041 gesunken. Norbert Fischer zeigte sich enttäuscht, dass die „Erfolge der Organisation (...) insgesamt gesehen auf den Zugang neuer Mitglieder nicht oder nur in sehr bescheidenem Umfang Einfluss“ hatten. Er verwies auf zwei Entwicklungen hin, die sich seiner Einschätzung nach auch negativ auf die finanziellen Einnahmen auswirkten: „Da

ist einmal der beachtliche Zuwachs von Mitgliedern, die Rentner werden. Hier gehen uns zwar keine Mitglieder verloren, aber wir verspüren den Verlust im Bereich der Vollbeiträge. Mit jährlichen Zuwachsraten von vier bis fünf Prozent zählen wir heute rund 355.000 Mitglieder zum Kreis der Rentner. Eine weitere Gruppe von Mitgliedern, denen wir noch mehr Beachtung schenken müssen, sind unsere Kolleginnen und Kollegen, die arbeitslos wurden".

Bemerkenswert war das Eingeständnis des Kassierers, dass die IG Metall dramatische Mitgliederverluste aufzuweisen habe. Die anderen Vorstandsmitglieder äußerten sich nicht so offen über die Mitgliederentwicklung. Sie wählten eher Umschreibungen und verklausulierte Formulierungen, die die Probleme verschleierten oder nur von den Insidern verstanden wurden. Norbert Fischer ging jedoch einen Schritt weiter und kritisierte die Funktionärinnen und Funktionäre und warf ihnen vor, dass sie die Mitgliederwerbung vernachlässigten. Dies war ein schwerwiegender Vorwurf, den er weiter in der Bemerkung zuspitzte, dass die IG Metall entweder die Mitglieder missachtet habe oder dass die Beschäftigten nicht Mitglied in der IG Metall werden wollten, weil die Gewerkschaft für sie nicht gut genug ist.

Die Werbung neuer Mitglieder war in jeder Phase schwierig. Es fehlte jedoch in den achtziger Jahren der Mut zu großen Kampagnen zur Mitgliederwerbung. Eine besondere Hilfe für die Mitgliederwerbung war nur eine schmale Broschüre mit dem Titel *Werben mit System*, die Vorschläge für Werbung im Betrieb enthielt. Dieses Hilfsmittel gehörte zu den erfolgreichen Werbemitteln der IG Metall, das viele Jahre in den Verwaltungsstellen eingesetzt wurde. In den Mitgliedergruppen mit Personengruppenstatus gab es einzelne Ansätze zur systematischen Mitgliederwerbung.

Im Vorstand der IG Metall waren für die Mitgliederentwicklung die Ressorts Finanzen, Werbung – Kulturarbeit und ab 2000 die Abteilung Mitglieder verantwortlich: Gudrun Hamacher von 1983 bis 1999[124], Kirsten Roelke[125] für das Projekt Mitgliederentwicklung von 2000 bis 2003. Nach dem Rücktritt von Werner Schreiber[126] als ‚Finanzminister' übernahm Bertin Eichler[127] von 1996 bis 2013 neben seiner Verantwortung für Finanzen wie auch seine Vorgänger die für Mitgliederentwicklung. Der Bereich Mitgliederentwicklung, Mitgliederwerbung und Mitgliederbindung rückte angesichts der Verluste in den Rang von zentralen Aufgaben der IG Metall. Die vielfältigen Bemühungen sollten in der der Formel ‚Mitgliederorientierung' aller gewerkschaftlicher Aktivitäten gebündelt werden. Harald Schartau, der damalige Bezirksleiter des IG Metall-Bezirks NRW, fasste die Diskussion zur Mitgliederorientierung in einem Beitrag in den Gewerkschaftlichen Monatsheften zusammen: „Die verstärkte Mitgliederorientierung ist für die IG Metall eine zentrale Herausforderung. Innergewerkschaftliche Diskussionen und Diskurse müssen zunehmend von der Funktionärsebene auf die Mitgliederebene transformiert werden, denn die Mitgliederorientierung und -beteiligung ist zu einer Überlebensfrage der IG Metall geworden. Unsere Mitglieder sind die Kompetenzträger, wenn es um Arbeit und Arbeitspolitik geht. Die IG Metall verfügt (...) über ein riesiges Expertenreservoir, das nur genutzt werden muss. Ein solches Vorgehen wird dazu führen, dass die IG Metall sich in allen Angelegenheiten, die mit dem Faktor Arbeit in Verbindung stehen, auch zukünftig profiliert. Diese Profilierung, verbunden mit der Entwicklung von Gestaltungskompetenz, ist der Schlüssel für die Gewinnung neuer Mitglieder und die Bindung der Mitglieder an ihre Gewerkschaft."[128]

Die herkömmlichen Vorgehensweisen zur Werbung neuer Mitglieder blieben weithin ohne Erfolg. In den neunziger Jahren orientierte man sich – eher vorsichtig – an Werbemaßnahmen anderer Großorganisationen, wie man mit Mitgliederbefragungen neue Ansätze zu entwickeln hoffte. „Zwei (...) Institute führten 1995 und 1998 (...) Umfragen durch. Vorab ein Ergebnis, das erstaunt: ca. 40 Prozent der Befragten waren 1995 spontan nicht in der Lage, Leistungen oder Angebote der IG Metall zu nennen. Auch 1998 konnten nur ca. 60 Prozent die wichtigsten Satzungsleistungen benennen. Die Bedeutung der Gewerkschaft (wurde) bei Mitgliedern wie Ausgetretenen mit weit über 85 Prozent (...) eingeschätzt. Etwas mehr als 40 Prozent der Befragten (gaben) Ursachen für ihren Austritt an, die man als ‚externe Gründe' zusammenfassen könnte. (...) Wechsel in eine Branche außerhalb der Zuständigkeit, Familienpause, Weiterbildung (...) Ruhestand. Etwa 30 Prozent der Befragten waren unzufrieden mit der IG Metall bzw. mit den Vertretungen im Betrieb. (...) Der Entschluss zum Austritt hatte sich (...) bei 49 Prozent im Westen und bei 38 Prozent im Osten längerfristig abgezeichnet. Von den Ausgetretenen hatten sich im Westen 45 Prozent und im Osten 61 Prozent spontan entschlossen, die IG Metall zu verlassen. 15 Prozent der ausgetretenen Mitglieder (waren) an der Einsparung des Beitrages interessiert. Der Hinweis, dass dem Beitrag kein entsprechendes Preis-Leistungs-Verhältnis gegenüberstehe und man als Nichtmitglied weitegehend dieselben Vorteile habe, kommt sehr häufig vor. Knapp 10 Prozent (16 Prozent im Osten) schieden wegen Arbeitslosigkeit aus. Arbeitslosigkeit stärkt den Eindruck, nicht mehr im eigentlichen Sinn zur Gewerkschaft dazuzugehören. 1998 massieren sich die Austrittsgründe um die Beitragsfrage. 36 Prozent im Westen und 19 Prozent im Osten nannten einen hohen Beitrag als Austrittsgrund. Die Unzufriedenheit mit der IG Metall als Austrittsgrund ist dagegen auf 20 Prozent gesunken."[129]

Am 13. Juli 1993 hatte der Vorstand der IG Metall die Einrichtung eines Projektes zur Mitgliederentwicklung (ME-Projekt) mit einer dreijährigen Laufzeit beschlossen. Aufgabe des Projektes war es, Maßnahmen zu entwickeln, um die negative Mitgliederentwicklung zu verlangsamen und wenn möglich, in eine positive Entwicklung umzukehren. Die Schwerpunkte lauteten: Mitgliederwerbung, Mitgliederberatung und Mitgliederentwicklung. Sie bezogen sich vor allem auf die Gesamtorganisation und insbesondere auf die Mitgliedergruppen Frauen, Jugend, Angestellte. Die Aufgabenstellung war weit gespannt: Sie zielte auf die Verbesserung des Organisationsgrades in Schwerpunktbetrieben und Schwerpunktbranchen und in Dienstleistungszentren. Erkenntnisse aus den Einzelprojekten sollten in die Arbeit der gesamten Organisation übertragen werden. Auf der Grundlage eines Zwischenberichtes verabschiedete der Vorstand am 8. November 1994 die Arbeits- und Budgetplanung für die Fortsetzung des ME-Projektes. Bis zum Gewerkschaftstag 1995 konnten erste Vorhaben umgesetzt werden. Das Projekt umfasste folgende Aufgabenbereiche und Zielgruppen: industrielle Dienstleistungen, Arbeitslosen- und Wohnbereichsarbeit, Klein-, Mittel- und Handwerksbetriebe sowie der Bereich junge Arbeitnehmer und Auszubildende.

Diesem Projekt folgte die Kampagne ‚Bonussystem' mit einer Laufzeit vom 2. Dezember 1996 bis zum 30. Juni 1997, die sich an Marketingaktivitäten außerhalb der Gewerkschaften orientierte. „Im Mittelpunkt stand ein modernes Anreiz- und Werbesystem, das in ähnlicher Form auch von anderen Dienstleistungsorganisationen eingesetzt wird."[130] Diesem Projekt schloss sich wieder eine weitere Mitgliederwerbekampagne an. Diese

Maßnahmen konnten die negative Mitgliederentwicklung nicht stoppen. Fast hilflos klingen die Anmerkungen dazu im Geschäftsbericht: „Die Bedeutung der Mitgliedergewinnung ist ins Bewusstsein der ganzen Organisation gerückt. Mitgliederwerbung ist Daueraufgabe der IG Metall. Alle Aktivitäten, insbesondere in der Betriebs- und Tarifpolitik, sind von Anfang an als Mitgliederbewegungen zu organisieren."[131] Ein durchschlagender Erfolg blieb trotz intensiver Bemühungen auf allen Ebenen der IG Metall aus: „Die Kampagnen waren (...) eine gute Grundlage zur weiteren Verstetigung und Systematisierung der Mitgliederwerbung in der IG Metall."[132] Aktivitäten zur Mitgliederwerbung[133] bedurften einer organisatorischen Bündelung, um erfolgreich in diesem Handlungsfeld agieren zu können. Dieser Einsicht folgte jedoch erst im Jahre 2000 eine einheitliche Umsetzung.

Ein entscheidender Schritt zur Verbesserung der Mitgliederwerbung bedeutete im Jahre 2000 mit der Bündelung aller notwendigen Maßnahmen in der Abteilung Mitglieder mit einer erweiterten Aufgabenstellung in Fragen der Mitgliederwerbung, Die Abteilung nahm im Jahre 2000 ihre Arbeit auf. Der Gewerkschaftstag in Hamburg 1999 hatte die dazu notwendigen Arbeitsaufträge[134] unter dem Leitwort: „IG Metall: Zukunft" beschlossen. Vor dem Gewerkschafstag 2003 wurde ein Mitgliederreport veröffentlicht, der Erfolge aufweisen konnte. Nach dem Gewerkschaftstag 2003 wechselte die Zuständigkeit für die Mitgliederwerbung in den Vorstandsbereich des Zweiten Vorsitzenden Berthold Huber. Man entschied sich werblich für ein eher traditionelles Konzept, fiel jedoch nicht in die organisatorische Zersplitterung der Zuständigkeiten vor 1999 zurück.[135]

Unter der neuen Zuständigkeit wurden die Bereiche Mitglieder und Organisation zusammengefasst, weil man hoffte, dass eine engere Abstimmung beider Bereiche zu höheren Mitgliederzahlen führe. Trotz der Verbesserung der Instrumente und der Verstärkung der Aktivitäten[136] stellte sich wiederum nur ein schwacher Erfolg ein. Mitgliederwerbung und Mitgliederbindung blieben die Zukunftsaufgaben der IG Metall.

Neben der Mitgliederwerbung setzte man Hoffnungen in Verbesserungen der „verbandspolitischen Attraktivität als Basis der Mitgliederbindung und (...) der Mitgliederwerbung".[137] Das Programm zur Durchsetzung dieser Ziele war umfassend: Steigerung der Qualität der Dienstleistungen, Steigerung der Diskussionsprozesse, Herausstellen der Attraktivität der

tarifpolitischen und der gesellschaftspolitischen Leistungen. Das Leitbild der IG Metall sollte auf dieser Grundlage konkretisiert und umgesetzt werden. „Mit dem begonnenen Wandel der IG Metall wurde der Abschied von alten gewerkschaftlichen Dekreten und der Anlauf zu neuen gesellschaftlichen Debatten als Grundmuster einer Organisationspolitik eingeleitet, die dem Motto ‚Orientierung und Öffnung' verpflichtet ist. Sie zielt nach innen auf Erhalt der Führungsfähigkeit und Erweiterung der Kommunikationsfähigkeit, nach außen auf Erhalt der Konfliktfähigkeit und Erweiterung der Kooperationsfähigkeit."
Erst spät kam es zu neuen Werbeversuchen der IG Metall in ihrer Mitgliederpolitik. Sie konzentrierte sich seit 2007 unter der Federführung des Zweiten und späteren Ersten Vorsitzenden Detlef Wetzel auf neue Ansätze zur Mitgliederwerbung in Verbindung mit einer Aktivierung der Organisationspolitik, wobei Anregungen amerikanischer Gewerkschaften aufgegriffen wurden. Detlef Wetzel fasste die Diskussion in seinem Beitrag „Die Mitgliederoffensive: kopernikanische Wende in der deutschen Gewerkschaftspolitik" in folgenden Ausführungen[138] zusammen: „Erneuerung braucht Werte, um einen Kompass zu haben, und Erneuerung muss von innen getragen werden. Einen erfolgreichen Veränderungsprozess kann das Hauptamt nicht alleine vollziehen, weil es um mehr geht als eine Verwaltungsreform. Veränderung braucht die Funktionäre und die breite Basis der Mitgliedschaft. Und sie braucht die Übernahme von Verantwortung durch die Führungskräfte unter den Hauptamtlichen. Ihnen fällt die Aufgabe zu, den Wandel aktiv voranzutreiben und zu gestalten. Den Wandel zu gestalten, ist nicht nur ein Thema für große Veranstaltungen und Gewerkschaftstage. Der Gradmesser für die Erneuerung ist letztlich, wie viele Mitglieder sich an der Gewerkschaftsarbeit in der Verwaltungsstelle beteiligen, wie sich die Zahl der Aktivisten entwickelt und wie sie gefördert werden, wie viele neue betriebliche Schlüssel- und Führungspersonen ausgebildet und beraten werden und welche Aufgaben sie übernehmen. Letztlich muss die Organisation die Frage beantworten, wie viele Mittel zur Förderung des Wachstums eingesetzt werden und wie der Veränderungsprozess vor Ort erfolgen soll. Die Leitlinien sind klar: Ausgangspunkt ist die Vision einer Betreuungs- und Erschließungsgewerkschaft; Die Erneuerung der Gewerkschaften ist mitglieder-, beteiligungs- und konfliktorientiert; Sie stellt kollektive Prozesse ins Zentrum und

macht die gewerkschaftliche Macht persönlich erfahrbar; Sie definiert die Rollen von Haupt- und Ehrenamt neu. Betreuung und Erschließung werden professionalisiert. Aktivierung gefördert; Der Betrieb ist unser Startpunkt und wir übernehmen Verantwortung für die Gesellschaft". Organizing[139] war ein neues Arbeitsfeld; die Aktivitäten waren erfolgreich: im Jahre 2012 konnte die IG Metall 18.000 neue Mitglieder mehr als ein Jahr zuvor gewinnen. „Wir haben damit ein auch psychologisch wichtiges Signal gegeben. Es gibt kein Naturgesetz, nach dem Großorganisationen in modernen Gesellschaften zwangsläufig schrumpfen. Mehr ist machbar", so Detlef Wetzel. Die großen Gewerkschaften, an ihrer Spitze die IG Metall, trennen sich von den Konzepten der Mitgliederwerbung in der Boomphase und starteten strategische Veränderungsprozesse in der Mitgliederpolitik.

2 Mitgliedergruppen in der IG Metall – Entwicklungen, Defizite und Organisationsansätze

Neben den Globalzahlen der Mitglieder einer Gewerkschaft, die das Fundament ihrer Organisationsmacht bilden, ist die Struktur der Mitgliedschaft von entscheidender Bedeutung für die Interessenvertretung bei einer heterogener werdenden Arbeitnehmerschaft, wie sie sich in den Jahrzehnten nach dem Boom verstärkte. In dem Maße, wie eine Kluft zwischen Mitglieder- und Arbeitsmarktstrukturen zunimmt und damit die Repräsentativität der Gewerkschaft sich verringert, verliert sie an Attraktivität und Durchsetzungskraft für potenzielle Mitgliedergruppen. Dabei entstehen Spannungsverhältnisse zwischen etablierten organisationspolitischen Konzepten, die den spezifischen etablierten organisationspolitischen Strukturen und Verfahren, wenn sich auch die IG Metall öffnen muss gegenüber verschiedenen einzelnen Mitgliedergruppen mit unterschiedlichen Interessenlagen und Motiven.
Dieser Herausforderung begegnete die IG Metall auch verstärkt in den achtziger und neunziger Jahren mit Debatten und organisationspolitischen Konzepten, die den spezifischen Problemlagen der unterschiedlichen Mitgliedergruppen in der IG Metall Rechnung zu tragen suchten. Durch eine innergewerkschaftliche Adressierung und Profilierung der unterschiedlichen Mitgliedergruppen wurde versucht, deren gesellschaft-

liche Beteiligungschancen zu erhöhen und Defizite bei der Mitgliederwerbung zu verringern, was bisher nur begrenzt gelang.
Das gilt für die klassischen Felder der Jugendarbeit ebenso wie die Personengruppen der Angestellten und Frauen, aber für die Gruppe der Handwerker und der ausländischen Arbeitnehmerinnen du Arbeitnehmer. Zielte die Mitgliedergewinnung im Kern auf die betriebsangehörigen Beschäftigten, so gewannen darüber hinaus in den achtziger und neunziger Jahren auch Personen. Die von Arbeitslosigkeit betroffen wurden sowie jene, die mit dem Renteneintritt aus ihren Arbeitsverhältnissen ausschieden, quantitativ an Bedeutung, deren Mitgliedsstatus und mögliches gewerkschaftliches Engagement in den Fokus gewerkschaftlicher und –organisationspolitischer Debatten und Konzepte gelangten.
Bemerkenswert ist im Hinblick auf die Organisationspolitik der IG Metall, dass die Arbeiter nie einen Gruppenstatus erlangten. Eine Mitgliedergruppe Arbeiterinnen und Arbeiter[140] gibt es zu keinem Zeitpunkt. Intern spielte die organisatorische Herausstellung des Begriffes Arbeiter keine Rolle. Eher am Rande wurde in programmatischen Diskussionen über ‚Arbeiterbewusstsein' diskutiert. Historisch ist die IG Metall eine klassische (männliche) Arbeitergewerkschaft. Die Statusgruppe der Arbeiter und Arbeiterinnen macht auch weiterhin den Kern der Mitglieder aus, der bei immer noch mehr als vier Fünfteln liegt. Freilich ist auch bei dieser Kernklientel immer weniger von einer einheitlichen kollektiven Interessenlage auszugehen, die sich vielmehr mit dem Strukturwandel erheblich ausdifferenziert.

Jugend – Politik allein genügt nicht

In den Jahrzehnten des Booms war in der IG Metall von Georg Benz, Vorstandsmitglied für das Ressort Jugend von 1972 bis 1983, ein starker politischer Akzent in der gewerkschaftlichen Jugendarbeit[141] gesetzt worden. Er fand damit keine ungeteilte Zustimmung in den Betrieben, Verwaltungsstellen, Bezirken und auch nicht im Vorstand, konnte sich jedoch letztlich mit diesem Ansatz durchsetzen. Der Vorstand räumte nach langen Diskussionen der Jugend einen ‚eingeschränkten' Sonderweg ein, ohne dass dies, wie sonst in der IG Metall üblich, durch eine formelle Entscheidung festgeschrieben wurde. Die folgende Passage aus dem

Geschäftsbericht des Vorstands charakterisiert das Selbstverständnis, das der Jugendarbeit der IG Metall zugrunde lag: „Gewerkschaftliche Jugendarbeit ist die – nach der Zielsetzung der Gesamtorganisation ausgerichtete – konkrete Aufgabe, die Rechte und Interessen der Jugendlichen in Betrieb und Gesellschaft zu wahren und ihre Lage zu verbessern. Soziale, wirtschaftliche und politische Ereignisse in der Bundesrepublik sowie in anderen Teilen der Welt bestimmen unsere gegenwärtige gesellschaftliche Wirklichkeit. Dies gilt vor allem für die Gewerkschaften und damit ebenso für die Jugend der IG Metall. Die Schwerpunkte unserer gewerkschaftlichen Jugendarbeit richten sich unmittelbar nach den Erfahrungen und Erlebnissen der Jugend im Betrieb sowie in Schule, Familie und Freizeitbereich. Die seit Jahren andauernde wirtschaftliche Krise belastet alle Arbeitnehmer, besonders aber die Jugendlichen, immer bedrohlicher mit ihren negativen Auswirkungen. (...) Junge Menschen verfügen über wenig gewerkschaftliche Erfahrungen im Betrieb und in der Gesellschaft. Sie müssen eigene Erfahrungen sammeln, sie müssen lernen, sich mit der betrieblichen und gesellschaftspolitischen Wirklichkeit auseinanderzusetzen. Dazu muss der Gewerkschaftsjugend ein Höchstmaß an Toleranz entgegengebracht werden, damit sie ihre Arbeit zielgerichtet fortsetzen kann. Das gilt für die betriebliche und örtliche Gewerkschaftsjugendarbeit in gleicher Weise wie für das Engagement für Frieden und Abrüstung, gegen ausländerfeindliche Politik und Neofaschismus."[142] Neue politische Bewegungen, unter anderem die politischen Strömungen, die zur Gründung der Partei ‚Die Grünen' führten und auch die Ökobewegung fanden Resonanz in Teilen der kritischen Gewerkschaftsjugend.[143] Nachfolger von Georg Benz wurde 1983 der Erste Bevollmächtigte der Verwaltungsstelle Nürnberg, Horst Klaus[144], ihm folgte im Jahre 1986 Karin Benz-Overhage.[145]
Die Jugendgruppen im Betrieb oder in den Verwaltungsstellen boten für jugendliche Arbeitnehmerinnen und Arbeitnehmer viele Möglichkeiten, mit der IG Metall in Kontakt zu treten. Eine starke Fluktuation unter den jugendlichen Mitgliedern erschwerte allerdings eine kontinuierliche Arbeit.[146] Auf Zuspruch unter den Auszubildenden stießen auch Arbeitskreise, die Elemente traditioneller Jugendarbeit aufgriffen. Am 14. Juli 1981 und am 7. Februar 1983 wurden die Richtlinien zur Jugendarbeit geändert und die Altersgrenze auf 25 Jahre heraufgesetzt, um eine einheitliche

statistische Erfassung der jugendlichen Mitglieder im DGB erreichen zu können. Der jährlich stattfindende Jugendmonat, für den der Monat Oktober ausgewählt wurde, war der Schwerpunkt der Mitgliederwerbung, wobei sich die Werbeaktionen bis zum Dezember des laufenden Jahres hinzogen. Die Werbung im Jugendmonat war bunt, offen und kreativ und löste sich vom eher altbackenen Image der allgemeinen Gewerkschaftswerbung.

Die Werbung jugendlicher Mitglieder war schwierig. Die Jugendabteilung der IG Metall nannte eine Reihe von Gründen: Die Zunahme an Teilzeit- bzw. befristeten Arbeitsverträgen, der Wandel hin zu wenig organisierten Dienstleistungstätigkeiten, individualistische Werthaltungen und Politikverdrossenheit, das Verschwinden des sozialkulturellen Milieus.[147] Es setzte sich die Meinung durch, man müsse stärker als bisher die veränderten Einstellungen der Jugendlichen berücksichtigen. ‚Anleiten' war verpönt. Die Vorstandsmitglieder Horst Klaus (1983–1986), Karin Benz-Overhage (1989–1991), Yilmaz Karahasan (1992–1995)[148] Erwin Vitt (1995–2003)[149], Regina Görner (2003–2007)[150] bemühten sich um eine Stabilisierung der Mitgliederentwicklung. Die negative Mitgliederentwicklung im Jugendbereich unterschied sich jedoch nicht von der Gesamtentwicklung der IG Metall. Die Mitgliederzahl sank von 580.714 im Dezember 1989 auf 284.456 im Dezember 1994. Es waren auch strukturelle Veränderungen im Beschäftigungsbereich der Metall- und Elektroindustrie, die zur Vernichtung von Arbeitsplätzen, vor allem zu Lasten der Jugendlichen, führten. Warum sollte man angesichts einer solchen Entwicklung Mitglied der IG Metall werden oder bleiben? In der Zeit von 1995 bis 1998 sanken die Mitgliederzahlen der Jugendlichen noch weiter: von 277.000 1995 auf 198.969 im Dezember 1998.

Bernhard Ebbinghaus weist daraufhin, dass „Organisationsdefizite bei der Jugend (...) kaum aufgeholt werden (können), selbst wenn die Organisationsbereitschaft bis zu einem mittleren Alter noch ansteigt. (...) Der Rückgang ist teilweise durch die demographische Entwicklung bedingt: Heute sind im Westen wie im Osten die jüngeren Jahrgänge kleiner als früher. Die längeren Berufswege sowie die Jugendarbeitslosigkeit und der Mangel an Ausbildungsplätzen führen zu einem späteren Berufseinstieg. In der Vergangenheit hatten die Dienstleistungsgewerkschaften unterschiedlich starken Zulauf von Jugendlichen, doch näherten sich in den

vergangenen Jahren fast alle DGB-Gewerkschaften der niedrigen 5 % Marke. (...) Vermehrte Jugendarbeit und die Werbung junger Arbeitnehmer ist unerlässlich, jedoch ist dies umso schwerer, je mehr die Gewerkschaften in ihrer Mitgliederstruktur und im Funktionärsapparat überaltern".[151]
Eine Reihe von Maßnahmen wurden ergriffen: Die IG Metall führte zusammen mit der Universität Tübingen ein Jugendforschungsprojekt durch, „das neue Orientierungen und Engagementformen bei jugendlichen Arbeitnehmer/innen und ihre Bedeutung für die Jugendarbeit"[152] untersuchte. Der Vorstand der IG Metall bezeichnete die Mitgliederwerbung unter Jugendlichen als „strategische Zukunftsaufgabe".[153] Der Beirat der IG Metall beschloss am 9. Dezember 1997 eine ‚Zielvereinbarung zur Jugendarbeit". Weiterhin wurde in der Geschäftsperiode 1999 bis 2002 der Versuch unternommen, besondere Akzente in der Jugendarbeit zu setzen. Dazu zählten Kampagnen und Großveranstaltungen, die auf eine große Resonanz stießen. Trotz der Anstrengungen konnten die Mitgliederverluste nicht wettgemacht werden. Erst im Jahre 2002 kam es zu einer statistischen Steigerung auf 218.000 Mitglieder. In diese Zahl ging allerdings die Veränderung der Altersgrenze von Jugendlichen vom 25. auf das 27. Lebensjahr ein. Man verständigte sich auf neue Arbeitsformen auf der Basis der neuen Richtlinie für die Jugendarbeit der IG Metall. Es war der Versuch, eine „sinnvolle Verbindung aus verbindlichen Strukturen, offenen Beteiligungsformen und festgeschriebenen Mitwirkungsmöglichkeiten in der IG Metall umzusetzen".[154] Die ‚Einladung' zur Mitarbeit wurde von den Jugendlichen angenommen. Dieses Interesse sollte sich eigentlich in steigenden Mitgliederzahlen niederschlagen – jedoch blieben die Beitritte von Jugendlichen in die IG Metall hinter den Erwartungen zurück.

Angestellte – „Fremdlinge" in der IG Metall

Bereits in den Jahrzehnten des Booms bereitete die Werbung von Angestellten für einen Beitritt in die IG Metall große Schwierigkeiten. Trotz gestiegener Beschäftigtenzahl stagnierte die Mitgliederentwicklung in diesem Bereich.[155] Sie konnte dem Trend der wachsenden Bedeutung von Dienstleistungstätigkeiten nicht folgen, Organisationserfolge bei der

Gruppe der kaufmännischen technischen Angestellten in den Industriesektoren blieben weitgehend aus.
Bernhard Ebbinghaus betont, dass Angestellte weniger geneigt sind, sich gewerkschaftlich zu organisieren. „Nur jeder fünfte Angestellte ist in einem Berufsverband, die Arbeiter sind hingegen doppelt und die Beamten dreimal so oft organisiert. (...) Obwohl der DGB die meisten Angestellten organisiert, stellen diese wegen des (...) niedrigen Organisationsgrades nur eine Minderheit innerhalb des Dachverbandes (...). Vor der Vereinigung war nicht einmal jedes vierte DGB-Mitglied ein Angestellter, seitdem sind es 42% im Osten und um 30% insgesamt. Gerade unter den Industriegewerkschaften sind die technischen und kaufmännischen Angestellten in der Minderheit (...).“[156]
Gleichwohl hat die IG Metall bereits in den siebziger Jahren organisationsstrategische Debatten geführt und Anstrengungen unternommen, um eine zielgerechte Werbung und Aktivierung von Angestellten zu erreichen, die in den achtziger Jahren fortgeführt wurden. Von 1973 bis 1987 war Lutz Dieckerhoff[157] im Vorstand der IG Metall für die Angestelltenarbeit verantwortlich, nach ihm folgte Siegfried Bleicher in dieses Ressort. Die IG Metall hatte in den siebziger Jahren den Versuch einer Politisierung der Angestelltenarbeit unternommen und hoffte, eine größere Resonanz in dieser Beschäftigungsgruppe zu finden und auch einen Zuwachs an Mitgliedern erreichen zu können. In der Entschließung des Gewerkschaftstages 1980 wurde dazu formuliert: “Es ist (...) erforderlich, bei den Angestellten ein realistisches Bewusstsein ihrer gesellschaftlichen Lage als abhängig Beschäftigte zu wecken, noch immer bestehende gegenseitige Vorurteile bei den Arbeitnehmergruppen abzubauen und sie zur solidarischen Durchsetzung ihrer gemeinsamen Interessen anzuleiten.“[158]
Appelle zur Aktivierung der Angestelltenarbeit insgesamt und der Aktivierung der Mitgliederwerbung zogen sich zudem wie ein roter Faden durch die achtziger Jahre. Der Gewerkschafstag in München 1983 beschloss, die Mitgliederwerbung im Angestelltenbereich erheblich zu verstärken. Es wurden Werbeprojekte für besondere Berufsgruppen unter den Angestellten geplant und durchgeführt, unter anderem die Projekte ‚Organisierung von Ingenieuren‘, Organisierung von Arbeitnehmern aus dem Bereich der Datenverarbeitung und das Projekt Junge Angestellte. Trotz dieser intensiven und zusätzlichen Werbeaktivitäten stagnierte die Mit-

gliederentwicklung im Angestelltenbereich. Die organisationsstrategischen Diskussionen mündeten in ein Angestelltenpolitisches Arbeitsprogramm[159], das 1989 vom Vorstand der IG Metall verabschiedet wurde. Man hoffte auf dieser Grundlage eine systematische Organisationsarbeit im Bereich der Angestellten entwickeln zu können. Das Ergebnis fiel jedoch eher kläglich aus.

Eine negative Mitgliederentwicklung erfasste nach der Hochphase 1991 und 1992 auch die Mitgliedergruppe Angestellte. Ihre Zahl sank von 505.522 im Jahre 1995 auf 473.995 im Jahre 1998 . Im Jahre 1999 betrug die Mitgliederzahl nur noch 302.000 und verringerte sich bis Ende 2002 noch einmal weiter auf 296.000. Diese wenigen Angaben veranschaulichen plastisch, dass die Lage katastrophal war: Die Zahl der organisierten Angestellten blieb weit hinter der Beschäftigungsentwicklung der Angestellten zurück.

Die IG Metall[160] initiierte auch in den neunziger Jahren eine Reihe von Projekten zur Verbesserung der Angestelltenarbeit: das Verbundprojekt Angestellte von 1989–1994, Projekte zur Mitgliederwerbung in der IT-Branche und ein Projekt Mitgliederwerbung in der IT-Branche in Berlin im Jahre 2000. Mitgliederwerbung rückte demnach bei den Angestellten wie schon in den achtziger Jahren in den Mittelpunkt. Die zuständigen Vorstandsmitglieder Siegfried Bleicher (1986–1992), Joachim Töppel (1992–1999), Manfred Schallmeyer[161] (1999–2003), Berthold Huber (2003–2007)[162] konzentrierten insgesamt ihre Arbeit auf die Steigerung der Mitgliederzahlen. Die anhaltende Mitgliederkrise zwang jedoch neue Schwerpunktsetzungen. Indirekt wurde intern die Frage nach dem Fortbestehen einer Mitgliedergruppe Angestellte gestellt: „Alle Angestelltenausschüsse stellten Überlegungen zur Weiterentwicklung der Personen- und Zielgruppenarbeit an, vielerorts wurden Positionspapiere hierzu erarbeitet und verabschiedet, die Eingang fanden in vom Angestelltenausschuss beim Vorstand verabschiedete ‚Vorschläge zur Organisationsentwicklung im Bereich der Angestelltenarbeit' (...).“[163]

Es ging dabei um die Frage, ob die Angestelltenarbeit ihre Sonderstellung im Rahmen der Aktivitäten der IG Metall behalten sollte. In den neunziger Jahren wurde die Kooperation zwischen den Handlungsfeldern Angestelltenarbeit und Betriebspolitik verstärkt. Ein Arbeitsprogramm konzentrierte sich auf einige Schwerpunkte: Maßnahmen zur Intensivierung des Kontakts zu strategischen Zielgruppen, Aufbau eines Netzwerkes Weiterbildung und Weiterbildungsberatung, Ausbau des Internet-Angebots der IG Metall für Zielgruppen im Angestelltenbereich. Die Zahl der organisierten Angestellten erhöhte sich auch trotz dieser Maßnahmen nicht.

Frauen – traditioneller Kampf um Gleichberechtigung in einer Männergewerkschaft

Gewerkschaften sind historisch weitgehend eine Männerdomäne, die sich im Verlauf angesichts wachsender Frauenerwerbstätigkeit langsam zu öffnen begann. Dies gilt in besonderem Maße für die IG Metall, die aufgrund ihrer Verankerung in der Industrietradition der Eisen-, Stahl- und Metallindustrie eine Domäne männlicher (Fach-)Arbeit war. In der Phase des Booms waren Frauen aufgrund ihrer geringeren Erwerbsbeteiligung auch in geringerem Maße in Gewerkschaften organisiert. Dies begann sich mit dem ökonomischen und gesellschaftlichen Strukturwandel zu ändern, wenngleich die Mitgliederwerbung und –bindung gewerkschaftlich Defizite aufwiesen. In den achtziger und neunziger Jahren rückten Frauen stärker organisationspolitisch in den Blick und der Stellenwert von Frauenarbeit gewann auch in der IG Metall an Bedeutung, wenn auch hier weiterhin Nachholbedarf vorhanden ist.
Die Entwicklung der Mitgliederzahlen von Frauen in der IG Metall stagnierte in den achtziger Jahren – trotz hoher Beschäftigungszahlen. Im Jahre 1980 waren 1.124.828 Frauen (22,4 %) und 1985 1.022.756 Frauen (21,9 %) in der Metallindustrie beschäftigt.
Bernhard Ebbinghaus nennt Gründe für die negative Mitgliederentwicklung, die nicht allein auf die IG Metall bezogen sind: „Selbst wenn man die niedrigeren Erwerbsquoten berücksichtigt, waren Frauen bis in die 70er Jahre erheblich weniger organisiert als Männer: nur jede fünfte Arbeitnehmerin gegenüber nahezu jedem zweiten männlichen Kollegen. Die Verlaufsmuster der Organisationsgrade von Frauen und Männern waren jedoch in den ersten Jahrzehnten nahezu identisch. Erst in den 80er Jahren liefen die Rekrutierungstrends auseinander, als bei Frauen die Organisationsquote weiterhin stieg, während sie bei den Männern sank.

(...) Der höhere Anteil von Teilzeitbeschäftigung und prekären Arbeitsverhältnissen unter Frauen erschwert die Mitgliederwerbung und dauerhafte Bindung an eine Gewerkschaft. (...) Noch 1990 war nur jedes vierte DGB-Mitglied eine Frau, seit der Vereinigung ist es nun jedes dritte Mitglied des DGBs und fast jedes zweite DGB-Mitglied im Osten."[164]

Die Mitgliederentwicklung in der IG Metall folgte dem Verlauf, wie er sich in allen Gewerkschaften zeigte. Eine negative Ausnahme bildete die geringe Organisationsneigung von jungen Frauen. Diese negative Entwicklung wurde leider nicht näher untersucht. Nach der deutschen Einheit erreichte der Frauenanteil in der IG Metall zunächst 20,5 Prozent. „Die Politik der Treuhandanstalt und der damit verbundene industriepolitische Kahlschlag in den neuen Ländern wirkten sich auch auf die Mitgliederentwicklung bei den Frauen sehr negativ aus."[165] Die Mitgliederentwicklung bei den Frauen verlief von Januar 1995 bis Januar 1998 weiter negativ: Die Zahl sank von 536.000 im Jahre 1995 auf 449.000 im Jahre 1998. Nach der 1998 erfolgten Integration der Gewerkschaft Textil und Bekleidung mit einem traditionell hohen Frauenmitgliederanteil stieg sie zunächst auf 539.000 an.[166] Vom Dezember 1999 bis zum Dezember 2002 sank sie dann erneut von 520.000 auf 493.000 Mitglieder und 2006 weiter auf 422.000. Im Gegensatz zu anderen Mitgliedergruppen organisierte die Frauenabteilung der IG Metall keine eigenen Mitgliederwerbekampagnen, intensivierte jedoch die herkömmliche Werbearbeit in den Betrieben.

Gewerkschaftliche Frauenpolitik führte in der von Männern dominierten IG Metall über viele Jahre lang ein stiefmütterliches Dasein.[167] Hauptamtliche Funktionärinnen hatten einen schwierigen Berufsweg vor sich, bis sie ihr Ziel einer hauptamtlichen Tätigkeit erreichen konnten. Erst in den siebziger und in den achtziger Jahren gewann die gewerkschaftliche Frauenarbeit mehr an Einfluss und Bedeutung, wobei die gesamtgesellschaftliche Entwicklung in diesem Zeitraum und der Schub in der Emanzipationsdiskussion, nicht zuletzt in der SPD, auch die Positionen der Frauen in der IG Metall aufwertete.

Sie verbesserte sich in der zweiten Hälfte des Jahrzehnts und im Zuge des gewerkschaftlichen Aufbaus in den neuen Bundesländern nach 1991.[168] Ein Schlaglicht auf die traditionelle Männerdominanz wirft die geringe Repräsentanz von Frauen im Kreis der geschäftsführenden Vorstandsmitglieder. Dem Kreis der geschäftsführenden Vorstandsmitglieder gehörte zunächst nur eine Frau an. Erst im Jahre 1986 kam mit Karin Benz-Overhage eine weitere hinzu. Von 1977 bis 1983 war Ursel Ibler[169] Vorstandsmitglied zuständig für die Frauenarbeit. Zur Nachfolgerin wählte der Gewerkschaftstag 1983 in München Gudrun Hamacher, die bis 1999 für die Frauenpolitik der IG Metall Verantwortung trug. Ihr folgte Kirsten Roelke bis 2007. In der zweiten Hälfte der achtziger Jahre verabschiedete der Vorstand der IG Metall ‚Richtlinien für Frauenförderung der IG Metall im ehrenamtlichen Bereich' und den ‚Frauenförderplan für den hauptamtlichen Bereich'. [170] Der Frauenförderplan setzte einen neuen Schwerpunkt.[171]

Ein weiterer Schritt nach dem Gewerkschaftstag 1999 bedeutete die Übernahme des Konzeptes Genderpolicy. Der Bericht[172] über Führungspositionen in der IG Metall aus dem Jahre 2010 kommt zu einem eher zurückhaltenden Urteil, was die Anzahl von Frauen in Führungspositionen betrifft: „Auch wenn der Anteil der Frauen bei den Führungspositionen heute, bezogen auf die gesamte IG Metall, bei 15,5 Prozent liegt, gibt es bei der Betrachtung der einzelnen Ebenen noch große Nachholbedarfe. Dies trifft ganz besonders die örtliche Ebene der 163 Verwaltungsstellen der IG Metall, in denen der durchschnittliche Frauenanteil bei den Führungspositionen nur 11, 6 Prozent beträgt. Bei den Ersten Bevollmächtigten, zu vergleichen mit der Funktion eines Geschäftsführers oder Geschäftsführerin, beträgt der Frauenanteil lediglich fünf Prozent (in absoluten Zahlen: sieben weibliche gegenüber 136 männlichen Ersten Bevollmächtigten), bei den hauptamtlichen Zweiten Bevollmächtigten 24,7 Prozent (in absoluten Zahlen: 18 weibliche gegen über 55 männlichen Zweiten Bevollmächtigten). (...) Zu berücksichtigen ist dabei, dass die Führungskräfte und insbesondere die Ersten Bevollmächtigten der Verwaltungsstellen der IG Metall in besonderem Maße nach außen repräsentieren – in den Betrieben wie auch in der lokalen und regionalen Öffentlichkeit."
Ein Fazit der gewerkschaftlichen Frauenarbeit und ihrer Schwierigkeiten brachte der Geschäftsbericht zum Gewerkschaftstag 2007 auf die Formel: „Moderne Frauenpolitik (...) in der Zwickmühle zwischen Gleichstellung und Multipolitik".[173]

Ausländische Arbeitnehmerinnen und Arbeitnehmer – schleppende Integration

Seit den fünfziger Jahren kamen Arbeitsmigranten in die Bundesrepublik Deutschland: Im Jahre 1955 erfolgte mit dem deutsch-italienischen Anwerbeabkommen, ein erster Schritt der Integration ausländischer Frauen und Männer in den deutschen Arbeitsmarkt, dem weitere folgten. Zwischen 1961 und 1973 dem Jahr des Anwerbestopps kamen 14 Millionen Zuwanderer aus den Anwerbeländern in die Bundesrepublik, von denen 11 Millionen sie wieder verließen. Die Bundesrepublik Deutschland war seit den frühen sechziger Jahren „de facto ein Einwanderungsland".[174] „Die Geschichte der Gastarbeiter (...) muss (...) als geradezu klassischer – und (...) erfolgreicher – Einwanderungsprozess begriffen werden. Gleichwohl kam es in der ‚alten Bundesrepublik' bis zu ihrem Ende nicht zu einer gesellschaftlichen Verständigung über eben diese Tatsache und die daraus zu ziehenden Schlussfolgerungen. durch die öffentliche Nichtakzeptanz dieser Tat." [175]

Dieses harsche Urteil des Historikers Ulrich Herbert in seiner Untersuchung zur Ausländerpolitik traf teilweise auch auf Stellungnahmen und Aktivitäten der DGB-Gewerkschaften und die der IG Metall zu. Die Gewerkschaften, so auch die IG Metall, bemühten sich um eine Einbeziehung der ausländischen Arbeitnehmerinnen und Arbeitnehmer in die gewerkschaftliche Arbeit und suchten sie als Mitglieder zu gewinnen. Im Jahre 1968 richtete die IG Metall beim Vorstand ein Referat „Ausländische Arbeitnehmer" unter der Leitung von Max Diamant[176] ein. Aus diesem Referat entstand die Abteilung ‚Ausländische Arbeitnehmer'. Zunächst konzentrierte man sich auf die Vermittlung von Informationen über die Arbeit der IG Metall, bemühte sich um die Überwindung der sprachlichen Barrieren und entwickelte erste Ansätze zur Integration in die organisatorische und betriebliche Arbeit.

Im Kreis der geschäftsführenden Vorstandsmitglieder der IG Metall war für den Bereich Ausländische Arbeitnehmer zunächst Ferdinand Koob[177] von 1973 bis 1984 verantwortlich, ihm folgte im Jahre 1985–1991 Willi Sturm.[178] In den neunziger Jahren wurde der Akzent stärker auf Migration gelegt. Die Mitgliederentwicklung in der Gruppe der ausländischen Beschäftigten verlief in den siebziger Jahren zunächst positiv, jedoch gab es beträchtliche Schwankungen in Folge der Wirtschaftskrisen in den späten siebziger Jahren. Im Geschäftsbericht für den Gewerkschaftstag 1980 wurde folgende Momentaufnahme festgehalten: „Nach dem Ergebnis der Betriebsratswahl 1978 ist die Zahl der beschäftigten ausländischen Arbeitnehmer in der Metallwirtschaft um 11,7 v. H. von 630.795 auf 557.159 zurückgegangen. Infolgedessen ist auch ein Rückgang der organisierten ausländischen Arbeitnehmer zu verzeichnen. Er beträgt 4 v. H. in absoluten Zahlen (...) 13.232. Der Organisationsgrad bei den ausländischen Kolleginnen und Kollegen entspricht mit 54 v. H. dem Organisationsgrad der deutschen Kolleginnen und Kollegen."

In den achtziger Jahren wurde in den Gewerkschaften intensiver über die Ausländerarbeit und auch die Ausländerpolitik diskutiert, wie eine Reihe von Beiträgen in den Gewerkschaftlichen Monatsheften der Jahre 1982 und 1989 zeigen.[179] Ein entscheidender Schritt zur betrieblichen Integration war die Einbeziehung der ausländischen Arbeitnehmerinnen und Arbeitnehmer in die Arbeit der Betriebsräte. Mit dem Betriebsverfassungsgesetz von 1972 wurden ausländische Arbeitnehmerinnen und Arbeitnehmer als Betriebsräte uneingeschränkt wählbar. Anfang der siebziger Jahre wurden erste Arbeitskreise eingerichtet, in denen ausländische Vertrauensleute und Betriebsräte in den Verwaltungsstellen arbeiteten. Die Zahl der ausländischen Vertrauensleute und Betriebsräte nahm in den achtziger Jahren insgesamt zu.

In der Arbeit der IG Metall spielten Probleme des Lebens der ausländischen Arbeitnehmerinnen und Arbeitnehmer und ihrer Familien in Deutschland, wie z. B. Wohnsituationen, schulische Bildung der Kinder eine untergeordnete Rolle. Im Vordergrund stand die gewerkschaftliche Arbeit im Betrieb. Aus dem Geschäftsbericht für den Gewerkschaftstag 1980 geht hervor, dass die Zahlen der Funktionäre und die der Arbeitskreise für Ausländer in den Verwaltungsstellen anstiegen und zudem spezielle Seminare in der gewerkschaftlichen Bildungsarbeit angeboten wurden. Von besonderer Bedeutung für die organisatorische Verankerung war die Einrichtung eines Arbeitskreises Ausländerpolitik beim Vorstand, der zum ersten Mal am 15. und 16. Juni 1978 in Frankfurt tagte. Damit bestand die Möglichkeit, dass die Anliegen der ausländischen Arbeitnehmerinnen und Arbeitnehmer eine stärkere Berücksichtigung in den Diskussionen der zentralen Ebene fanden. Eine positive Bilanz zeigte

sich darin, dass 1980 11.000 Mitglieder als ehrenamtliche Funktionäre tätig waren.
Der Gewerkschaftstag der IG Metall 1983 in München fasste den Beschluss, die ausländischen Arbeitnehmerinnen und Arbeitnehmer als Personengruppe anzuerkennen – ein wichtiger Schritt zur Integration der Gruppe in das Organisationsgefüge der IG Metall. In 99 Verwaltungsstellen, in knapp 60 Prozent der Verwaltungsstellen, wurden daraufhin Ausländerausschüsse gebildet.[180] Öffnung der Gewerkschaften für die ausländischen Arbeitnehmerinnen und Arbeitnehmer, Einbeziehung in die gewerkschaftliche Arbeit, arbeits- und sozialrechtliche Gleichstellung waren Ziele der Ausländerarbeit. Man hoffte auch in den Ländern, in denen es keine Gewerkschaften gab „durch die Erfahrung mit der Gewerkschaftsarbeit in der BRD demokratische Gewerkschaften"[181] aufbauen zu helfen.
Die Gewerkschaften leisteten in den achtziger Jahren einen Beitrag zur Integration der Arbeitsmigranten in die deutsche Gesellschaft. Die Bildung der Personengruppe Ausländische Arbeitnehmer war ein erster organisationspolitischer Schritt, beschränkte jedoch die Gruppe auf Arbeitsmigranten oder deren Familien oder Nachkommen. Es war eine Organisationsform für ‚Gastarbeiter'; ihr gehörten auch Jugendliche, Frauen, Angestellte und Handwerker an, die sich nach den Organisationsprinzipien der IG Metall in den anderen Mitgliedergruppen hätten engagieren können; was auch viele aktive Arbeitsmigranten und deren Nachkommen praktizierten.
Das Konzept Mitgliedergruppe hatte sich in den achtziger Jahren verbraucht. Die Personengruppe ausländische Arbeitnehmer verschärfte diese negative Entwicklung; die Aufhebung der Trennung zwischen deutschen und nichtdeutschen Arbeitnehmerinnen und Arbeitnehmern war dadurch nicht einfacher geworden. Deutsche mit Migrationshintergrund verstanden sich nicht als ausländische Arbeitnehmerinnen und Arbeitnehmer und lehnten den Sonderweg ab. Die Integration ausländischer Arbeitnehmerinnen und Arbeitnehmer war ein Randthema in der gewerkschaftlichen Agenda, Diskussionen über Migration wurden eher verdeckt geführt. Auch in den Zukunftsdiskussionen der IG Metall spielte die Arbeitsmigration keine besondere Rolle. Endlich brach Ende der neunziger Jahre der Bann: Die politischen und gesellschaftlichen Diskus-

sionen über Migration prägten die Diskussionen über Ausländeraktivitäten in der IG Metall.[182]

Am 31. Dezember 1991 waren 325.859 ausländische Arbeitnehmerinnen und Arbeitnehmer in der IG Metall organisiert. In den neuen Bundesländern war der Start der gewerkschaftlichen Ausländerarbeit schwierig. Eine Ausnahme stellte die Verwaltungsstelle Erfurt dar, die den ersten Ausländerausschuss[183] in den neuen Bundesländern gründete. „Die IG Metall organisierte 1997 mit 267.339 Beschäftigten knapp die Hälfte aller ausländischen DGB-Mitglieder. Die Zahl der in der IG Metall organisierten ausländischen Betriebsräte stieg von 1972 (1.445) bis 1990 (3.423) beinahe kontinuierlich an. Im Jahre 1994 nahm sie jedoch leicht ab (3.268). Die größte Gruppe der 1994 gewählten ausländischen Betriebsräte waren türkischer Staatsangehörigkeit (1.416), gefolgt von Italienern (621), Jugoslawen (358) und Griechen (278).“[184]

In den neunziger Jahren, unmittelbar nach der Einheit, stagnierte die organisatorische Entwicklung: „Existierten 1994 in 134 von 191 Verwaltungsstellen (70,2 %) Ausländerausschüsse, gab es sie 1997 nur noch in 111 von 180 Verwaltungsstellen.“ Diese negative Entwicklung setzte sich in den Jahren von 1995 bis 2006 fort.[185] Ein Grund lag in der Praxis der betrieblichen Gleichstellungs- und Antidiskriminierungspolitik. Ein Vorwurf lautete: Die Gewerkschaften betrieben keine „umfassende betriebliche Antidiskriminierungspolitik“.[186]

Ein brisantes Thema war der Vorwurf der Benachteiligung von Migrantinnen und Migranten am Arbeitsplatz. Die IG Metall griff diese Vorwürfe im Rahmen ihrer Migrationspolitik auf. Die steigende Zahl von Migrantinnen und Migranten in Deutschland verschärft jedoch diese Problematik zusehends. Es handelte sich nicht um ‚Gastarbeiter‘, die auf Zeit in Deutschland lebten, sondern um Menschen, die mit ihren Familien in der Bundesrepublik Deutschland arbeiten und leben wollten. Es waren ‚Einwanderer‘, die von den Gewerkschaften Hilfe zur Durchsetzung der Gleichberechtigung im Beruf und am Arbeitsplatz erwarteten. Nach dem Gewerkschaftstag 2003 wurde die Migrationsarbeit in der IG Metall neu organisiert. „Ziel ist es, betriebspolitische Aktivitäten im Sinne querschnittsbezogenen Handelns zu unterstützen. So wurden Themen wie Aus- und Weiterbildung sowie Arbeitsmarktpolitik für Einwanderer und Einwanderinnen im Bundesmigrationsausschuss bearbeitet, um betriebliche Aktivitäten zu entwickeln. Wie sich das Selbstverständnis ändert, zeigt sich auch in der Sprache: Die ‚Ausländerausschüsse' wurden in Migrationsausschüsse und die Abteilung ‚Ausländische Arbeitnehmer' beim IG Metall Vorstand in das Ressort Migration umbenannt. Mit einem neuen Informationsdienst ‚IGMigration' werden seit März 2005 dreimal jährlich praxisbezogene Informationen zu Migration und Arbeitswelt aufbereitet."[187] Man hoffte, dass damit neue Aktivitäten auf dem Feld der Migration ausgelöst werden.[188] Die Bilanz im Geschäftsbericht für die Jahre 2003 bis 2006 zeigte, dass die IG Metall begriffen hatte, welche Herausforderungen eine gewerkschaftliche Migrationspolitik an sie stellte: „Mehr als 14 Millionen Menschen haben einen Migrationshintergrund. Deutschland ist seit vielen Jahren Einwanderungsland. Nach wie vor sind jedoch große Einwanderungsgruppen bei Bildung, Ausbildung, Arbeit, Wohnen und Freizeit ausgegrenzt und benachteiligt. Daher setzt sich die IG Metall weiterhin für Chancengleichheit, Gleichbehandlung und Rechtssicherheit ein."[189]

Handwerker – die „verlorene" Mitgliedergruppe

Handwerker und Facharbeiter formten den 1891 gegründeten Deutschen Metallarbeiterverband (DMV). Handwerker waren auch noch in der Weimarer Republik der ‚Kern' der Metallgewerkschaften. In der IG Metall waren sie jedoch eine Randgruppe. Die ‚Handwerksphilosophie', der Herr- im Haus – Standpunkt, kleinbetriebliche Betriebsstrukturen waren Hindernisse für den Aufbau und die Entwicklung einer erfolgreichen Gewerkschaftsarbeit. Die Strukturen im Metallhandwerk unterschieden sich von den Strukturen der sonstigen Metallwirtschaft mit starken großbetrieblichen Einheiten erheblich. Ein besonderes Problem war die Betriebsgröße, die die Anwendung des Betriebsverfassungsgesetzes erschwerte.
Dem Wirtschaftszweig gehörten nach der Handwerkszählung von 1977 über 150.000 Betriebe mit 1,3 Millionen Beschäftigten an. Der gewerkschaftliche Organisationsgrad lag weit unter dem der Metallindustrie. Es gelang, knapp 10 Prozent der Beschäftigten des Metallhandwerks zu organisieren. Die gewerkschaftliche Arbeit in diesem Bereich kann in keiner Weise mit den Aktivitäten in Groß- und Mittelbetrieben verglichen wer-

den. Über 40 Prozent der Mitglieder im Metallhandwerk arbeiteten in der Kfz-Branche und hatten folglich Kontakte zur Tarifpolitik in der Automobilindustrie. Dies erleichterte die Durchsetzung gewerkschaftlicher Interessen im Kfz-Bereich, während in anderen Handwerksbranchen ‚helfende Hände' von Kolleginnen und Kollegen aus der Industrie fehlten. Das Metallhandwerk erlangte eine wachsende Bedeutung in der Metallwirtschaft. Technische Modernisierungen führten zu Produktivitätssteigerung und Rationalisierung und zu einem Zustrom von Auszubildenden. Im Rahmen der handwerklichen Selbstverwaltung arbeiteten die Gewerkschaften im Bereich der Handwerksinnungen mit dem Schwerpunkt Berufsausbildung mit. Kritisch festzuhalten ist, dass die personelle Ausstattung der IG Metall für die Handwerksarbeit, insbesondere für die Mitgliederarbeit, zu gering war.
In den neunziger Jahren bewegte sich die gewerkschaftliche Handwerkarbeit zunächst in dem bis dahin festgefügten Rahmen der früheren Personengruppenarbeit. Eine Wende trat jedoch schnell ein: eine allgemeine negative Mitgliederentwicklung erfasste auch diesen Bereich; die Beschäftigtenzahl in diesem Wirtschaftsbereich veränderte sich dramatisch. Der Geschäftsbericht für die Jahre 1995 bis 1998 hält fest: „Nach der Veröffentlichung der Handwerkszählung aus dem Jahr 1995 muss das Handwerk in der IG Metall aus einem neuen Blickwinkel betrachtet werden. Rund 500.000 Beschäftigte mehr als bis dahin angenommen gibt es im Organisationsbereich der IG Metall. Die Zahl der Beschäftigten im Metallhandwerk betrug zum 30. September 1994 zirka 2,1 Millionen, davon fielen 1,6 Millionen auf Westdeutschland und 0,46 Millionen auf Ostdeutschland. Nach wie vor ist das Handwerk für die IG Metall ein schwieriges Arbeitsfeld, obwohl 64 Prozent aller Beschäftigten in Betrieben mit mehr als 20 Arbeitnehmern arbeiten."[190]
Die Anzahl der Mitglieder ging von Januar 1995 bis Dezember 1998 von 153.000 auf 147.000 zurück. Die weitere Mitgliederentwicklung stagnierte auf niedrigem Niveau: Im Dezember 1999 wies der Bereich Handwerk 116.000 Mitglieder auf, nach einer Steigerung im Jahre 2000 aufgrund der Integration der Gewerkschaft Holz und Kunststoff mit einer starken Handwerkstradition im Zuge auf 122.000, sank sie bis Dezember 2002 erneut auf 112.000 ab. Die gewerkschaftlichen Aktivitäten wurden nach der Integration von GTB und GHK in einen Arbeitsbereich Klein- und

Mittelbetriebe zusammengefasst.[191] Dies bedeutete das Ende der früheren Handwerksarbeit der IG Metall.

Senioren und Arbeitslose in der IG Metall – die außerbetrieblichen Mitglieder

Den Kern der Mitglieder der IG Metall bilden traditionell die Beschäftigten, die in einem betrieblichen Arbeitsverhältnis stehen und mit ihren Forderungen im Zentrum gewerkschaftlicher Politik stehen. Ehemals Beschäftigte, die mit dem Renteneintritt aus dem aktiven Arbeitsleben ausscheiden ebenso wie jene, die arbeitslos wurden, standen lange am Rand des gewerkschaftlichen Interesses. Die Mitgliedergruppen Senioren und Arbeitslose verfügten über keinen Gruppenstatus und konnten folglich keinen unmittelbaren und systematischen Einfluss auf die Aktivitäten ihrer Gewerkschaft ausüben. Die IG Metall hatte, wie andere Gewerkschaften auch, keine Konzepte, wie sie mit diesen Gruppen umgehen sollte. Als im Zuge des Strukturbruchs und des demografischen Wandels die Zahl der Rentner, die heute als Senioren firmieren und der Arbeitslosen anstiegen, begann auch die IG Metall, sich diesen Gruppen als Mitgliedern stärker zu widmen, was schließlich zu einer Neujustierung der außerbetrieblichen Gewerkschaftsarbeit der IG Metall führte.[192] „Ende der achtziger Jahre begann in vielerlei Hinsicht eine entscheidende Phase der Auseinandersetzung um eine gewerkschaftliche Seniorenarbeit in der IG Metall. Vor dem Hintergrund der ansteigenden Zahl von Mitgliedern im Rentenalter wurde unter der Leitung des IG Metall-Vorsitzenden Franz Steinkühler über Entwicklungsperspektiven in diesem Bereich diskutiert." Im Vorfeld der Zukunftsdiskussionen 1988 fand ein Diskussionsforum unter dem Titel ‚Ältere Menschen im Sozialstaat'[193] statt. Die generelle Feststellung auf dieser Tagung war, dass die IG Metall keine organisationsweite Seniorenarbeit leiste. Es gab jedoch Hinweise auf die Seniorenarbeit einzelner Verwaltungsstellen, die Vertreter zu dieser Tagung entsandt hatten. Die Diskussionen hatten jedoch Erfolge: Der Vorstand der IG Metall verabschiedete im April 1989 ‚Richtlinien für die Aktivierung der Seniorenarbeit der IG Metall.[194] „Die Organisationsstrukturen der Seniorenarbeit in der IG Metall sahen 1989 vor, dass die Mitglieder der Senioren-Arbeitskreise (SAK) auf örtlicher Ebene einen Sprecher sowie mindestens einen Stellvertreter wählen, die mit beratender Stimme an den Sitzungen der erweiterten Ortsverwaltung und der Vertreterversammlung beteiligt werden können: Die Arbeit der SAK soll in Abstimmung mit dem Ersten Bevollmächtigten beziehungsweise mit einem dafür beauftragten Sekretär erfolgen. Demnach unterstützt die Verwaltungsstelle organisatorisch die Tätigkeiten der SAK, der als ‚Sprachrohr' der aus dem Erwerbsleben ausgeschiedenen IG Metall-Mitglieder fungiert. Die Seniorenarbeit soll dazu dienen, ‚genauso wie bei der gewerkschaftlichen Betriebs- und Tarifpolitik durch eine Organisierung, Bündelung und Mobilisierung von Interessen Gegenmacht zu formieren und Durchsetzungsfähigkeit zu gewinnen." [195]

Über die Arbeitsvorhaben wurde im Geschäftsbericht 1989–1991 berichtet. Demnach wurden in vielen Verwaltungsstellen Seniorenarbeitskreise gegründet. „Die IG Metall beteiligte sich (...) an einem Forschungsprojekt ‚Alter und gewerkschaftliche Politik', das von der Freien Universität Berlin durchgeführt wurde. Ziel der Forschungsarbeit war es, festzustellen, auf welche Weise Gewerkschaften an die Lebenslagen und Interessen ihrer älteren Mitglieder anknüpfen und ihnen neue Partizipations- und Einflusschancen eröffnen können. Verstärkt hat sich auch die Zeitung Metall mit der Situation der Mitglieder im Rentenalter beschäftigt."[196]

Die Zuständigkeiten im Vorstand der IG Metall für Seniorenarbeit wechselten in den neunziger Jahren sehr häufig: bis 1992 war das mit Personal und Finanzen mager ausgestattete Ressort im Bereich des Zweiten Vorsitzenden Klaus Zwickel angesiedelt. Nach dem Gewerkschaftstag 1992 wurde die Verantwortung Joachim Töppel übertragen. Es bahnte sich eine neue Orientierung in der gewerkschaftlichen Arbeit insgesamt an: Man unterschied zwischen betrieblicher und außerbetrieblicher Gewerkschaftsarbeit. „Seniorenarbeit ist ein wichtiger Pfeiler der außerbetrieblichen Gewerkschaftsarbeit."[197] Die Seniorenarbeit wurde, soweit das möglich war, systematisch vorbereitet. Im November 1994 fand auf Drängen der IG Metall eine Tagung der Einzelgewerkschaften mit dem DGB über die gewerkschaftliche Seniorenarbeit statt. Das dort beschlossene ‚Diskussionspapier zur gewerkschaftlichen Seniorenarbeit des DGB' ging in die Beratungen des ‚Arbeitsausschusses zur Modernisierung des DGB' ein. Organisationswahlen in der IG Metall machten Ende 1993 deutlich, dass die Zahl der Senioren angestiegen war. [198] Betriebliche Funktionärinnen und Funktionäre sowie aktive Mitglieder beteiligen sich auch nach dem Ausscheiden aus dem Erwerbsleben an der gewerkschaftlichen Arbeit. Zur Vorbereitung und Unterstützung dieser Tätigkeit wurden Workshops und Seminare für ehrenamtliche Arbeitskreismitglieder durchgeführt. „Ein besonderer Schwerpunkt dabei war die Entwicklung des Selbstverständnisses zum ehrenamtlichen gewerkschaftlichen Engagement (auch in der nachberuflichen Lebensphase) sowie die Erarbeitung von Handlungsfeldern und die Möglichkeit des Erfahrungsaustauschs."[199] Man hoffte, Seniorinnen und Senioren mit besonderen Leistungen für ältere Mitglieder an die Organisation binden zu können. Mit der Integration der GTB und der GHK in die IG Metall stieg die Zahl der Rentnerinnen und Rentner auf 553.000 Mitglieder[200] an.

Im Juli 1998 veranstaltete die IG Metall eine Seniorenpolitische Fachtagung: Das Ergebnis war die Herausbildung einer eigenen Mitgliedergruppenarbeit für Senioren und Erwerbslose unter dem Namen ‚Außerbetriebliche Gewerkschaftsarbeit (AGA)'. Mit der neuen Firmierung war der Versuch verknüpft, Seniorenarbeit und Erwerbslosenarbeit formal zu verbinden.

Die Mitgliedergruppen Senioren und Arbeitslose verfügten über keinen Gruppenstatus und konnten folglich keinen unmittelbaren und systematischen Einfluss auf die Aktivitäten ihrer Gewerkschaft ausüben. Die Gruppe der Beschäftigten, die aus dem Erwerbsleben in den Ruhestand wechselten, rückte an den Rand des gewerkschaftlichen Interesses. Die IG Metall veröffentlichte in den achtziger Jahren unregelmäßig Angaben über die Mitgliederentwicklung in diesen Gruppen. Die Zahl der Seniorinnen und Senioren wuchs. Sie stellten, sofern sie noch Interesse an gewerkschaftlichen Aktivitäten hatten, eigene Anforderungen an ihre Gewerkschaft. Die IG Metall hatte, wie andere Gewerkschaften auch, keine Konzepte, wie sie mit dieser Gruppe umgehen sollte. Die IG Metall war auf die finanziellen Mittel angewiesen, die der Zentralkasse aus den Mitgliedsbeiträgen dieser Gruppen zuflossen.[201] „Ende der achtziger Jahre begann in vielerlei Hinsicht eine entscheidende Phase der Auseinandersetzung um eine gewerkschaftliche Seniorenarbeit in der IG Metall. Vor dem Hintergrund der ansteigenden Zahl von Mitgliedern im Rentenalter wurde unter der Leitung des IG Metall-Vorsitzenden Franz Steinkühler über Entwicklungsperspektiven in diesem Bereich diskutiert."

Man verwies vonseiten des Vorstandes darauf hin, dass die Interessen der Gruppe der Seniorinnen und Senioren wie die der Arbeitslosen im Rahmen der gewerkschaftlichen Sozialpolitik vertreten würden – ein schwacher Trost aus dem ‚Apparat'.

Im Vorfeld der Zukunftsdiskussionen 1988 fand ein Diskussionsforum unter dem Titel ‚Ältere Menschen im Sozialstaat'[202] statt. Die generelle Feststellung auf dieser Tagung war, dass die IG Metall keine organisationsweite Seniorenarbeit leiste. Es gab jedoch Hinweise auf die Seniorenarbeit einzelner Verwaltungsstellen, die Vertreter zu dieser Tagung entsandt hatten. Die Diskussionen hatten jedoch Erfolge: Der Vorstand der IG Metall verabschiedete im April 1989 ‚Richtlinien für die Aktivierung der Seniorenarbeit der IG Metall'[203]: „Die Organisationsstrukturen der Seniorenarbeit in der IG Metall sahen 1989, dass die Mitglieder der Senioren-Arbeitskreise (SAK) auf örtlicher Ebene einen Sprecher sowie mindestens einen Stellvertreter wählen, die mit beratender Stimme an den Sitzungen der erweiterten Ortsverwaltung und der Vertreterversammlung beteiligt werden können: Die Arbeit der SAK soll in Abstimmung mit dem Ersten Bevollmächtigten beziehungsweise mit einem dafür beauftragten Sekretär erfolgen. Demnach unterstützt die Verwaltungsstelle organisatorisch die Tätigkeiten der SAK, der als ‚Sprachrohr unter Interessenvertretungsorgan' der aus dem Erwerbsleben ausgeschiedenen IG Metall-Mitglieder fungiert. Die Seniorenarbeit soll dazu dienen, ‚genauso wie bei der gewerkschaftlichen Betriebs- und Tarifpolitik durch eine Organisierung, Bündelung und Mobilisierung von Interessen Gegenmacht zu formieren und Durchsetzungsfähigkeit zu gewinnen." [204]

Über die Arbeitsvorhaben wurde im Geschäftsbericht 1989–1991 berichtet. Demnach wurden in vielen Verwaltungsstellen Seniorenarbeitskreise gegründet. „Die IG Metall beteiligte sich (...) an einem Forschungsprojekt ‚Alter und gewerkschaftliche Politik', das von der Freien Universität Berlin durchgeführt wurde. Ziel der Forschungsarbeit war es, festzustellen, auf welche Weise Gewerkschaften an die Lebenslagen und Interessen ihrer älteren Mitglieder anknüpfen und ihnen neue Partizipations- und Einflusschancen eröffnen können. Verstärkt hat sich auch die Zeitung Metall mit der Situation der Mitglieder im Rentenalter beschäftigt."[205]

Arbeitslose befanden sich nach einer in der IG Metall kursierenden Meinung in einem Übergangsstatus. Man wünschte und hoffte, dass Erwerbslose bald wieder den Status eines Arbeitenden einnehmen könnten. Der Mitgliedsbeitrag für Arbeitslose, bei Beibehaltung aller Mitgliedsrechte, wurde reduziert. Die IG Metall hielt es nicht für notwendig, arbeitslose Mitglieder in einer eigenen Mitgliedergruppe zu organisieren. Die Arbeitslosen erwarteten allerdings von ihrer Gewerkschaft eine aktive Hilfe bei der Suche nach einer neuen Tätigkeit. Hilfe konnte man anbieten, neue ‚Jobs' konnte die IG Metall nicht vermitteln. Die Arbeitsmarktpolitik, die Beschäftigung sicherte und zu neuer Beschäftigung führte, war stets eine zentrale gewerkschaftliche Aufgabe. Ein Schritt auf Arbeitslose zu, bedeutete eine Änderung der Satzung der IG Metall auf dem Gewerkschaftstag 1983 in München, die es Arbeitslosen erlaubte, die nicht Mitglied der IG Metall waren, unter bestimmten Voraussetzungen eine Mitgliedsanwartschaft zu erlangen.

Einzelne Verwaltungsstellen organisierten Diskussionsgruppen für arbeitslose Mitglieder, die jedoch oft auf geringes Interesse bei den Betroffenen stießen. Ein Beispiel waren die Bemühungen in der Verwaltungsstelle Ulm im Jahre 1982 nach dem Besetzungsstreik bei dem Unternehmen Videocolor. Das Urteil über diese Aktivitäten war für die weitere gewerkschaftliche Erwerbslosenarbeit wenig ermutigend. „Insgesamt unterstreichen die Erfahrungen des Arbeitslosentreffs der IG Metall Ulm, (...) in welch engem Spielraum gewerkschaftliche Arbeitslosenpolitik sich zu bewegen gezwungen ist. Zugleich belegen diese Erfahrungen aber auch die Notwendigkeit solcher Initiativen, die immerhin dazu beitragen können, der Vereinzelung durch Arbeitslosigkeit entgegenzusteuern und wenigstens Bruchstücke der verlorenen sozialen Zusammenhänge aufrechtzuerhalten. Dass die Propagierung wesentlicher gewerkschaftlicher Forderungen auch da, wo sie, wie die 35-Stunden-Woche, in engem Zusammenhang mit dem Problem der Arbeitslosigkeit stehen, im Rahmen der Arbeitslosentreffs anscheinend auf recht schwachen Widerhall stießen, ist ein weiterer Hinweis auf die Schwierigkeiten und Frustrationen, denen sich eine solche Arbeit gegenübersieht."

Die ‚Außerbetriebliche Gewerkschaftsarbeit' war zwischen Sozial- und Mitgliederpolitik angesiedelt. Es war nicht daran gedacht, das zentrale Arbeitsspektrum der IG Metall zu erweitern, auch wenn die Bezeichnung außerbetriebliche Gewerkschaftsarbeit dies nahe zu legen schien. Die IG Metall war und blieb eine Interessenvertretung der Beschäftigten. Das erhoffte Ziel der organisationsweiten Straffung der Senioren- und Arbeitslosenarbeit konnte nicht erreicht werden, auch wenn der Umfang der Aktivitäten insgesamt zunahm. Eine umfassende Analyse der Seniorenpolitik der Verbände, einschließlich der Gewerkschaften, legte eine Forschergruppe um Wolfgang Schroeder[206] vor. „Mit dem Zusammenbruch der DDR veränderte sich auch in der gewerkschaftlichen Seniorenfrage der Handlungsbedarf. Die ‚Veteranen' des ehemaligen FDGB konnten im Zuge der deutschen Vereinigung in die westdeutschen Gewerkschaftsorganisationen übertreten. Anders als im FDGB, wo unter der Bezeichnung ‚Veteranenbetreuung' ein umfangreiches Organisationsangebot in der Seniorenarbeit bestand, hatte die IG Metall diese Frage erst Ende der achtziger Jahre verstärkt thematisiert. Die IG Metall bemühte sich bei der Überführung der ehemaligen FDGB-Veteranen, unterschiedlich geprägte Erfahrungsmuster und normative Erwartungsgefüge in die eigene Organisation einzugliedern. Der erhebliche Organisationsdruck der verrenteten Mitglieder aus Ostdeutschland trieb die Seniorenfrage weiter voran. Mit dem Zusammenbruch der DDR stand auch deren Veteranenbetreuung am Ende. Jedenfalls verfügte die westdeutsche IG Metall weder über einen ähnlichen Erfahrungshintergrund in der Seniorenarbeit noch war sie bereit, die dafür notwendigen Ressourcen anzubieten. Die Folge war eine hohe Unzufriedenheit und Enttäuschung unter den älteren Mitgliedern des ehemaligen FDGB, die sich einen ähnlichen Stellenwert ihrer Gruppe in den gesamtdeutschen Gewerkschaftsstrukturen gewünscht hatten. Aufgrund des Bruchs in der gewerkschaftlichen Seniorenbetreuung traten relativ wenige ‚FDGB-Veteranen' der IG Metall bei. (...) Diejenigen, die in die IG Metall eintraten, konfrontierten die westdeutsche IG Metall im Anpassungsprozess massiv mit Forderungen einer von ihnen als angemessen empfundenen Seniorenpolitik."[207]

In ihrer Analyse kommen Wolfgang Schroeder, Bettina Munimus, Diana Rüdt zu folgendem Ergebnis: „Neben den Senioren-Arbeitskreisen sind Erwerbslosen-Arbeitskreise sowie AGA-Arbeitskreise mit gemischter Zusammensetzung vorhanden, in denen sich vermehrt auch Senioren beteiligen. In einer internen Studie der IG Metall im Jahr 2005 wurde festgestellt, dass bisher nicht in allen Bezirken AGA flächendeckend als ein eigenständiges Arbeitsfeld akzeptiert ist und einige örtliche Geschäftsführer an den bisherigen Strukturen der Seniorenarbeit festhalten möchten. Insbesondere in den süddeutschen Bezirken Baden-Württemberg und Bayern, wie auch in Teilen Nordrhein-Westfalens steht die IG Metall Bezirksleitung dem Begriff AGA weiterhin zögerlich gegenüber und nimmt diese Strukturen als von der Vorstandsebene ‚aufgesetzt' wahr."[208]

Trotz aller Kritik an Einzelheiten war der Ansatz von Bedeutung für die gewerkschaftliche Arbeit.[209] „Mit der Einführung der Außerbetrieblichen Gewerkschaftsarbeit (AGA) geht die IG Metall einen neuen Weg in der Frage, wie ihre Mitglieder im Ruhestand in die Organisation eingebunden werden können. Sie stellte damit die Bedeutung des ehrenamtlichen Engagements der betriebsfernen Gewerkschaftsmitglieder heraus und eröffnete formal strukturierte Organisationsangebote für Partizipations- und Einflusschancen. Der Vorstand hat sich gegen eine Seniorenarbeit mit eigenem Personengruppenstatus entschieden und versucht diese auf die AGA zu begrenzen, um die organisatorische Zielfunktion, die Interessenvertretung der Beschäftigten, konsequent zu verfolgen. Die Anzahl von Personengruppen wurde aus Gründen der Steuerungsfähigkeit und Ressourcenverwendung begrenzt. Eine langfristige Handlungsstrategie hinsichtlich des organisatorischen Umgangs mit der Mitgliedergruppe Senioren, die mittlerweile ein Fünftel der Gesamtmitgliedschaft umfasst, besteht nicht. Darüber hinaus wird das Handlungsfeld der AGA von einigen Funktionären als unliebsame Zusatzaufgabe wahrgenommen, da sie nicht zum Bestandteil des Kerngeschäfts der Industriegewerkschaft gehört. Die zukünftige Entwicklung hängt insbesondere davon ab, ob und wie die Hauptamtlichen bereit sind, sich dem Konzept der AGA zu öffnen."

Kapitel 6

Tarifpolitische Marksteine nach dem Boom: vom Arbeitskampf um die 35-Stundenwoche, über die Einbeziehung des Ostens bis zum Pforzheimer Abkommen

1 Konflikte und Konfliktpartnerschaft

Tarifpolitik zwischen Gewerkschaften und Arbeitgebern ist ein zentrales Handlungsfeld gewerkschaftlicher Politik. Höhere Löhne, kürzere Arbeitszeiten sind Maßstäbe der Mitglieder für ihre Bereitschaft zum Engagement, zur Auseinandersetzung, zum Streik. Tarifpolitik ist ein politisches Arbeitsfeld, das über die Tarifauseinandersetzungen hinaus für Regierungen, Parteien, Wirtschaft und Industrie von Bedeutung ist.

Auf der Grundlage der gesetzlich garantierten Tarifautonomie konnten die Gewerkschaften und im Besonderen die IG Metall in den Jahrzehnten des Booms in Deutschland in tariflichen Auseinandersetzungen und Verhandlungen mit den Arbeitgeberverbänden kontinuierliche Einkommenserhöhungen und Arbeitszeitverkürzungen erzielen bei einer insgesamt prosperierenden ökonomischen Entwicklung von Betrieben, Branchen und der Volkswirtschaft. Am Ende des Booms und im Verlauf des Strukturbruchs begannen sich die tarifpolitischen Konstellationen in den achtziger und neunziger Jahren zu verändern und konfrontierten die Akteure mit neuen ökonomischen und politischen Herausforderungen, die zu neuen tarifpolitischen Konfliktverläufen und Regulierungsvereinbarungen führten.

Der Kampf um die wöchentliche Arbeitszeitverkürzung leitete eine Konfliktphase ein, die bis weit über die neunziger Jahre andauerte. Der Kampf um die 35-Stunden-Woche endete mit dem Ergebnis der Flexibilisierung und Differenzierung der tariflichen Arbeitszeitnormen bei gleichzeitiger Verbesserung der Beteiligung der Betriebsräte bei der betrieblichen Umsetzung der Arbeitszeitverkürzung. Nach der Flexibilisierung 1984 und der Härtefallregelung 1993 setzte in der IG Metall eine verstärkte Zusammenarbeit zwischen den Feldern Tarifpolitik und Betriebspolitik ein, die erforderlich wird, um durch eine betrieblich kontrollierte flexible

Differenzierung eine Erosion der Gestaltungswirksamkeit des Flächentarifvertrags zu verhindern. Dieser tarif- und betriebspolitischen Intention folgte auch das im Jahr 2004 vereinbarte „Pforzheimer Abkommen".
Schließlich wird die tarifpolitische Agenda der IG Metall seit dem unerwarteten deutschen Einigungsprozess in den neunziger Jahren mit geprägt durch die Öffnung eines neuen Feldes tarifpolitischer Regulierung in der ostdeutschen Stahl- und Metallindustrie, die für die beteiligten Akteure sowohl aufseiten der Gewerkschaft IG Metall wie der neugegründeten Metallarbeitgeberverbände als auch aufseiten der Beschäftigten und der Unternehmensleitungen neue Optionen wie Restriktionen mit sich bringt.

2 Der Tarifkampf um die 35-Stunden-Woche

Im Zentrum der Tarifpolitik der IG Metall nach dem Strukturbruch stand die wöchentliche Arbeitszeitverkürzung.[210] Die interne Diskussion bis zur Entscheidung für die wöchentliche Arbeitszeitverkürzung war langwierig und kontrovers. Das Anknüpfen an die frühen Phasen der Verkürzung der wöchentlichen Arbeitszeit von 48 auf 40 Stunden in den fünfziger und sechziger Jahren war problematisch, weil sich die Rahmenbedingungen inzwischen erheblich verändert hatten. Die 40-Stundenwoche wurde damals in einer Phase der Vollbeschäftigung durchgesetzt – und konnte ohne Streik – gestreckt über 11 Jahre (von 1955–1966) – erreicht werden. Der Verkürzung auf 40 Stunden wöchentliche Arbeitszeit folgte Ende 1969 die Verkürzung auf die Fünftagewoche. Man hatte mit der 40-Stundenwoche und der Fünftagewoche ein Arbeitszeitmodell durchgesetzt, dass nach und nach in allen Wirtschafts- und Dienstleistungsbereichen zum Tragen kam.
Die IG Metall[211] hatte eine Vorreiterrolle in den Diskussionen über die wöchentliche Arbeitszeitverkürzung übernommen. Der Gewerkschaftstag in Düsseldorf im Jahre 1977 hatte nach langen und kontroversen Diskussionen die Forderung nach Einführung der 35-Stunden-Woche beschlossen. Diese Forderung prägte bis 2004 die Tarifpolitik. In diesem Zeitraum wurden drei Streiks durchgeführt: 1978/1979 in der Stahlindustrie, 1984 in der Metallindustrie und 2003 in der Metallindustrie.[212]

Knapp ein Jahr nach dem Düsseldorfer Gewerkschaftstag im Jahre 1977 standen die Metallerinnen und Metaller in der Eisen- und Stahlindustrie an Rhein und Ruhr, in Osnabrück und Bremen, in Dillenburg und Niederschelden im Arbeitskampf um die 35-Stunden-Woche. Es war der erste Versuch, die wöchentliche Arbeitszeit durch eine Tarifvereinbarung zu verkürzen. Um Schärfe und Dauer des Konfliktes in der Eisen- und Stahlindustrie verstehen zu können, genügt ein kurzer Blick auf die beschäftigungspolitische Entwicklung dieses Industriezweiges. In der Zeit von 1968 bis 1978 wurden in der Bundesrepublik Deutschland im Stahlbereich 140.000 Arbeitsplätze abgebaut, davon allein 100.000 in Nordrhein-Westfalen. Während die beschäftigungspolitischen Risiken zunahmen, führte zugleich die Rationalisierung durch Einführung neuer Technologien und weitgehender Automatisierung der Anlagen zu steigender Produktivität. Schon die ersten Verhandlungen zwischen IG Metall und Arbeitgeberverband Eisen und Stahl verliefen erfolglos, weil die Stahlindustriellen, unterstützt von dem Bundesverband der Deutschen Arbeitgeberverbände (BDA), einen Einstieg in die 35-Stunden-Woche kategorisch ablehnten. Sie nahmen für diese Haltung auch einen Streik in Kauf, weil sie annahmen, dass die IG Metall für ihre Forderung nur eine geringe Resonanz erreichen könnte. Die Tarifauseinandersetzung mündete in einen 44-tägigen Streik vom 28. November 1978 bis zum 10. Januar 1979. Der Konflikt wurde durch die von den Arbeitgebern verhängte Aussperrung vom 1. Dezember 1978 bis zum 9. Januar 1979 verschärft.[213] Unter Vermittlung des nordrhein-westfälischen Arbeits-und Sozialministers Friedhelm Farthmann wurde am 6. Januar 1979 ein Tarifergebnis erreicht. Die IG Metall erreichte ihr Streikziel nicht, für alle Stahlarbeitnehmerinnen und Stahlarbeitnehmer eine Verkürzung der Wochenarbeitszeit durchzusetzen, auch nicht über einen mehrjährigen Stufenplan. Die IG Metall konnte jedoch in dieser Auseinandersetzung beachtliche Ergebnisse erzielen: eine Verlängerung des Urlaubs auf 6 Wochen, Lohn- und Gehaltserhöhungen von 4 Prozent, Freischichten für Arbeitnehmer in Nachtarbeit und für ältere Arbeitnehmer. Die IG Metall interpretierte die Regelung der Freischichten als Einstieg in die 35-Stunden-Woche. Sie bezahlte für den Sechs-Wochen-Urlaub in der Metallindustrie einen hohen Preis: Sie musste die 40-Stunden-Woche bis zum 31. Dezember 1983 tarifrechtlich festschreiben. Die erste Auseinandersetzung um die wö-

chentliche Arbeitszeitverkürzung endete trotz der beachtlichen Ergebnisse mit einer Niederlage für die IG Metall. Der erzwungene Aufschub um fünf Jahre machte deutlich, dass die Arbeitgeber zu diesem Zeitpunkt einen Einstieg in die 35-Stunden-Woche konsequent ablehnten. In der IG Metall mehrten sich sofort Stimmen, die nach der erzwungenen Ruhepause von fünf Jahren im Jahre 1983 einen erneuten Versuch zur wöchentlichen Arbeitszeitverkürzung forderten.
Die IG Metall[214] bekräftigte auf dem 13. ordentlichen Gewerkschaftstag 1980 in Berlin ihre Forderung „nach Einführung der 35-Stunden-Woche" und sprach sich für eine „Verkürzung der Lebens-, Jahres-, Wochen- und Tagesarbeit bei vollem Lohnausgleich bei gleichzeitig definierten Arbeitsbedingungen"[215] aus. Der breite Fächer zeigte, dass es zu diesem Zeitpunkt noch keine Klarheit für eine konkrete Forderung gab. Die Verkürzung der Arbeitszeit sollte ein „Ausgleich für wachsende Arbeitsbelastungen" sein, einen „Beitrag zur Sicherung der Beschäftigung" leisten und „eine umfassende Beteiligung der Arbeitnehmer und ihrer Familien am gesellschaftlichen und kulturellen Leben" ermöglichen. Diese griffigen Kernaussagen wurden als die „drei guten Gründe für die 35-Stunden-Woche" Bestandteil der späteren Agitation der IG Metall für die Auseinandersetzung um die wöchentliche Arbeitszeitverkürzung und waren zugleich programmatische Leitvorstellungen der gewerkschaftlichen Arbeitszeitpolitik.
Im Mittelpunkt standen die Vorbereitungen für eine solche Auseinandersetzung: diese lassen sich zusammenfassen in die Erprobung einer ‚neuen Beweglichkeit' der Organisation, wobei „auf die Einbeziehung der Mitgliedschaft in jeder Phase der Tarifauseinandersetzung besonderer Wert gelegt (wird) (...) Es ist dabei geblieben, dass regionale Mobilisierung und bundesweite Koordinierung in der Tarifpolitik der IG Metall Hand in Hand gehen. (...) Im Jahre 1981 wurde erstmals in einer Tarifauseinandersetzung um Löhne, Gehälter und Ausbildungsvergütungen im ganzen Bundesgebiet die ‚neue Beweglichkeit' praktiziert. (...) Umfang und Dauer der Warnstreiks, Demonstrationen und der anderen vielfältigen, phantasievollen Aktionen haben die Erwartungen zum Teil weit übertroffen und die breite Mobilisierungsfähigkeit der IG Metall auch für die kommenden tarif- und gesellschaftspolitischen Auseinandersetzungen gestärkt".[216] Weiterhin war eine neue Schlichtungsvereinbarung[217] von Bedeutung: „Die Neufas-

sung hat die Voraussetzung dafür geschaffen, die durch das Urteil des Bundesarbeitsgerichts vom 17. Dezember 1976 gegebenen Möglichkeiten von Warnstreiks und anderen Aktionen noch während laufender Verhandlungen zu nutzen."

Die Diskussionen im DGB über die Formen der Arbeitszeitverkürzung verliefen uneinheitlich und kontrovers wie in der IG Metall. Die Einzelgewerkschaften entschieden sich, je nach Organisationsbereich und Industriezweig, entweder – wie zum Beispiel die IG Metall und die IG Druck und Papier – für die Verkürzung der Wochenarbeitszeit oder – wie die Gewerkschaft Nahrung-Genuss-Gaststätten, die Gewerkschaft Textil-Bekleidung, die IG Chemie-Papier-Keramik, die IG Bau-Steine-Erden und die IG Bergbau und Energie – für die Verkürzung der Lebensarbeitszeit. Auf dem 12. DGB-Bundeskongress vom 16. bis 22. Mai 1982 in Berlin verabschiedeten die Gewerkschaften gemeinsam einen Antrag zur Arbeitszeitverkürzung, der alle im DGB vertretenen Positionen enthielt. Dort wurden ein gemeinsames und einheitliches Vorgehen zur Durchsetzung der Arbeitszeitverkürzung und eine Koordinierung der Tarifpolitik verabredet. Die Forderung nach Koordinierung und Abstimmung wurde in der konkreten Politik der Gewerkschaften jedoch wegen der unterschiedlichen Prioritäten, die die einzelnen Gewerkschaften für ihre Bereiche in der Arbeitszeitfrage gesetzt hatten, nicht umgesetzt.[218] Die zweite Hälfte des Jahres 1983 und die erste Hälfte des Jahres 1984 standen innenpolitisch im Zeichen der Arbeitszeitverkürzung.[219] Die Regierungsparteien lehnten die 35-Stunden-Woche kategorisch ab. Die offene Parteinahme der Regierung fand ihren klarsten Ausdruck in der Bemerkung von Bundeskanzler Helmut Kohl auf dem Deutschlandtag der Jungen Union in München am 12./13. November 1983, mit der er die Verkürzung der Wochenarbeitszeit als „absurd, töricht und dumm" bezeichnete. Diese Äußerung trug erheblich zur Solidarisierung von vielen Arbeitnehmerinnen und Arbeitnehmer mit den Forderungen der IG Metall und der IG Druck und Papier bei. Bundesregierung, Arbeitgeberverbände, führende Wirtschaftsforschungsinstitute und viele Unternehmen lehnten die 35-Stunden-Woche und zugleich auch öffentliche Beschäftigungsprogramme ab. Sie entwickelten eigene Instrumente der Arbeitszeitpolitik, um aus ihrer Rolle als bloße Nein-Sager herauszukommen. Flexibilisierung und

Vorruhestand waren ihrer Meinung nach die Maßnahmen, die zu einem Abbau von Arbeitslosigkeit führen würden.

Jedoch waren die Fronten zunächst verwirrend: Die Arbeitgeber lehnten die Vorruhestandsregelung ebenso konsequent wie die Wochenarbeitszeitverkürzung ab. Unter Arbeitsflexibilisierung als Alternative zur 35-Stunden-Woche wurde grundsätzlich die Möglichkeit verstanden, Abweichungen von einer regelmäßigen täglichen, wöchentlichen und jährlichen Arbeitszeit vornehmen zu können, ohne die Arbeitszeit selbst zu reduzieren. Die Forderungen der Unternehmer nach Flexibilisierung und Lohndifferenzierung und damit nach Ablehnung der Verkürzung der Wochenarbeitszeit ohne vollen Lohnausgleich korrespondierten mit einem Popularitätstief der 35-Stunden-Woche bei der Bevölkerung. Damit wurde die erklärte Absicht, die Forderung von IG Druck und Papier und IG Metall zu unterlaufen, erleichtert. Die Bundesregierung favorisierte den Vorruhestand. Um dieses Ziel zu erreichen, wurde am 29. März 1984 ein Vorruhestandsmodell durch den Bundestag gegen die Stimmen von SPD und Grünen beschlossen. Die DGB-Gewerkschaften, die die Verkürzung der Lebensarbeitszeit forderten, kritisierten das Vorruhestandsgesetz wegen des zu niedrigen Altersruhegeldes. Einige Gewerkschaften verhandelten jedoch vor Streikbeginn der Drucker und Metaller und während des Streiks mit den jeweiligen Tarifpartnern über den Vorruhestand: Die Gewerkschaft Nahrung-Genuss-Gaststätten schloss am 9. Mai 1984 einen entsprechenden Vertrag ab, ihr folgte am 8. Juni 1984 die Gewerkschaft Textil-Bekleidung.

Die steigende Arbeitslosigkeit bestärkte die IG Metall in ihrer Entscheidung für die Strategie der Arbeitszeitverkürzung. Unbeschadet von dieser grundlegenden Richtungsfestlegung entwickelte sich jedoch innerorganisatorisch eine Diskussion über die Formen der Arbeitszeitverkürzung. Es herrschten Meinungsverschiedenheiten über den Vorrang der 35-Stunden-Woche bei vollem Lohnausgleich oder der Verkürzung der Lebensarbeitszeit in Form der Tarifrente. Handlungsbedarf und Handlungsmöglichkeiten klafften auseinander, weil einerseits die Tarifrente unmittelbar gefordert werden konnte, obwohl man sich darüber einig war, dass der Arbeitsmarkteffekt von untergeordneter Größenordnung war, und andererseits die Wochenarbeitszeitverkürzung aufgrund der Bindungsfrist der Tarifverträge nicht vor 1984 verhandlungsfähig war.

Über einen größeren Arbeitsmarkteffekt der 35-Stunden-Woche waren sich alle Beteiligten einig. In den Tarifbewegungen seit 1981 konnten zwar die von Gesamtmetall verlangten Lohnpausen und Lohnsenkungen verhindert, jedoch ein Ausgleich der Inflationsrate mit den erzielten Lohn- und Einkommenszuwächsen nicht erreicht werden. Die erfolgreiche Einbeziehung der Mitglieder in die Tarifbewegungen seit 1981 durch die Warnstreiks verdeckte nicht die wachsende Unruhe in den Betrieben über die mageren Ergebnisse. In dieser schwierigen Situation mehrten sich die Stimmen in der IG Metall, die sich für eine eindeutige Prioritätenbildung in Fragen der Arbeitszeitverkürzung einsetzten. Die Befürworter der Tarifrente beriefen sich auf die Entschließung zur Tarifpolitik, die auf dem 13. Ordentlichen Gewerkschaftstag in Berlin 1980 verabschiedet worden war, in der auch die Lebensarbeitszeitverkürzung als tarifpolitisches Ziel Eingang gefunden hatte. Die Tarifrente sah ein Ausscheiden aus dem Arbeitsleben mit dem 60. Lebensjahr bei 90 Prozent des letzten monatlichen Bruttoeinkommens vor. Diese Forderung erreichte kurzfristig eine große Popularität und führte dazu, dass sie von ihren Befürwortern als Alternative zur 35-Stunden-Woche angesehen wurde.
Auf der Klausurtagung des Vorstandes der IG Metall in Ludwigsburg vom 20. bis 22. September 1982 fiel dann endlich die Entscheidung. Die IG Metall beschloss, die 35-Stunden-Woche mit vollem Lohnausgleich ohne Einschränkung zur Grundlage und zum Ziel innerorganisatorischer und öffentlicher Mobilisierung zu machen. Die regionalen Tarifverhandlungen in der Metallindustrie über die Verkürzung der wöchentlichen Arbeitszeit setzten am 13. Dezember 1983 ein. Es war der Anfang einer Serie von 70 Verhandlungen, die sich bis in den März 1984 hinzogen und ohne greifbares Ergebnis blieben. Nach erfolglosen Verhandlungen am 29. März 1984 entschloss sich der Vorstand der IG Metall, Gesamtmetall zu einem Spitzengespräch einzuladen, um gemeinsam nach Auswegen zu suchen. Die IG Metall, die ihre Strategie des Verhandelns und Mobilisierens auch in dieser Phase weiter verfolgte, um alle Möglichkeiten auszuschöpfen, am Verhandlungstisch ein Ergebnis zu erreichen, entschloss sich dann nach zwei erfolglosen Treffen mit den Metallindustriellen im April 1984, die Verhandlungen für gescheitert zu erklären. Urabstimmungen in den Regionen Nordwürttemberg/Nordbaden und in Hessen statteten die IG Metall mit dem Mandat aus, für die 35-Stunden-Woche zu streiken.

Die IG Metall streikte zum ersten Male in ihrer Geschichte in zwei Tarifgebieten: vom 14. Mai bis zum 3. Juli 1984 im Tarifbezirk Nordwürttemberg/Nordbaden mit insgesamt 14.500 Beschäftigten und vom 21. Mai bis zum 5. Juli 1984 im Tarifbezirk Hessen mit insgesamt 33.000 Beschäftigten. Es wurden nach den jeweiligen regionalen Bedingungen angepasste Streikkonzepte entwickelt. Die Streiks waren von zahlreichen Protestaktionen begleitet. Gesamtmetall setzte in der ersten Phase des Streiks ihre bisherige Tabupolitik fort, die durch die Aussperrung und vor allem durch die kalte Aussperrung[220] gesteigert wurde. Die Unternehmer gaben vor, in vielen Betrieben außerhalb der Streikgebiete durch den Materialrückstand infolge des Streiks nicht mehr produzieren zu können. Sie stellten die Arbeit ohne Lohnzahlungen ein. Die Gewerkschaften sprachen in diesem Zusammenhang von ‚kalter Aussperrung'. Durch den Einsatz dieser Aussperrungsform verschärften die Arbeitgeber den Konflikt, der sich durch den Erlass des Präsidenten der Bundesanstalt für Arbeit, Heinrich Franke, am 18. Mai 1984 weiter zuspitzte. Die Entscheidung der Bundesanstalt vom 18. Mai 1984, für die kalt Ausgesperrten kein Kurzarbeitergeld zu zahlen, unterstützte die Politik die Arbeitgeber. Nach diesem Erlass verweigerte die Bundesanstalt Ausgesperrten die Zahlung von Kurzarbeitergeld, eine Entschädigung, die Hunderttausende außerhalb der Streikgebiete betraf.

Während des Streiks entschieden Sozialgerichte gegen diesen Erlass; allerdings wurden erst Entscheidungen der Landessozialgerichte in Darmstadt und in Bremen Ende Juni von der Bundesanstalt für Arbeit akzeptiert. Sie stimmte daraufhin der Auszahlung des Kurzarbeitergeldes unter Vorbehalt zu. Gegen die ‚kalte Aussperrung' organisierten der DGB und seine Mitgliedsgewerkschaften Aktionen, die von einer breiten Öffentlichkeit unterstützt wurden. Höhepunkt war die Kundgebung am 28. Mai 1984 in Bonn, an der fast 200.000 Menschen teilnahmen. Die weitere Auseinandersetzung fand auf vier Ebenen statt: (1.) Rechtliche Auseinandersetzung über die Aussperrung vor den Arbeitsgerichten in Hessen, da in diesem Bundesland die Aussperrung in der Landesverfassung verboten war, (2.) Rechtliche Auseinandersetzung über die Entscheidung der Bundesanstalt für Arbeit, (3.) Fortsetzung des Streiks in Nordwürttemberg/Nordbaden und in Hessen zur Durchsetzung der 35-Stunden-Woche

und (4.) Versuche, während des Streiks in Nordwürttemberg/Nordbaden auf dem Verhandlungswege eine Lösung des Konfliktes zu finden.
Die Arbeitgeber sperrten in den bestreikten Gebieten weiter aus. Von dieser Aussperrung waren zusätzlich fast 100.000 Beschäftigte betroffen. Parallel dazu verhandelte die IG Metall mit Gesamtmetall in zwei Verhandlungsrunden vom 24. Mai bis zum 13. Juni 1984 – jedoch ohne Erfolg. Erst in einer besonderen Schlichtung[221] unter Leitung des ehemaligen Vorsitzenden der IG Bau-Steine-Erden und späteren Bundesministers Georg Leber wurde am 26. Juni 1984 ein Kompromiss erzielt: Statt der 35-Stunden-Woche eine 38,5-Stunden-Woche. Die Tarifergebnisse[222] wiesen zwei neue für die folgenden tariflichen Auseinandersetzung zentrale Merkmale auf: Zum einen handelte es sich um die Flexibilisierung der tariflichen Wochenarbeitszeit und zum anderen um die Verlagerung eines Teils der Regelungskompetenz auf die Unternehmensleitungen und die Betriebsräte, die in Betriebsvereinbarungen den tarifvertraglichen Spielraum ausfüllen konnten. „Es wurden verschiedene Modelle der betrieblichen Arbeitszeitregelungen in den einzelnen Unternehmen verwirklicht, die in manchen Fällen die von den Gewerkschaften empfohlenen Grenzen für die durchschnittliche Regelarbeitszeit überschritten."[223]
Der Erlass des Präsidenten der Bundesanstalt für Arbeit, Heinrich Franke[224], vom 18. Mai 1984 hatte ein politisches Nachspiel. Der Kern des Erlasses war die Weigerung der Zahlung von Kurzarbeitergeld. In der Begründung des Erlasses tauchte der Begriff auf, der in der Novellierungsdiskussion um den §116 Arbeitsförderungsgesetz[225] zu heftigen Auseinandersetzungen führte. „Dieser Auffassung liegt zugrunde, dass bei der gegenwärtigen Tarifrunde in allen Tarifbezirken i. S. des § 4 Neutr. A. sowohl nach Art und Umfang gleiche Arbeitsbedingungen durchgesetzt werden sollen. Bei der Beurteilung war entscheidend, dass der in allen Tarifbezirken erhobenen Forderung nach Einführung der 35-Stunden-Woche bei vollem Lohnausgleich die weitaus überragende Bedeutung beigemessen werden muss, so dass die übrigen Forderungen im Verhältnis hierzu nicht mehr als gravierend angesehen werden können." Dieser Formulierung wiedersprach die IG Metall und erhielt von den Landessozialgerichten Bremen und Darmstadt in Form der einstweiligen Anordnung Rechtsschutz. Die Entscheidungen der Landessozialgerichte und die Ergebnisse der besonderen Schlichtung lagen zeitlich nicht weit ausei-

nander. Eine inhaltliche Verbindung lag auf der Hand, ohne dass sie im strengen Sinne hergestellt werden konnte. Nach Beendigung der Arbeitskämpfe wurden aufgrund von Aussperrung und kalter Aussperrung zentrale Probleme des Arbeitskampfrechts und der tatsächlichen Arbeitskämpfe Gegenstände der gesellschaftspolitischen Auseinandersetzung. Arbeitgebern wie konservativer Regierung ging es offensichtlich um die „Zähmung eines lästigen Störenfrieds mittels Einschränkung der gewerkschaftlichen Handlungsmöglichkeiten".[226]

Die Gesetzesänderung § 116 des Arbeitsförderungsgesetzes (AFG) sollte eine ‚Bestrafungsaktion' für die Gewerkschaften werden. Der Kampf wurde auf gesetzgeberischem und gerichtlichem Wege fortgesetzt. Die Regierungskoalition novellierte im Gesetzgebungsverfahren § 116 AFG, der die Berechtigung auf die Lohnersatzleistungen außerhalb der umkämpften Tarifgebiete neu regelte. Der entscheidende Satz, auf den sich die Koalitionsparteien CDU/CSU und FDP einigten, lautete: Die Zahlung von Arbeitslosengeld entfällt, wenn „a) eine Forderung erhoben worden ist, die einer Hauptforderung des Arbeitskampfes nach Art und Umfang gleich ist, ohne mit ihr übereinstimmen zu müssen, und b) das Arbeitskampfergebnis aller Voraussicht nach in den räumlichen Geltungsbereich des nicht umkämpften Tarifvertrages im Wesentlichen übernommen wird. Eine Forderung ist erhoben, wenn sie von der zur Entscheidung berufenen Stelle beschlossen worden ist oder aufgrund des Verhaltens der Tarifvertragspartei in Zusammenhang mit dem angestrebten Abschluss des Tarifvertrags als beschlossen anzusehen ist". Außerdem wurde ein Neutralitätsausschuss bei der Bundesanstalt für Arbeit eingerichtet, der feststellen soll, ob die oben genannten Voraussetzungen erfüllt sind. Die Gewerkschaften sahen sich in ihrem Streikrecht bedroht; es gelang ihnen, die Auseinandersetzung um die kalte Aussperrung zu einem öffentlichkeitswirksamen Thema zu machen und zahlreiche Protest- und Widerstandsaktionen zu organisieren, an denen insgesamt über 500.000 Arbeitnehmerinnen und Arbeitnehmer teilnahmen. Eine der Höhepunkte war das vom DGB angeregte Arbeitnehmervotum, an dem sich vom 2. bis 14. April 1986 7,6 Millionen Menschen beteiligten, davon sprachen sich 7,2 Millionen gegen eine Änderung des § 116 AFG aus.

Trotz aller Proteste wurde das Gesetz am 20. März 1986 mit der Mehrheit der Koalitionsparteien CDU, CSU und FDP verabschiedet und der Bundesrat folgte mit der Mehrheit der unionsregierten Länder. Gegen das Gesetz, das am 1. Mai 1986 in Kraft trat, leitete das Land Nordrhein-Westfalen Ende des Jahres 1986 ein Normenkontrollverfahren vor dem Bundesverfassungsgericht ein. Die SPD-Bundestagsfraktion, die sozialdemokratisch regierten Länder und die IG Metall legten Verfassungsbeschwerde gegen die Neufassung § 116 AFG ein. Wenn es sich bei dieser Gesetzesänderung letztlich nicht um eine Einschränkung der Tarifautonomie handelte, führte die Novellierung zu einer Beschränkung der praktischen Streikfähigkeit. Eine der Schlussfolgerungen der Gewerkschaften aus den Arbeitskämpfen von 1984 und den Auseinandersetzungen um den § 116 war das Bemühen um engere Zusammenarbeit in tarifpolitischen Angelegenheiten.

Für viele Funktionäre und Mitglieder war der Arbeitskampf um die 35-Stunden-Woche ein Höhepunkt ihrer gewerkschaftlichen Aktivitäten, der von manchen zur zentralen gesellschaftlichen Auseinandersetzung in der Bonner Republik stilisiert wurde. Vorstand, Apparat und Funktionäre sprachen noch mehr als sonst von Kampf, wie überhaupt die traditionelle Sprache der frühen Arbeiterbewegung stärker Eingang in die damaligen Reden der Funktionäre fand. Genaue Zahlen über die finanziellen Mittel, die der Arbeitskampf verschlang, wurden von der IG Metall nicht veröffentlicht. In der Presse wurde die Zahl von 500 Millionen genannt; sie wurde von der Führung der IG Metall weder bestätigt noch verneint. Der Gewerkschaftstag 1986 der IG Metall in Hamburg führte zu einem Wechsel in der Verantwortung für Tarifpolitik. Trotz großer Zustimmung bei der Wahl zum Vorstand nahm Hans Janßen[227] sein Mandat nicht an. Bei der Aufgabenverteilung im neuen Vorstand übernahm Klaus Zwickel die Verantwortung für das Ressort Tarifpolitik.

Nach diesem harten Streik wurde auf dem üblichen Verhandlungsweg der Tarifpartner die wöchentliche Arbeitszeit weiter verkürzt: Noch im Herbst des Jahres 1984 in der Eisen- und Stahlindustrie auf 38 Stunden und Ende Februar 1988 auf die 36,5-Stunden-Woche ab 1. November 1988. Arbeitszeitfragen waren in den folgenden Jahren verstärkt Gegenstand der Tarifpolitik der IG Metall, nicht nur in der Stahl-, Metall- und Elektroindustrie sondern auch in einzelnen Industrie- und Wirtschaftszweigen, wie in der High-Tech-Industrie und im Metallhandwerk. Neben IG Druck und Papier und IG Metall verkürzten in den folgenden Jahren weitere Ge-

werkschaften die wöchentliche Arbeitszeit. Am Beginn der neunziger Jahre stand die 35-Stunden-Woche auf dem Programm der tariflichen Arbeitszeitpolitik aller DGB-Gewerkschaften.
In der Metallindustrie einigten sich die Tarifpartner in der Metallindustrie am 22./23. April 1987 in Bad Homburg auf die 37-Stunden-Woche ab 1. April 1989. Die dreijährige Laufzeit eröffnete auch die Möglichkeit, sich auf eine interne Debatte über Fragen der Strategie zu konzentrieren. Die IG Metall setzte mit dem Homburger Kompromiss ein Zeichen für eine kooperative Tarifpolitik, die sich deutlich von dem Kampf um den Einstieg in die 35-Stunden-Woche unterschied. Dennoch blieb ein Risiko: Die IG Metall war bis zum Beginn der neunziger Jahre an vereinbarte Lohnerhöhungen und Arbeitszeiten gebunden. Sie hatte es bis Homburg abgelehnt, sich auf lange Laufzeiten von Tarifverträgen einzulassen. Zum Zeitpunkt des Vertragsabschlusses war unklar, wie sich die zukünftige wirtschaftliche Entwicklung gestalten würde. Führende Funktionäre der IG Metall und insbesondere Franz Steinkühler gingen davon aus, dass es nicht zu einer konjunkturellen Verbesserung kommen würde. Steigende Gewinne der Unternehmer könnten bei einer positiven konjunkturellen Entwicklung zu Protesten in der Mitgliedschaft führen, Debatten über zusätzliche Lohnverbesserungen auslösen und möglicherweise ein Klima für wilde Streiks[228] schaffen, wie 1969 im Ruhrgebiet – ein Schock, der tief saß und die strategischen Überlegungen auch zwanzig Jahre später beeinflusste. Franz Steinkühler schob diese Bedenken zur Seite. Die weitere wirtschaftliche Entwicklung zeigte, dass er mit seiner Einschätzung Recht behielt.
Das Ergebnis des Arbeitskampfes um die 35-Stunden-Woche markierte Neujustierung in der Tarifpolitik in der Bundesrepublik Deutschland. Mit der Arbeitszeitverkürzung wurde eine flexible Umsetzung der generellen Arbeitszeit-Norm vereinbart. Seit dieser Vereinbarung gab es in der Metallindustrie und in anderen Industriezweigen zunehmend Flächentarifverträge mit Korridor- und Öffnungslösungen.[229] Der Arbeitskampf führte zu einer Verbesserung des organisatorischen und des programmatischen Zusammenhalts der IG Metall, auf die Wolfgang Schroeder hinweist. „Der IG Metall gelang es, die Arbeitszeitpolitik zum Feld für eine auch gesellschaftspolitisch mobilisierungsfähige Tarifpolitik zu machen, die das politische Selbstverständnis der IG Metall weit über die 80er Jahre hinaus

identitätsbildend prägte."[230] Jürgen Kädtler[231] zieht eine eher kritische Bilanz über den Arbeitskampf: „Die allgemeine Absenkung der Regelarbeitszeit auf unter 40, in der Metall – und der Druckindustrie auf 35 Stunden ist überall mit einschneidenden Flexibilisierungen und Entstandardisierungen erkauft worden (...). Man kann davon ausgehen, dass die etablierte Regel – Arbeitszeitverkürzung wird durch den damit angestoßenen Produktionszuwachs kompensiert – im Ergebnis nicht umgekehrt, sondern bestätigt wurde. Wo sie eindeutig darüber hinausging, wie die Einführung der 28,8-Stunden-Woche zur Vermeidung sonst unvermeidlicher Entlassungen in den inländischen Werken von VW, wurden diese Arbeitsplatzeffekte durch entsprechende Abstriche beim Jahreseinkommen bezahlt."

3 Neuanfang der Tarifpolitik mit Hürden in den neuen Bundesländern

Nach der tarifpolitischen Auseinandersetzung um die Arbeitszeitpolitik in der alten Bundesrepublik führte der Zusammenbruch der DDR und der deutsche Einheitsprozess zu einer weiteren Zäsur in der tarifpolitischen Arena der IG Metall. Die IG Metall versuchte nach 1991 in der Tarifpolitik an die Erfolge vor der Einheit anzuschließen. Dies war jedoch kaum möglich. Auch die industriellen Beziehungen konnten nicht in der bisherigen Form fortgesetzt werden.[232] Die Unterschiede lagen auf der Hand: Es handelte sich um zwei unterschiedliche Tarifpolitiken. In den neunziger Jahren und nach 2000 waren Klaus Zwickel von 1986 bis 1993, Walter Riester[233] von 1993 bis 1998, Jürgen Peters[234] von 1998 bis 2003 und Berthold Huber von 2003 bis 2007 im Vorstand der IG Metall für Tarifpolitik zuständig. Gewerkschaften und Arbeitgeber setzten das bisherige Verfahren der Tarifverhandlungen in den neuen Bundesländern fort. Das im ‚Rheinischen Kapitalismus' erprobte Modell wurde in seinen formalen Strukturen übertragen, jedoch unterschieden sich die wirtschaftlichen und gesellschaftlichen Voraussetzungen in den neuen und alten Bundesländern grundlegend. Der Restrukturierungsprozess der Wirtschaft in der ehemaligen DDR führte in den neuen Bundesländern zum Umbau der Unternehmen und in seiner Folge zu einer wachsende Zahl an Arbeitslosen. Im Westen konnten die Tarifpartner zunächst ihre bisherigen tarifli-

chen Aktivitäten auf der Grundlage einer erfolgreichen Wirtschaftsentwicklung fortsetzen. Demgegenüber stand die IG Metall im Osten vor einem tarifpolitischen Neuanfang: Mitglieder und viele Funktionärinnen und Funktionäre waren in tarifpolitischen Fragen unerfahren, der Aufbau der Organisation IG Metall steckte in den Anfängen und ebenso die gewerkschaftliche Betriebspolitik. Die Metallarbeitgeber waren wie die IG Metall mit wirtschaftlichen Schwierigkeiten konfrontiert; dazu kamen für beide Seiten Probleme beim Aufbau der jeweiligen verbandlichen Strukturen.
Die Gewerkschaften konnten ihre Gestaltungs- und Schutzfunktion in dieser schwierigen wirtschaftlichen Lage nur eingeschränkt wahrnehmen. Dies führte zur Enttäuschung bei vielen Arbeitnehmerinnen und Arbeitnehmer in den neuen Bundesländern, die die Gewerkschaften als Hoffnungsträger für eine neue und bessere Zukunft angesehen hatten und auch als Garanten für die Sicherung ihrer Arbeitsplätze. Viele Beschäftigte wandten sich enttäuscht von den Arbeitnehmerorganisationen ab oder traten nach der Einheit erst gar nicht in die neuen Gewerkschaften ein – eine Entwicklung, auf die schon weiter oben hingewiesen wurde. Eine negative Mitgliederentwicklung, die sich ab 1. Januar 1993 in den neuen Bundesländern verstärkte, schwächte das gewerkschaftliche Druck- und Protestpotenzial, das dann in den tarifpolitischen Auseinandersetzungen fehlte. Dies wirkte sich auf die Ergebnisse der Tarifpolitik aus, weniger im Westen, jedoch eindeutig negativ in den neuen Bundesländern. Die Entwicklung der Tarifverbände in den neuen Bundesländern wurde durch die früheren großen Betriebe der ehemaligen DDR geprägt. Daran knüpften „Treuhandanstalt, westliche Investoren und östliches Management an und entwickelten die ehemaligen Zentren der Metall- und Elektroindustrie – Chemnitz, Dresden, Leipzig, Halle, Zwickau, Bautzen, Ludwigsfelde, Rostock und Eisenach – weiter. Dagegen (...) (besaßen) (...) die meisten anderen Regionen Standortnachteile, die besonders eklatant in Mecklenburg-Vorpommern, Sachsen-Anhalt und in den Regionen an der polnischen und tschechischen Grenze“[235] ausfielen.
Die tariflichen Forderungen für die Beschäftigten der Metallwirtschaft lauteten: Anpassung der Tarifleistungen an den Westen, Angleichung der Einkommen, Verkürzung der Arbeitszeit, insbesondere der wöchentlichen Arbeitszeit. Nach dem Gewerkschaftstag der IG Metall in Hamburg 1992

konzentrierte sich die IG Metall in den neuen Bundesländern auf die Arbeitszeitverkürzung – eine Fehlentscheidung, wie sich herausstellte. In dem tariflichen Konflikt im Jahre 1993 kam es zum ersten Streik[236] einer im Aufbau befindlichen Gewerkschaft in einer Wirtschaftskrise.[237] Die Arbeitgeber in den neuen Bundesländern kündigten ihrerseits die laufenden Tarifverträge. Nach zwei bzw. drei Wochen Streik in der Metallindustrie von Sachsen und Mecklenburg-Vorpommern sowie in der Stahlindustrie in Brandenburg wurde ein Stufenplan abgeschlossen, der eine Angleichung der Einkommen an die im Westen in Stufen bis zum 1. Juli 1996 vorsah. Weiterhin vereinbarte man eine Härtefallklausel, die Unternehmen, die in wirtschaftliche Schwierigkeiten geraten waren, ein Abweichen von den vereinbarten Erhöhungen nach einem gemeinsamen Verfahren von Arbeitgebern und Gewerkschaften möglich machte.
Wolfgang Schroeder[238] fasste die politische Landschaft in den neuen Bundesländern in den neunziger Jahren in dem Wortspiel „flexible regulierte Leuchttürme und unregulierte Kleinbetriebe" zusammen: „Die Startlogik der Tarifpolitik war auf Kontinuität, Stabilisierung und Sicherheit bedacht. Um eine Verbetrieblichung und ein damit einhergehendes Machtvakuum abzuwehren, einigten sich die Tarifparteien auf eine schnelle Übertragung des Flächentarifvertrages. Die tarifpolitische Flankierung des Einigungsprozesses wurde durch die Treuhandanstalt und die aktive Arbeitsmarktpolitik geleistet. Verhindert werden sollten mit der schnellen Angleichung einerseits politische Turbulenzen, Abwanderung und langfristige Disparitäten zwischen Ost- und Westdeutschland, andererseits wollte man durch eine der Produktivitätsentwicklung vorauseilende Tarifpolitik die wirtschaftliche Dynamik forcieren. Parallel zur Implementierung der Tarifpolitik erfolgte eine enorme Reorganisation der industriellen und betrieblichen Strukturen, gewissermaßen eine Neugründung der industriellen Landschaft, die sich von einer zuvor großbetrieblich geprägten hin zu einer kleinbetrieblichen entwickelte. In diesem Prozess, der durch den Primat der Politik geprägt war, erodierte der Wirkungsgrad des Flächentarifvertrages hin zu einer minoritären Größe. Im Zuge der Differenzierung der industriellen Landschaft verließen sukzessive Unternehmen den Arbeitgeberverband oder unterschritten bei weiterhin vorhandener Verbandsbindung die Mindestnormen des Flächentarifvertrages. Auf diesen Prozess reagierten die Tarifparteien, indem sie 1993

den Angleichungsprozess und den Tarifvertrag für ökonomisch prekäre Betriebe öffneten."
„Maßgeblich war, dass die ‚normalen' ökonomischen Funktionsbedingungen der Tarifautonomie in Gestalt einer ökonomisch soliden Grundbasis mit relativ homogenen Branchen- und Betriebsstrukturen in den ersten Jahren fehlten und statt dessen politische Setzungen dominierten. Da die Spannungen zwischen wirtschaftlicher Leistungsfähigkeit und politisch-sozialen Zielen von den Tarifparteien nicht situationsadäquat bearbeitet werden konnten, nahmen im Laufe der Zeit individuell abweichende Verhaltensweisen zu. Die IG Metall suchte einerseits nach Antworten auf Massenarbeitslosigkeit und Ausgrenzungsängste, andererseits wollte sie die Angleichung an den Westen."[239]
Auf der Ebene des Flächentarifvertrages erfolgte bis zum 1. Juli 1996 eine fast vollständige Angleichung an das nominale westdeutsche Monatsgrundlohnniveau. Im Westen sicherten Tarifabschlüsse des Jahres 1994[240] den bisherigen West-Standard, und es wurden zugleich weitere Schritte zur Arbeitszeitverkürzung eingeleitet. Eine Wende in der Tarifpolitik war der Tarifvertrag beschäftigungssichernde Maßnahmen. In der Tarifauseinandersetzung im Frühjahr 1994 konnten sich IG Metall und Gesamtmetall auf dem normalen Verhandlungsweg nicht auf eine Konfliktlösung einigen. Der Vorstand der IG Metall stellte das Scheitern der Verhandlungen in allen Tarifgebieten fest und sprach sich für Urabstimmungen aus. Damit erreichte der Konflikt einen Höhepunkt, jedoch kam es am 5. März 1994, zwei Tage vor dem Streikbeginn in Niedersachsen, zu einem Spitzengespräch zwischen Walter Riester und Dieter Hundt – beide hatten schon in Stuttgart als Tarifkontrahenten erfolgreiche und kreative Abschlüsse vereinbart. IG Metall und Gesamtmetall einigten sich auf beschäftigungssichernde Maßnahmen, die jedoch nur Geltung für die alten Bundesländer hatten. „Der im März 1994 abgeschlossene Beschäftigungssicherungsvertrag ermöglichte die Absenkung der Arbeitszeit auf 30 Stunden durch freiwillige Betriebsvereinbarung zur Vermeidung betriebsbedingter Kündigungen. Die Arbeitszeit konnte entweder betriebseinheitlich ohne Lohnausgleich abgesenkt werden oder aber nur für Teile der Belegschaft; in letzterem Fall wurde für Beschäftigte mit verkürzten Arbeitszeiten ein teilweiser Lohnausgleich bezahlt."[241]

Anfang des Jahres 2003 kündigte die IG Metall die Arbeitszeitbestimmungen in der Metall- und Elektroindustrie in den neuen Bundesländern.[242] Zielsetzung war die Verkürzung der Wochenarbeitszeit von 38 auf 35 Stunden und damit eine Angleichung an die im Westen. Gleichzeitig bedeutete die Forderung der Arbeitszeitverkürzung, die schon im Vorfeld von den Metallarbeitgebern scharf abgelehnt wurde, auch eine Offensive gegen längere Arbeitszeiten und zugleich gegen die hohe Arbeitslosigkeit in Ostdeutschland. Die Metallarbeitgeber argumentierten dagegen, vor einer Arbeitszeitangleichung erst eine wirtschaftliche Angleichung erfolgen müsse – eine Bedingung, die auf lange Zeit in den neuen Bundesländern eine Arbeitszeitverkürzung ausschließen würde.[243]
In den Tarifverhandlungen konnten keine Fortschritte erzielt werden, es zeichneten sich auch keine Ansätze für einen Kompromiss ab. Der IG Metall-Vorstand erklärte am 21. Mai 2003 das Scheitern der Verhandlungen für die Stahlindustrie und die Tarifregionen der Metallindustrie Berlin-Brandenburg, Sachsen-Anhalt und Sachsen. Die Zustimmung der Mitglieder für einen Streik war überwältigend und lag bei fast 80 Prozent. Die Streiks konzentrierten sich zunächst auf die mittelgroßen Zulieferbetriebe der Automobilindustrie und Maschinenbauunternehmen, erstreckten sich dann aber auch auf große Betriebe wie das VW-Werk in Zwickau. Die IG Metall streikte hauptsächlich in der Automobilzulieferer-Industrie mit der Folge, dass Ende Juni 2003 auch westdeutsche Automobilkonzerne wie BMW und Volkswagen zeitweise wegen Mangel an Zulieferteilen ihre Produktion verringern mussten. Die Unternehmen, vor allem die der Automobilindustrie, lehnten ihrerseits die Forderung der IG Metall strikt ab. In der IG Metall in Westdeutschland wuchs die Skepsis gegenüber dem Streik. Auf einer internen Sitzung mit Betriebsratsvorsitzenden der Automobilunternehmen am 23. Juni 2003 in Frankfurt erklärten sich diese zwar solidarisch mit den Streikenden, kritisierten jedoch zugleich das Vorgehen der IG Metall. Lösungen für den Konflikt zwischen IG Metall und Gesamtmetall zeichneten sich nicht ab: Die Sondierungsgespräche der Tarifparteien, die am 26. Juni 2003 stattfanden, scheiterten ebenso, wie die folgenden Verhandlungen, die am 28. Juni 2003 ergebnislos abgebrochen wurden. Nach dem Scheitern dieser Verhandlungen gestand die IG Metall ihre Niederlage ein. Der Streik wurde durch eine Erklärung des Ersten Vorsitzenden Klaus Zwickel abgebrochen, entgegen dem üblichen

Verfahren, nach dem das Ende eines Streiks nach einer erneuten Urabstimmung erklärt wird.
Dies war der erste Streik seit 1954 – fast 50 Jahre nach dem Bayernstreik[244] –, der mit einer eindeutigen Niederlage der IG Metall endete. Die vor der Tarifauseinandersetzung gekündigten Arbeitszeitregelungen wurden als rechtlich verbindlich erneut aktiviert. Man beschritt danach in der wöchentlichen Arbeitszeitverkürzung folgenden Weg: mit 10 Unternehmen vereinbarte die IG Metall in den neuen Bundesländern Haustarifverträge zur Einführung der 35-Stunden-Woche - ein weiterer Schritt in der ‚Verbetrieblichung' der Tarifpolitik. Der Streik wurde vom Zweiten Vorsitzenden Jürgen Peters verantwortet, der im gleichen Jahr die Nachfolge von Klaus Zwickel antreten wollte. Die interne Kritik an der Tarifauseinandersetzung konzentrierte sich zum einen auf den Vorwurf einer mangelnden politisch-fachlichen Vorbereitung und zum anderen auf den Vorwurf einer mangelnden Unterstützung durch die IG Metall im Westen. Die Krise in der IG Metall-Führung war offensichtlich und schloss eine weitere Zusammenarbeit zwischen dem Ersten und dem designierten Ersten Vorsitzenden, auch bis zum Gewerkschaftstag im Herbst des Jahres 2003, vollständig aus. In dieser Situation entschloss sich der Erste Vorsitzende Klaus Zwickel zum Rücktritt kurz vor dem Gewerkschaftstag 2003.
Eine interne Diskussion über taktische und strategische Fehler der Tarifpolitik blieb aus – man ging zur Tagesordnung über. Die Tarifpolitik blieb an erster Stelle auf der gewerkschaftlichen Agenda. Sieg, Niederlage und Sicherung der früheren Erfolge und deren Fortschreibung in die Zukunft lagen eng beieinander. In den neunziger Jahren und im folgenden Jahrzehnt entwickelte sich in der Tarifpolitik ein neues Geflecht zwischen den Feldern Flächentarifvertrag und betrieblichen Regelungen.[245] Die Gewerkschaften standen seit den achtziger Jahren vor gravierenden Herausforderungen, wie die folgende Tabelle deutlich macht.

4 Neujustierung von Tarif- und Betriebspolitik: das Pforzheimer Abkommen

In den neunziger Jahren und im folgenden Jahrzehnt sah sich die IG Metall in der Tarifpolitik neuen Herausforderungen gegenüber, die einer-

seits von den Unternehmen und den Arbeitgeberverbänden ausgingen, die auf eine Veränderung der tariflichen Regulierung drängten, um, wie sie argumentierten, die Wettbewerbsfähigkeit der Unternehmen nicht zu gefährden und in Zukunft zu gewährleisten. Durch eine Entstandardisierung und Flexibilisierung sollten die aus Sicht der Arbeitgeber und ihrer Verbände beschäftigungshemmende Arbeits- und Sozialrechtsnormen abgebaut werden. Anderseits ging vonseiten der Bundesregierungen ein Druck auf die Gewerkschaften aus, sich einer Flexibilisierung und Differenzierung tariflicher Regulierung nicht zu verschließen.
Von den Arbeitgebern und ihren Verbänden wurde „die Stärke der Gewerkschaften dafür verantwortlich gemacht, dass es auf der Ebene der Kosten nicht gelinge, eine hinreichende Dynamik zugunsten einer verbesserten preislichen Wettbewerbsfähigkeit der Unternehmen durch eine Differenzierung und Flexibilisierung der Entgeltniveaus zu erzeugen. (...) Dagegen stehen seit der zweiten Hälfte der 80er Jahre die Steuerungsprobleme der Arbeitgeberverbände, deren Mitgliedschaft sich sukzessive skeptischer gegenüber der deutschen Tarifautonomie verhält, (...). Als Ausdruck dieser neuen Distanz (...) können Verbandsaustritte, Verbandsabstinenz und Tarifflucht gewertet werden. Das zurückgehende Interesse der Arbeitgeber an ihren Verbänden und am Flächentarifvertrag wird von den Befürwortern des deutschen Modells als eine zentrale Ursache für die Erosion des Nachkriegskonsenses zwischen Kapital und Arbeit bewertet, von den Gegnern als Hoffnung auf eine stärkere Differenzierung und Dezentralisierung der Tarif- und Arbeitsmarktstrukturen“.[246]
Von der IG Metall wurde die Veränderung der Haltung der Arbeitgeber und ihrer Verbände im Geschäftsbericht für den Gewerkschaftstag 1999 im Hamburg auf die Erosion der Mitgliedschaft im Arbeitgeberverband Gesamtmetall und damit einen Rückgang der Tarifbindung zurückgeführt: „Zwischen 1995 und Ende 1997 ... (verloren) ... die Metallarbeitgeberverbände in den alten Bundesländern (...) 571 Mitgliedsfirmen (...). Lag die absolute Mitgliederzahl in den alten Bundesländern 1995 bei 7.094, so belief sich diese Ende 1997 auf 6.523 (- 8,04 Prozent). In den neuen Bundesländern ...(fiel) ...im gleichen Zeitraum die Mitgliederzahl von 792 auf 564 (...) (-28,7 Prozent). Am 17. November 1997 ... (beschlossen) ...die Arbeitgeberverbände der Metall- und Elektroindustrie die ‚Frankfurter Erklärung zur Reform des Flächentarifs‘ (...) Am 5. März 1998 proklamierte

Gesamtmetall das Konzept einer ,neuen Partnerschaft', mit der eine ,andere Kultur der Zusammenarbeit' angestrebt werden solle. Basis dieser neuen Partnerschaft könne das gemeinsame Interesse an der Bekämpfung der Arbeitslosigkeit, der Qualifikation der Mitglieder, der Verbesserung der Standortqualität und der Erhaltung und Weiterentwicklung des Flächentarifvertrages sein."[247]
Die tariflichen Auseinandersetzungen in den neunziger Jahren hatten erhebliche Auswirkungen auf die industriellen Beziehungen. Von Bedeutung für das Verhältnis von Gesamtmetall zu IG Metall war die Tarifauseinandersetzung in Bayern: Vom 24. Februar bis zum 7. März 1995 Jahre streikte die bayerische IG Metall und setzte Einkommenserhöhungen von 4,35 Prozent durch. Dieses Tarifergebnis – aus der Sicht der Arbeitgeber eine bittere Niederlage - führte zu einer kontroversen Debatte in den Arbeitgeberverbänden mit personellen und strategischen Konsequenzen. „Seitdem bilden die 18 autonomen Regionalarbeitgeberverbände der Metall- und Elektroindustrie acht Verhandlungsgemeinschaften und eine zentrale Verhandlungskommission, die bei jeder Tarifverhandlung anwesend ist, und sich aus je einem Vertreter dieser acht Verhandlungsgemeinschaften zusammensetzt."[248]
Nicht nur die Unternehmer sondern auch politische Parteien, insbesondere die CDU und die FDP mit ihrer Mehrheit im Bundesrat, drängten auf generelle betriebliche Öffnungsklauseln. „Im Dezember 2003 setzte der Vermittlungsausschuss von Bundestag und Bundesrat die Gewerkschaften unter Druck: Die gesetzlichen Bestimmungen zum Tarifsystem blieben dann unangetastet, wenn die Tarifvertragsparteien stärker auf die betrieblichen Belange eingingen; andernfalls würde die Tarifautonomie per Gesetz eingeschränkt. Das konnte verhindert werden, nachdem sich mehr als 230.000 Mitglieder der IG Metall mit gewerkschaftlichen Aktionen dafür eingesetzt hatten, die Tarifautonomie zu erhalten."[249] In seiner ,Agenda 2010'-Rede im März 2003 drohte Schroeder, Kanzler der rotgrünen Bundesregierung gesetzliche Öffnungsklauseln an, wenn die Tarifverträge nicht flexibler gestaltet würden.
Die Arbeitgeber warfen den Fehdehandschuh in den Ring und forderten Arbeitszeitverlängerungen: Sie legten am 23. Januar 2004 einen Vorschlag mit einer Öffnungsklausel zur Regelung der wöchentlichen Arbeitszeit vor, der dann in einen Tarifvertrag umgesetzt wurde. Die IG

Metall öffnete mit ihrer Zustimmung die Tür zur Verlängerung der Arbeitszeiten. Die „Vereinbarung zur Sicherung von Arbeitsplätzen, Innovation und Wettbewerbsfähigkeit" als Bestandteil des Tarifabschlusses der Lohn- und Gehaltsbewegung, das sogenannte Pforzheimer Abkommen, wurde am 24. Februar 2004 für Baden-Württemberg, später dann für die anderen Tarifbezirke abgeschlossen. Der Vertrag sieht eine Öffnungsklausel zur Abweichung vom Flächentarifvertrag bei Mitwirkung der Tarifvertragsparteien vor, wenn Unternehmen und Betriebe in wirtschaftlichen Schwierigkeiten sind oder Investitionen zur Standort- und Beschäftigungssicherung und -entwicklung zusagen. Die markanteste Veränderung zeigte sich darin, dass die Ebene des Betriebs noch stärker ins Zentrum der Tarifpolitik rückte. [250]
Es zeichnete sich ein Strategiewechsel ab: „Tarifpolitik ist Betriebspolitik, Betriebspolitik ist Tarifpolitik" lautete die neue Perspektive der IG Metall. Weiter heißt es in der Erklärung der IG Metall: „Die Pforzheimer Vereinbarung, die für die Metall- und Elektroindustrie sowie in der Folge für den Textil- und Bekleidungsbereich abgeschlossen wurde, war und ist der Versuch, den in Teilen fundamental gewandelten Ausgangsbedingungen für die Gestaltung von Tarifpolitik Rechnung zu tragen. (...) Die ‚Pforzheimer Vereinbarung' hat erhebliche Auswirkungen auf das bisherige Verhältnis von Tarif- und Betriebspolitik. Tarifpolitik ist und bleibt gemeinsam mit der Betriebspolitik die Hauptaufgabe gewerkschaftlicher Arbeit. Die Verbesserung und Sicherung der Standards für die Arbeitsleistung abhängig Beschäftigter ist Veranlassung für die Mitgliedschaft in der IG Metall. Die Einbindung von Mitgliedern in die Arbeit an Tarifverträgen und bei deren Durchsetzung ist das Markenzeichen der IG Metall. Gleichzeitig sind das die Voraussetzungen, auch unter geänderten Rahmenbedingungen mitgliederstark und durchsetzungsfähig zu bleiben. Tarifpolitik wird auch künftig die Kernnormen (vor allem in den Bereichen Leistung, Entgelt und Arbeitszeit) im Flächentarifvertrag festlegen. Daneben werden über Tarifverträge – gerade bei qualitativen Themen – zunehmend kollektive (des Betriebsrats) wie individuelle Ansprüche und Beteiligungsrechte geregelt werden, etwa in Fragen der Qualifizierung, der Lage und Verteilung der Arbeitszeit (Lebens-, Arbeitszeitkonten) oder Vereinbarkeit von Familie und Beruf für Männer und Frauen."[251]

Man bemühte sich um eine enge Verbindung von Tarif- und Betriebspolitik: „Die (...) Verknüpfung von Tarif- und Betriebspolitik muss durch konkrete Arbeit gestärkt werden. Sieben Schwerpunkte sind dabei zu nennen: (1) Die Mitgliederentwicklung: Sie ist bei allen Auseinandersetzungen auf Betriebs- und Unternehmensebene ins Zentrum zu stellen, (2) die Stärkung der Vertrauensleutearbeit in der Betriebs- und Tarifpolitik. Diese Zielsetzung umfasst (...) die in der IG Metall organisierten Betriebsräte als wesentliches Element, (3) eine gezielte Verbesserung der betrieblichen Umsetzungsmöglichkeiten und –instrumente für Tarifverträge, (4) ein Maßnahmenkonzept für GBR-/KBR-Beauftragte und Branchenkoordinatoren der IG Metall bei betrieblichen Abweichungen vom Flächentarifvertrag, (5) ein europäisches Konzept bei Auseinandersetzungen, die den nationalen Rahmen überschreiten, (6) eine Weiterentwicklung und Verbesserung der Handlungshilfen und Standards für betriebliche Tarifauseinandersetzungen, (7) ein übergreifendes tarif- und betriebspolitisches Zukunftskonzept. Bei diesen Aufträgen fangen wir keineswegs bei ‚null' an. Wir haben in vielen Fragen bereits gute Ansätze und Strukturen und auch gute praktische Beispiele, die wir konsequent weiterentwickeln und zu einer Strategie verallgemeinern können und müssen."[252] Die Einbeziehung der Tarifpolitik der Gewerkschaften Textil- Bekleidung und Holz und Kunststoff (GHK) in die Tarifpolitik der IG Metall führte zu einer Neustrukturierung der tarifpolitischen Arbeitsfelder mit den Sektoren Metall- und Elektroindustrie, inklusive Informations- und Kommunikationsindustrien, Bundesmontage-Tarif (BMTV), Stahlindustrie, Metallhandwerke, Holz- und Kunststoffindustrie und Kunsthandwerke, Textil-Bekleidungsindustrie und Textile Dienste.[253] Neben Tarifvereinbarungen über höhere Löhne und Entgeltabkommen und Arbeitszeitverkürzungen konzentrierte sich die IG Metall auf programmatische Fragen der Tarifpolitik.[254] „Mit dem Diskussionspapier ‚Tarifreform 2000', das im Februar 1991 veröffentlicht wurde, konnte (...) der Auftrag erfüllt werden, tarifpolitische Reformziele auf der Grundlage der Entschließung des Gewerkschaftstages zu konkretisieren und den gewerkschaftlichen Diskussionsprozess für eine umfassende Erneuerung der Mantel- und Rahmentarifverträge (...) in der IG Metall voranzutreiben. Gemeint ist damit eine Erneuerung der Tarifvertragsbestimmungen zu Eingruppierung, Entgeltgruppen und Weiterbildung, zu Entlohnungsmethoden, zur Einflussnahme auf Arbeitsorganisation und Technikgestaltung, zu menschen- und umweltgerechten Gestaltungsmöglichkeiten und zur erweiterten Mitbestimmungsrechten und Beteiligungsmöglichkeiten der Betriebsräte und der Beschäftigten im Arbeitsalltag. Fragen und Forderungen zur Arbeitszeitverkürzung und Arbeitszeitgestaltung, zur Vereinbarkeit von Familie und Beruf, zu Kündigungsfristen und Freistellungsansprüchen dagegen wurden in dieses Papier nicht aufgenommen, weil sie herkömmlicherweise nicht in den Regelungsbereich von ‚Rahmentarifverträgen' gehören."[255] Was sehr umständlich formuliert wurde, führte zu Verbesserungen für die Beschäftigten in den Unternehmen und Betrieben.

Kapitel 7

Betriebspolitik – begrenzte Spielräume gewerkschaftlicher Gestaltung und Mitbestimmung

Der Betrieb und das Unternehmen sind die originären und zentralen Orte gewerkschaftlicher Organisierung und Aktivitäten bei der Durchsetzung der Arbeits- und Beschäftigungsinteressen der Arbeitnehmerinnen und Arbeitnehmer, hier werden die konkreten Arbeitsbedingungen ausgehandelt und festgelegt. Die betriebliche Interessenvertretung ist in Deutschland bereits in der Weimarer Republik und in der Folge auch in der Bundesrepublik durch die gesetzlich kodifizierte Betriebsverfassung in der Gestalt des Betriebsverfassungsgesetzes etabliert. Der Betriebsrat ist eine gesetzlich geregelte Institution, die von allen Beschäftigten eines Betriebes demokratisch gewählt, ob diese Mitglieder der Gewerkschaft sind oder nicht und ist deshalb kein gewerkschaftliches Gremium. Die gewerkschaftliche Interessenvertretung hat ihren originären Schwerpunkt in der tariflichen Regulierung von Einkommens-, Arbeitszeit- und Arbeitsstandards durch überbetrieblich verbindliche Tarifverträge. Gewerkschaftliche Betriebspolitik steht insofern im Schnittpunkt von Tarifpolitik und betrieblicher Interessenvertretung. Im Zuge einer Tendenz zur Verbetrieblichung der Tarifpolitik, wie sie mit den tariflichen Arbeitszeitregelungen seit dem Kompromiss in der 35-Stundenwoche-Auseinandersetzung und dem Pforzheimer Abkommen an Bedeutung zugenommen hat, gewinnt auch der Stellenwert gewerkschaftlicher Betriebspolitik an organisationspolitischer Bedeutung für die IG Metall. Mit den Veränderungen der ökonomischen und politischen Rahmenbedingungen, die den Strukturbruch auslösen und den damit entstehenden Herausforderungen für die Gewerkschaften begann auch die IG Metall in den achtziger und neunziger Jahren sich stärker mit dem komplexen Handlungsfeld gewerkschaftlicher Betriebspolitik organisationspolitisch zu beschäftigen auf den Ebenen der Verwaltungsstellen, der Bezirke und des Vorstands.

1 Vertrauensleute und Betriebsräte

1.1 Arbeitsfelder der Vertrauensleute

Anders als Betriebsräte, die von allen betriebsbeschäftigten Arbeitnehmerinnen und Arbeitnehmern gewählt werden, ist die Institution der gewerkschaftlichen Vertrauensleute ein organisationspolitisches Organ, das ausschließlich von jenen Beschäftigten in einem Betrieb gewählt wird, die Mitglied der IG Metall sind. Vor allem im großbetrieblichen Umfeld ist die Zahl der Vertrauensleute oft hoch, organisatorisch werden sie in sogenannten Vertrauenskörpern zusammengefasst. Die Vertrauensleute haben eine untergeordnete Funktion in der Interessenvertretung: Ihre Aufgabe ist die Unterstützung der gewerkschaftlichen Vertreter im Betriebsrat, um so die Bedürfnisse und Meinungen der Mitglieder in den Entscheidungsprozess des Betriebsrates einbringen zu können. Dieser Aufgabenzuschreibung liegt das Organisationsmodell Großbetrieb zugrunde.

Gewerkschaftliche Vertrauensleute[256] werden im Allgemeinen in eigenen Wahlen ein Jahr nach den Betriebsratswahlen gewählt. Sie übernehmen unterstützende Aktivitäten für die gewerkschaftlichen Mitglieder im Organ Betriebsrat. Sie besetzen weiterhin ein wichtiges Arbeitsfeld in der Mitgliederwerbung und der Mitgliederbetreuung. Für diese Aufgaben sind sie jedoch ungenügend von Seiten der IG Metall vorbereitet. Es werden auch Grenzen in der Schulungsarbeit sichtbar, denn die Zahl von weit über 100.000 Vertrauensfrauen und Vertrauensmänner überstieg die Möglichkeiten der IG Metall zur Schulung und zur Unterstützung ihrer Arbeit. Unbestritten war das Lob für die Aktivitäten der Vertrauensleute in dem Kampf um die 35-Stundenwoche. Sie waren tragende Kräfte, die den Streik organisierten und in den bestreikten Betrieben unterstützten. Neben Lob in der Tarifauseinandersetzung 1984 gab es auch Tadel an der praktischen Arbeit: „Bei der Mobilisierung der Mitglieder und Beschäftigten entwickelten unsere Funktionäre oft einen erstaunlichen Einfallsreichtum. In der Tarifbewegung 1984 wurden allerdings auch Mängel unserer gewerkschaftlichen Betriebsarbeit offenkundig. Die Mitglieder waren dann verunsichert, wenn sich, wie es teilweise geschah, auch betriebliche Funktionäre von Arbeitgeberargumenten beeindruckt zeigten.

Zur kontinuierlichen Beratung der Tarifsituation wären vielfach mehr Vertrauensleutesitzungen notwendig gewesen. Ein Mangel war sicher auch, dass in der Vergangenheit häufig in Vertrauensleutesitzungen gewerkschaftliche Erfordernisse gegenüber der Behandlung betrieblicher Probleme in den Hintergrund traten. Die Konsequenz waren Schwierigkeiten bei der Motivierung und Mobilisierung unserer Funktionäre. Mitglieder und der Beschäftigten in den Betrieben anlässlich der aktuellen Tarifauseinandersetzung. Zukünftig müssen häufiger Vertrauensleutesitzungen mit gewerkschaftspolitischen Tagesordnungspunkten zur Information und Motivierung der Funktionäre geplant und durchgeführt werden."[257]

Im internen Machtgefüge der IG Metall hatten die Vertrauensleute einen geringen Einfluss und deshalb waren die Befürchtungen der Arbeitgeber angesichts der tatsächlichen Rolle der Vertrauensleute in den Unternehmen weit überzogen. Die Vertrauensleute bemühten sich – leider oft vergeblich – um größeren Einfluss in der eigenen Organisation. Auf der 11. Konferenz der IG Metall für Vertrauensleute im November 1981 in Frankfurt wurden eine Reihe von Vorschlägen zur Verbesserung der Vertrauensleutearbeit diskutiert.[258] Solche Vorstöße verbesserten leider die Bedingungen für die Arbeit der gewerkschaftlichen Vertrauensleute nicht. Die Krise in der Gemeinwirtschaft seit 1982 wirkte sich zudem negativ auf die gesamte Betriebspolitik aus, weil die Gewerkschaften dem Vorwurf einer Unfähigkeit der Handhabbarkeit der Mitbestimmung in den gemeinwirtschaftlichen Unternehmen ausgesetzt waren.

Die Vertrauensleutearbeit geriet in den neunziger Jahren noch mal deutlicher in eine Krise, die sich in den Ergebnissen der Vertrauensleutewahlen spiegelte. Die Vertrauensleutewahlen im Jahre 1997 endeten mit herben Verlusten: „Gab es bei der VL-Wahl 1994 noch in 27 Prozent aller Betriebe mit Betriebsrat einen Vertrauenskörper, so ist die IG Metall nach der 1997er-Wahl nur noch in weniger als einem Viertel aller Betriebe mit Betriebsrat auch mit gewählten Vertrauensleuten und Vertrauenskörpern vertreten (in 2788 von 11510 Betrieben mit BR). Die Gesamtzahl der gewählten Vertrauensleute ist von 65.595 (1994) auf 59907 gesunken. (...) In 72 Prozent aller Betriebe mit 500 und mehr Beschäftigten ist die IG Metall mit Vertrauenskörpern verankert. In den Betrieben, in denen sich Tarifbruch und Erpressungsversuche der Arbeitgeber besonders stark auswirkten (100 bis 500 Beschäftigte) ist dies jedoch nur in 27 Prozent der Fall. Hier liegt die eigentliche Herausforderung zukünftiger Vertrauensleutearbeit. In 20 Prozent der Verwaltungsstellen der neuen Bundesländer gibt es keine gewählten Vertrauensleute."[259]

Mit dem Ergebnis der Vertrauensleutewahlen im Jahre 2000 nach der Integration der Gewerkschaften GTB und GHK zeigte sich die IG Metall nach einem Bericht in ihrem Geschäftsbericht zufrieden. „Mit 3093 Betrieben konnte die Zahl der Vertrauenskörper gegenüber der Wahl 1997 um 315 gesteigert werden. Erstmalig wurden in einer großen Zahl von Textil-, Bekleidungs- sowie Holz- und Kunststoffbetrieben Vertrauensleute gewählt. Die Gesamtzahl ist mit 59.675 gegenüber der 97er-Wahl um 232 leicht gesunken. Einen erfreulichen Zuwachs erreichte die IG Metall allerdings in den Betrieben bis 500 Beschäftigte. Hier stieg die Zahl der Vertrauenskörper um 486 gegenüber der letzten Wahl. Ursächlich hierfür ist in erster Linie das Hinzukommen der Holz- und Kunststoff sowie der Textil- und Bekleidungsbranche. Aber auch im Organisationsbereich der ‚alten' IG Metall konnte die Zahl der Betriebe mit Vertrauenskörpern in dieser Betriebsgröße erhöht werden. Bei den VL-Wahlen 2000 ist es noch nicht gelungen, in ausreichender Zahl Angestellte (16, 9 Prozent), Frauen (12,7 Prozent) und junge Arbeitnehmer (16, 6 Prozent bis Alter 30) in die VL-Arbeit einzubeziehen. 21.400 erstmals gewählte Vertrauensleute mussten für ihre Arbeit qualifiziert werden. Das geschah durch eine Vielzahl regionaler und zentraler Bildungsangebote, die sowohl die politische Grundlagenbildung als auch die fachlichen, methodischen und sozialen Kompetenzen berücksichtigten."[260]

Die Vertrauensleute verfügen über geringen organisationspolitischen Einfluss und die Vertrauensleutearbeit ist leider eine Randerscheinung der gewerkschaftlichen Aktivitäten. „Der persönlichen Vertretung und Beratung von Mitgliedern in den Betrieben käme eine deutlich größere Rolle zu, als ihr in Deutschland üblicherweise eingeräumt wird. Auch wäre über eine ernsthafte Aufwertung der Vertrauensleutearbeit nachzudenken."[261] Der Vorstand der IG Metall, die führenden Funktionärinnen und Funktionäre auf bezirklicher Ebene und in den lokalen Einheiten, den Verwaltungsstellen, entwickelten nur wenige Ansätze zur Verbesserung der Arbeits- und Einflussebenen. Der ‚Apparat' missachtete Interessen von Mitgliedern auf betrieblicher Ebene; Mitglieder auf betrieblicher

Ebene forderten andererseits nur gelegentlich Verbesserungsvorschläge für Arbeits- und Einflussmöglichkeiten. Das Mitglied, das im Zentrum stehen sollte, steht im Abseits. Die Bedeutung des Betriebsrates ist nach dem Streik um die Einführung der 35-Stunden-Woche gewachsen. Hans-Joachim Sperling weist in diesem Zusammenhang auf neuere Ansätze[262] „einer konzeptionellen und praktischen Neuakzentuierung gewerkschaftlicher Betriebspolitik (hin). Im Zuge einer Aktualisierung betriebsbezogener gewerkschaftlicher Aktivitäten gewinnt das Verhältnis der Betriebspolitik zur Organisations- und Tarifpolitik neue Konturen, deren Tragfähigkeit und Wirksamkeit vielfach noch offen sind."

1.2 Arbeitsfeld der Betriebsräte

Der rechtliche Rahmen für die Aktivitäten im Betrieb wird durch das Betriebsverfassungsgesetz abgesteckt. Der Gesetzgeber entlastete gewissermaßen die betriebliche ‚Arena' von manifesten Konfliktaustragungen: Er schloss den Arbeitskampf als innerbetriebliches Ordnungs- und Gestaltungsmittel aus und übertrug die Regelung von Verteilungskonflikten dem Tarifvertragssystem, verbunden mit der Monopolisierung der Arbeitskampfmittel durch die Tarifverbände. Im Jahre 1972 wurde das Betriebsverfassungsgesetz in der Fassung von 1952 umfassend novelliert: Verbessert wurden Mitwirkungs- und Mitbestimmungsrechte – gegen den massiven Widerstand der Arbeitgeberseite. Die Handlungsfelder des Betriebsrats konzentrieren sich auf die Wahrnehmung wirtschaftlicher, sozialer und personeller Informations- und Mitwirkungsrechte sowie auf die Umsetzung und Einhaltung der tariflich vereinbarten Normen und Standards der Entlohnung, Arbeitszeit und Arbeits- und Leistungsbedingungen. Es entwickelte sich dennoch eine pragmatische Zusammenarbeit von Betriebsräten und Management – im Übrigen waren beide Seiten dazu gezwungen.

Das Arbeitsfeld Betriebspolitik wurde auf Gesamt- und Konzernbetriebsräte ausgeweitet: „Angesichts der immer komplexer und schwieriger werdenden Aufgaben der Betriebsräte kommen der Koordination der Gesamt- bzw. Konzernbetriebsrätearbeit und der Umsetzung der Politik der IG Metall wachsende Bedeutung zu. Im Berichtszeitraum sind die Vorarbeiten für die Weiterentwicklung und Intensivierung der Betreuung von Gesamt- und Konzernbetriebsräten weitestgehend abgeschlossen worden. Die praktische Anwendung dieser weiterentwickelten Konzeption wird – unter Einbeziehung der Bezirksleitungen und Verwaltungsstellen – im Mittelpunkt der künftigen Arbeit stehen."[263] In dem Geschäftsbericht für die Jahre 1983 bis 1985 wird auf die Aufgabenstellung und vor allem auf die Chancen der Betriebsräte aus der Sicht des Vorstandes hingewiesen: "Niemand außer unseren Funktionären hat eine derartige Möglichkeit, zeitlich unbegrenzt, während der Arbeitszeit, in jedem Vierteljahr so vielen Menschen politische Informationen und damit im weitesten Sinne politische Orientierung zu geben. Diese Möglichkeit muss in Zukunft von den Betriebsräten stärker zum verpflichtenden Bestandteil ihrer Arbeit gemacht werden."[264]

„Wenn Betriebsräte die Interessen der Arbeitnehmer wirksam schützen wollen, müssen sie bereit sein, über das Bestehende hinausweisende Forderungen durchzusetzen und den betriebsverfassungsrechtlichen Handlungsspielraum maximal zu nutzen. Verzicht auf Rechte geht immer zu Lasten der Interessen der Arbeitnehmer und hilft den Unternehmern, ihren restriktiven Kurs zu steuern. Mit Rechtsverzicht werden aber auch Ansprüche auf weiteren Rechtsfortschritt und unsere dazu gestellten politischen Forderungen unglaubwürdig. Andererseits müssen aber auch – bei offensiver Nutzung aller rechtlichen Möglichkeiten in der Praxis der Betriebsratsarbeit – die Grenzen der Interessenvertretung auf gesetzlicher Grundlage realistisch gesehen werden. In den zentralen Unternehmensentscheidungen, von deren Auswirkungen Arbeitnehmer immer betroffen sind, hat weder das Betriebsverfassungsgesetz, noch das Mitbestimmungsgesetz '76 den Unternehmern die souveräne Entscheidungsgewalt entzogen. Angesichts einschneidender Veränderungen der wirtschaftlichen und politischen Situation war es vor allem notwendig, Bestehendes und Erreichtes zu verteidigen und zu sichern."[265]

Die gewerkschaftliche Betriebspolitik war in den achtziger Jahren organisationsstrukturell in der IG Metall geprägt durch eine Zersplitterung der Zuständigkeiten und einen Kompetenzwirrwahr geprägt. Georg Benz war bis zu seiner Pensionierung im Jahre 1983 auch für die Bereiche Betriebspolitik und Mitbestimmung nach dem Gesetz von 1976 zuständig. Die Verantwortung für die Vertrauensleutearbeit trug seit 1973 Lutz Dieckerhoff. Horst Klaus, seit 1983 verantwortlich für den früheren Arbeitsbereich von Georg Benz, setzte den Akzent auf die Betriebspolitik und rückte sie in den Mittelpunkt seiner Arbeit. Nach dem Tod von Lutz Dieckerhoff im Jahre 1987 übernahm Horst Klaus zusätzlich die Verantwortung für den Arbeitsbereich Vertrauensleute. Die paritätische Mitbestimmung – eine programmatische gewerkschaftliche Kernaufgabe – war seit je die Domäne des jeweiligen Ersten Vorsitzenden der IG Metall. Die paritätische Mitbestimmung in der Eisen- und Stahlindustrie unterstand wiederum der Verantwortung eines eigenen Vorstandsmitgliedes, das sein Amt von einem Zweigbüro des Vorstandes in Düsseldorf aus ausübte. Bis 1986 hatte Rudolf Judith[266], der neben dem Stahlbereich die Zusammenarbeit mit der Europäischen Gemeinschaft für Kohle und Stahl (EGKS) verantwortete, die Leitung des Zweigbüros des Vorstandes der IG Metall inne. Ihm folgte 1987 der Leiter des Bezirks Essen der IG Metall Georg Ippers[267] bis 1997.

Die IG Metall stieß mit ihren Aktivitäten in der gewerkschaftlichen Betriebspolitik in Form von Konferenzen, Arbeitskreisen auf allen Organisationsebenen an Grenzen. Der latente Konflikt um die Führungskompetenz zwischen betrieblichen Vertretern und den Funktionären auf den einzelnen Organisationsebenen verschärfte sich. Aus der Sicht der betrieblichen Vertreter sollte der ‚Apparat' eine, ‚dienende Funktion' einnehmen und keine ‚politische Anleitung' gegenüber den betrieblichen Vertreterinnen und Vertretern ausüben. Es musste ein Ausgleich zwischen den zentralistischen Bestrebungen der Organisation und den Bestrebungen nach Selbstständigkeit der betrieblichen Einheiten gesucht werden – ein schwieriges Unterfangen, deren Lösung sich von Betrieb zu Betrieb unterschied und auch von den jeweiligen Persönlichkeiten der Funktionäre und Funktionsträger abhängig war. Der Tarifabschluss zur Wochenarbeitszeitverkürzung im Jahre 1984 stärkte die Rolle der Betriebsräte – eine Entwicklung, auf die weiter oben hingewiesen wurde. Dies hatte Auswirkungen auf die gewerkschaftliche Betriebspolitik, die insgesamt in der IG Metall an Bedeutung gewann. Betriebspolitik und Tarifpolitik näherten sich einander an. Die innerorganisatorische Verschiebung der Einflusszonen führte zu einer Schwächung des bisherigen, eher traditionell ausgerichteten hauptamtlichen Apparates der gewerkschaftlichen Betriebspolitik.

Einflussreich sind die Betriebsratsvorsitzenden der großen Unternehmen, die im Rahmen ihrer betrieblichen Tätigkeit über einen eigenen Verwaltungs- und Leitungsapparat verfügten und gegen deren Einverständnis – zum Leidwesen manch führender hauptamtlicher Gewerkschafterinnen und Gewerkschafter – kaum Interessenpolitik ‚gemacht' werden konnte. Das bezieht sich nicht nur auf Tarifpolitik, sondern auch auf Sozial-, Arbeitsmarkt- und Wirtschaftspolitik. Die Betriebsräte der Automobilunternehmen nehmen eine führende Rolle in diesem Zusammenhang ein.

Nach dem Gewerkschaftstag 1992 in Hamburg setzte unter der Leitung der Arbeitsbereiche Betriebsräte und Vertrauensleute eine intensive Diskussion über die Modernisierung gewerkschaftlicher Betriebspolitik ein. Man führte in der ersten Phase ‚Expertengespräche' mit betrieblichen Vertretern zur Bestandsaufnahme: „Ziel war es vor allem, eine realistische Einschätzung der Rahmen- und der Arbeitsbedingungen betrieblicher Interessenvertretungen in Zeiten radikalen Beschäftigungsabbaus und konjunktureller wie struktureller Krisen vorzunehmen."[268]

Ein erstes Ergebnis der Expertengespräche war die Bildung der Abteilung ‚Gewerkschaftliche Betriebspolitik', in der am 1. April 1994 die bisherigen Arbeitsbereiche Betriebsräte, Betriebsverfassungsrecht, Mitbestimmung '76 und Vertrauensleute zusammengefasst wurden. Die Arbeitsfelder der Betriebspolitik[269] waren weit gespannt: „Mit Unterstützung der IG Metall wurden in einer Vielzahl von Betrieben Vereinbarungen zur Beschäftigungssicherung abgeschlossen, überwiegend mit Beschäftigungsgarantien. Neben solchen Tätigkeitsfeldern der Interessenvertretung brachen auch alte, scheinbar ‚befriedete' Konfliktfelder wieder auf, z. B. bei der Gestaltung von Arbeitszeit und Entgelt."[270] Die IG Metall, die sich um eine starke betriebliche Unterstützung bemühte, war mit den Ergebnissen der betrieblichen Wahlen seit Ende der achtziger Jahre nicht zufrieden, wie die Tabelle über die Betriebsratswahlen 1987–1998 zeigt.

Wie schon in den siebziger und achtziger Jahren war die ständige Prüfung der Handhabbarkeit des Betriebsverfassungsgesetzes in der betrieblichen Praxis und die Erarbeitung von Veränderungsvorschlägen ein besonderes Feld der Betriebspolitik. Die Novellierung vom 20.12.1988 regelte die Position der Sprecherausschüsse der leitenden Angestellten und räumte zudem rechtliche Möglichkeiten ein, die Montanmitbestimmung zu sichern. In der politischen Diskussion über die Novellierung im

Jahre 1988 setzten sich die Christdemokraten und die Freidemokraten durch. Möglichkeiten für die Gewerkschaften zur Novellierung des Gesetzes boten sich nach dem Regierungswechsel von der konservativ-liberalen zur rot-grünen Regierung im Jahre 1998 an.
Die gewerkschaftlichen Forderungen zielten auf einen Ausbau der betrieblichen Mitbestimmung. Die Positionen des DGB und der Einzelgewerkschaften wurden am 3.2.1998 vor der Bundestagswahl 1998 mit Novellierungsvorschlägen zum Betriebsverfassungsgesetz 1972 vorgelegt und Anfang 1999 in einer „Bonner Erklärung für eine moderne Betriebsverfassung" zusammengefasst. Ein Betriebsverfassungs-Reformgesetz wurde am 23.7.2001 verabschiedet, das in der Koalitionsvereinbarung der Regierung Schröder angekündigt worden war. Die Maßnahmen zur Verbesserung der Arbeitsweise der Betriebsräte und Vertrauensleute waren ein wichtiger Schritt zur Modernisierung der Betriebspolitik. Man hoffte „einen Zugewinn an Effektivität und Kooperation" erreichen zu können. „Gegenmacht" und „Gestaltungskraft" im Betrieb wollte man bleiben. Nach dem Gewerkschaftstag der IG Metall in Hamburg 1999 wurden weitere Ansätze zur Betriebspolitik umgesetzt. Als neue Linie galt: von der Betreuung der Betriebsräte und Vertrauensleute zur Gestaltung der Betriebspolitik. Der Verzicht auf den Primat der Betreuung war ein zentraler Schritt auf dem Weg zum Neuanfang, weil dadurch die gewerkschaftliche Kompetenz der Betriebsräte und Vertrauensleute anerkannt und deutlich herausgestellt wurde.
Nach 2000 wurde die Diskussion über die gewerkschaftliche Betriebspolitik intern, in den Medien[271] und in der Wissenschaft[272] fortgesetzt. So formulierten beispielsweise Klaus Franz, Peter Krüger und Helmut Lense[273], führende Betriebsräte aus Auto- und Metallindustrieunternehmen Forderungen nach der Zukunftsdiskussion 2000 bis 2002 an eine neue Betriebspolitik. Bemerkenswert ist die Forderung, dass der Apparat eine dienende Funktion und keine anleitende einnehmen müsse: „Durch den technischen, arbeitsorganisatorischen und kulturellen Wandel, durch veränderte Wettbewerbsbedingungen für jeden Betrieb haben sich die Handlungsanforderungen an die betriebliche Interessenvertretung erhöht. Die Anforderungen an die Betriebsräte sind komplexer geworden. (...) Alle Erfahrungen zeigen: Eine aktive gewerkschaftliche Betriebspolitik ist notwendige Voraussetzung für eine erfolgreiche Organisationspolitik.

Hierzu gehören aber auch Gewerkschafter und Gewerkschafterinnen, die persönlich überzeugend auf die Beschäftigten zugehen. Der hauptamtliche Apparat muss auf allen Ebenen Dienstleister auch und gerade gegenüber den Betriebsräten und Betriebsratsmitgliedern sein. Betriebsratsmitglieder und Vertrauensleute sind nicht ‚Befehlsempfänger' der Hauptamtlichen, sondern die wichtigsten Repräsentanten und Gestalter, das selbstbewusste Rückgrat der IG Metall und ihrer Politik. Dies verlangt auch eine ausgewogene Vertretung von Haupt- und Ehrenamtlichen in den wichtigen Entscheidungsorganen der IG Metall."

In den neuen Bundesländern entwickelte sich die gewerkschaftliche Betriebspolitik insgesamt langsam. Wolfgang Schroeder stellte zu dieser Entwicklung eine Reihe von Materialien zusammen: „Weil der Aufbau von Vertrauensleutekörpern nur in wenigen Fällen gelungen ist, sind in den meisten Betrieben alleine die Betriebsräte für die Handlungsfähigkeit der IG Metall entscheidend. Ihre Arbeit hat maßgeblich dazu beigetragen, dass der betriebliche Modernisierungsprozess verstärkt vorangetrieben werden konnte. Sie haben inner- und außerbetriebliche Innovationskraft mobilisiert und dafür gesorgt, dass dieser Prozess sozial flankiert wird. Bundesweit waren 1994 etwa 81 Prozent der Betriebsräte IG-Metall-Mitglieder. In den beiden ostdeutschen IG-Metall-Bezirken Dresden und Berlin/Brandenburg lag dieser Prozent mit 84 Prozent und 79 Prozent 1994 auf einem ähnlich hohen Niveau."[274]

Die erfolgreichen Bemühungen um eine Verbesserung des Betriebsverfassungsgesetzes schlugen sich nicht in den Wahlen nieder. Die Betriebsratswahlen 2002 endeten mit einer Enttäuschung: Bei gesunkener Wahlbeteiligung fiel der Anteil an Betriebsratsmandaten für die IG Metall auf 74 Prozent – vier Prozent weniger als bei der Wahl zuvor. Die Zahl der Mandate für Angestellte und Frauen stieg leicht an. Zum ersten Mal beteiligten sich im Jahre 2002 die neuen Mitglieder aus der früheren Gewerkschaft Holz und Kunststoff an den Wahlen. Die Notwendigkeit einer Reform der gewerkschaftlichen Betriebspolitik hatte man erkannt und man bemühte sich um neue Arbeitsansätze. Die Integration der GTB und der GHK verstärkten Bemühungen um den Ausbau der Branchenarbeit, die die IG Metall vor 1989 abgelehnt hatte.

Die IG Metall hatte lange Zeit von einer Branchenarbeit Abstand genommen, um – so die interne Meinung – nicht einer organisatorischen Plurali-

sierung Vorschub zu leisten. Ein Wandel zeichnete sich jedoch in den frühen neunziger Jahren und schon vor den Integrationen von GTB und GHK ab. Vorsichtige Schritte auf dem Wege zur Branchenarbeit gab es in der Automobil- und Stahlindustrie. Nach den Integrationen der beiden Gewerkschaften GTB und GHK wurde jedoch auf deren Forderung hin, die Branchenarbeit in den Kanon der Aufgaben der Betriebspolitik der ‚neuen' IG Metall übernommen. Branchenarbeit war ein besonderes Arbeitskonzept dieser beiden Gewerkschaften, die mit diesen Methoden eine erfolgreiche Betriebspolitik durchgeführt hatten. Branchenkoordinatoren und Branchenteams wurden in der IG Metall eingesetzt, die die gewerkschaftlichen Aktivitäten innerhalb der Branche koordinierten. Die Branchenarbeit war Voraussetzung für eine erfolgreiche Betriebspolitik einer Multibranchengewerkschaft und verlangte einen mentalen Wechsel in den Arbeits- und Führungsvorstellungen der ‚Altmetaller' und auch eine Einschränkung ihrer bisherigen Führungsansprüche.
Die Branchenarbeit bot die Chance der Heranführung der betrieblichen Ebene an die einzelnen Organisationsebenen, insbesondere an die Verwaltungsstellen und Bezirke, und zum Abbau der öfter erhobenen Vorwürfen der Distanz zwischen Mitglieder und Organisation und zwischen betrieblichen und gewerkschaftlichen Funktionärinnen und Funktionären. Die Erweiterung des Spektrums der Arbeit der Betriebsräte verlangte eine „systematische Weiterentwicklung politischer, sozialer und fachlicher Kompetenz"[275] und neue Arbeitsformen. „Die Anforderungen an die gewerkschaftliche Interessenvertretung sind komplexer, betriebs- und unternehmensübergreifender geworden. Beschäftigung und Standorte zu sichern, ist im Zuge der globalen Standortkonkurrenz und der nach wie vor anhaltenden Massenarbeitslosigkeit das zentrale Handlungsfeld für Betriebsräte und Vertrauensleute. Neben der wachsenden Bedeutung von Beschäftigungssicherung hatten Interessenvertretungen sich im Berichtszeitraum verstärkt um Fusionen, Umstrukturierungen, Ausgliederungen, Arbeitsorganisation, Leistungspolitik und Personaleinsatz zu kümmern. Die Tätigkeitsfelder sind zudem betriebs- und unternehmensübergreifender geworden. Vielfach ist Handeln und Gestaltungskompetenz im europäischen oder internationalen Kontext erforderlich. Hinzu kommt die Übertragung vielfältiger Aufgaben auf die betrieblichen Akteure im Rahmen der Tarifverträge, aber auch die wachsende Bedeutung von

betrieblichen Abwehrstrategien gegen Angriffe auf unsere Tarifverträge."[276]

2 Mitbestimmung

Harte Auseinandersetzungen zwischen Gewerkschaften und Unternehmern wurden schon seit den fünfziger Jahren in der Bundesrepublik über die Mitbestimmung ausgetragen.[277] Die Unternehmer lehnten im Kern jede Form der Mitbestimmung ab und versuchten in der Mitbestimmungsgesetzgebung die rechtlichen Regelungen einzuschränken. Am 1. März 1979 lehnte das Bundesverfassungsgericht die Verfassungsbeschwerde der Arbeitgeber gegen das Mitbestimmungsgesetz '76 ab – eine wichtige Entscheidung zugunsten der Gewerkschaften und der Beschäftigten in den Betrieben. Weitere Entscheidungen zur Aufsichtsratstätigkeit fällte der Bundesgerichtshof am 25. Februar 1983. Diese höchstrichterlichen Entscheidungen unterstützten die Politik der Gewerkschaften. Der DGB blieb jedoch zu recht kritisch: „Ob die Karten voll ausgereizt sind – das ist für viele Arbeitnehmervertreter im Aufsichtsrat immer wieder eine offene Frage, wenn sie in Bezug auf unternehmerische Entscheidungen Kompromisse ausgehandelt haben. Man kann sie auch allgemeiner verstehen, nämlich unter dem Aspekt, ob die – wenn auch begrenzten – Möglichkeiten des Mitbestimmungsgesetzes immer voll ausgeschöpft werden."[278]

Die Gewerkschaften wurden in die Rolle der Verteidiger der vorhandenen gesetzlichen Bestimmungen der paritätischen Mitbestimmung gedrängt. Das Zweigbüro der IG Metall erarbeitete Vorschläge zur Sicherung der Montan-Mitbestimmung.[279] Rudolf Judith beklagte eine „Aushöhlung der Montanmitbestimmung".[280] Der Vorstandsvorsitzende des Mannesmann-Konzerns, Egon Overbeck,[281] propagierte dagegen aggressiv und offen den Abbau der paritätischen Mitbestimmung in der Eisen- und Stahlindustrie.

Die Auseinandersetzung verschärfte sich in der Endphase der sozialliberalen Regierung: Die IG Metall kämpfte auf betrieblicher und politischer Ebene um eine gesetzliche Neuregelung der Mitbestimmung. Die Vorschläge der sozial-liberalen Koalition reichten den Gewerkschaften nicht aus. Das Ergebnis der Bemühungen führte zu keiner dauerhaften gesetzli-

chen Sicherung der Montanmitbestimmung – ein Ziel, dass die Gewerkschaften auf alle Fälle hatten erreichen wollen. Harsch und wütend fiel die Einschätzung der IG Metall über das Gesetz aus, das von der sozial-liberalen Mehrheit beschlossen wurde und am 1. Juli 1981 in Kraft trat. „Die Diskussion im Deutschen Bundestag (...) hat deutlich gezeigt, dass es letztlich nicht um die Sicherung der Montanmitbestimmung ging, sondern darum, die sozial-liberale Koalition zu erhalten."[282]
Es wurden andere Schritte zur Sicherung der Montanmitbestimmung eingeleitet. Der ‚Königsweg' führte zu betrieblichen Lösungen. In einzelnen Unternehmen wurden mit dem Deutschen Gewerkschaftsbund besondere Vereinbarungen zur Sicherung der Mitbestimmung abgeschlossen. In dieser Phase der Auseinandersetzungen starteten die Gewerkschaften eine Mitbestimmungsinitiative. Die DGB-Mitbestimmungsinitiative sollte eine gewerkschaftsweite und auch gesellschaftspolitische Diskussion über Fragen der Mitbestimmung, Kernstück gewerkschaftlicher Reformpolitik, in Gang setzen: Das Ziel war, die gewerkschaftlichen Forderungen nach Mitbestimmung am Arbeitsplatz und im Betrieb, im Unternehmen und in der Gesamtwirtschaft mit einander zu verbinden. Man hoffte, die Montanmitbestimmung dauerhaft sichern und sie sogar auf die großen Unternehmen ausdehnen zu können. Trotz aller Bemühungen blieb eine organisationsumfassende und öffentliche Diskussion über Mitbestimmung aus. Die Reduzierung der Mitbestimmung war eine Niederlage der Gewerkschaften nach dem Strukturbruch, der die in der Boomphase erreichten Erfolge in diesem Bereich aufhob.
Die wirtschaftliche Krise in der Stahlindustrie führte in den folgenden Jahren zur weiteren Reduzierung der Zahl montanmitbestimmter Unternehmen. Die paritätische Mitbestimmung schrumpfte zum Auslaufmodell und war nur noch in wenigen Unternehmen[283] gültig. Das deutsche Modell Mitbestimmung in seinen rechtlichen Ausprägungen erschwerte zudem eine Kooperation in Fragen der Betriebspolitik über die nationalen Grenzen hinweg. Das Ziel sollte eine Abstimmung und eine einheitliche Entwicklung auf nationaler und internationaler Ebene werden.[284] In den neunziger Jahren verringerte sich – wie schon erwähnt – die Zahl der montanmitbestimmten Unternehmen kontinuierlich. Eine Folge davon war, dass das Zweigbüro in Düsseldorf erneut, wie schon in den achtziger Jahren, organisatorisch zur Disposition stand. Anfang 2000 wurden im

Zuständigkeitsbereich der IG Metall 754 mitbestimmte Unternehmen gezählt: Zum Bereich Montanmitbestimmung gehörten 23 Unternehmen, zum Bereich Mitbestimmungsgesetz '76 295 Unternehmen, zum Bereich Betriebsverfassungsgesetz 1952 436 Unternehmen. Auf der Grundlage einer Vertragspolitik war es möglich, den Eigentümerwechsel der mitbestimmten Montanbetriebe für die Beschäftigten positiv zu begleiten. Dies gelang bei der Übernahme des Mannesmann-Konzerns durch Vodafone im Jahre 2000, bei der Übernahme der Klöckner AG durch eine Immobiliengesellschaft, beim Vertrag zwischen der Thyssen AG und der Fried. Krupp AG, bei der Salzgitter AG, der Saarstahl AGH und auch bei der Insolvenz der Gröditzer Stahlwerke – jedoch nicht bei der Einstellung der Produktion der Neuen Maxhütte.[285] Die internationalen Zusammenschlüsse von Unternehmen sprengten den nationalen Rahmen der Mitbestimmungspolitik: Im Jahre 2001 fusionierte der luxemburgische Konzern ARBED mit Acerelia und Usinor zu dem Konzern Arcelor, der im Jahre 2007 mit Mittal Steel Company zu ArcelorMittal weiter fusionierte.

Europäische Betriebsräte im Aufbau

Europabezogene Aktivitäten von Gewerkschaften entwickelten sich in dem Bereich der Unternehmen der Eisen- und Stahlindustrie[286], wie sie im Vertragswerk Europäische Gemeinschaft und Stahl aus dem Jahre 1952 vorgesehen waren, eine europäische Betriebspolitik entwickelte sich in Ansätzen erst nach dem Erlass der Richtlinie über Europäische Betriebsräte im Jahre 1994. Die Kommission unter der Leitung von Jacques Delors (1985–1994) bemühte sich darum, durch verschiedene Aktionen, die ‚soziale Dimension des Binnenmarktes' zu stärken. Unter seiner Präsidentschaft wurden 27 soziale Richtlinien verabschiedet. „Allerdings wuchs mit der Vollendung der Wirtschafts- und Währungsunion (WWU) sowie der Osterweiterung der EU in den Hochlohnländern die Furcht vor Sozial- und Lohndumping, zumal seit den späten 1990er Jahren eine neoliberale Orientierung die wirtschaftspolitische Agenda von Kommission und Rat zunehmend zu bestimmen schien. Auch verstärkte sich der Eindruck des sozialpolitischen Immobilismus nach der Ära Delors, zumal nach der Jahrtausendwende die Barroso-Kommission der Forderung der

europäischen Dachorganisationen der Arbeitgeber, Business Europe, nach einem ,sozialen Moratorium' nachzukommen schien."[287]
Der Rat der Sozialminister beschloss im September 1994 die ,Richtlinie über die Einsetzung eines Europäischen Betriebsrats oder die Schaffung eines Verfahrens zur Unterrichtung und Anhörung der Arbeitnehmer in gemeinschaftsweit operierenden Unternehmen und Unternehmensgruppen.[288] „Im Vergleich mit den Mitbestimmungsrechten des deutschen Betriebsrats verfügt der EBR (Europäische Betriebsrat) über weitaus schwächere Beteiligungsrechte. Er besitzt (...) nur Unterrichtungs- und Anhörungsrechte."[289] Diese Richtlinie wurde überarbeitet und trat in der neuen Fassung am 5. Juni 2009 in Kraft. Die Zahl der transnationalen Unternehmen vergrößerte sich, die europabezogenen Aktivitäten der IG Metall nahmen zu. Die IG Metall nutzte die durch die Richtlinie über Europäische Betriebsräte eingeräumten Chancen zur transnationalen Kooperation. Nach den Ausführungen im Geschäftsbericht des Vorstandes der IG Metall für die Jahre 1995 bis 1998 waren erste Maßnahmen bescheiden: „In der Metall- und Elektrobranche bis zum September 1994 20 Europäische Betriebsratsgremien, 1998 knapp 200 im Metall-, Stahl-, Elektro- und Textilbereich. Etwa 150 Europäische Betriebsräte konnten im Zuständigkeitsbereich der IG Metall gegründet werden. Der Vorstand der IG Metall hatte im November 1994 das Projekt ,Europäische Betriebsräte' beschlossen, an dem die Abteilungen Internationales-Ausland, Bildung und Gewerkschaftliche Betriebspolitik beteiligt waren. Die Hauptziele des Projekts waren (...) die Unterstützung bei der Gründung von Europäischen Betriebsräten und die Umsetzung der EBR-Richtlinie in deutsches Recht. Die Umsetzung wurde durch Gespräche, Tagungen, Öffentlichkeitsarbeit und die Anhörung im Bundestagsausschuss für Arbeit und Sozialordnung begleitet."[290]
Zusätzliche Anforderungen an eine gewerkschaftliche Betriebspolitik wurden im Zuge der Globalisierung der Unternehmen an die Konzernbetriebsrats-Beauftragten, (KBR), Gesamtbetriebsrats-Beauftragten(GBR) und Europäischer Betriebsrat-Beauftragten gestellt. Zur Unterstützung der Beauftragten setzte die IG Metall ein Kompetenz- und Service-Team ein. Unter der Koordination des EMB[291] „konzentrierten sich die Bemühungen (...) darauf, einen neuen Europäischen Betriebsrat sowie Voraussetzungen für eine europäische Mitbestimmungsregelung für den Verwal-

tungsrat der Gesellschaft zu schaffen und die standortbezogenen Interessen der von der Fusion betroffenen Belegschaften zu wahren".[292] Auf solche Entwicklungen war die IG Metall nur unzureichend vorbereitet.
Die Europäische Kommission verabschiedete 2002 ein Statut der Europäischen Aktiengesellschaft und eine Richtlinie zur Mitbestimmung in der Europäischen Aktiengesellschaft. Trotz intensiver Argumentation gegenüber dem Bundesministerium für Arbeit (BMA), enger Abstimmung mit dem Europäischer Metallgewerkschaftsbund (EMB) und dem Europäischen Gewerkschaftsbund (EGB) und vielfältiger Einflussnahmen gegenüber der Kommission und dem Europäischen Parlament gelang es nicht, bei Wegfall der nationalen Mitbestimmungsregelung eine adäquate Regelung für das europäische Unternehmen zu garantieren. Die Verhandlungslösung schloss folglich die „Gefahr einer reduzierten oder wegfallenden Mitbestimmung" ein. Trotz aller gewerkschaftlichen Aktivitäten war die Montanmitbestimmung zum „Auslaufmodell"[293] geworden.
Über europäische Gewerkschaftspolitik deutscher Gewerkschaften einschließlich der IG Metall wird in den Medien am Rande diskutiert. Walther Müller-Jentsch[294] spricht von einem ‚defensiven Internationalismus der Gewerkschaften'. Er beschreibt kritisch die zögerliche Europapolitik der Gewerkschaften. Die sozialwissenschaftliche und sozialgeschichtliche Gewerkschaftsforschung beschäftigte sich nach und nach mit den europabezogenen Aktivitäten der Gewerkschaften.[295] Im „Mitteilungsblatt des Institutes für soziale Bewegungen Heft 42/2009 der Universität Bochum wird unter dem Titel: *Deutsche Gewerkschaften und europäische Integration im 20. Jahrhundert*" eine vorläufige Bilanz der wissenschaftlichen Integrationsforschung gezogen. Jürgen Mittag leitete die Diskussion in der Veröffentlichung mit folgender kritischer Feststellung ein:[296] „Die europabezogenen Aktivitäten nationaler Gewerkschaften sind bislang weder von der Integrationsforschung noch von der Gewerkschaftsforschung eingehender untersucht worden. Dies gilt für die Bundesrepublik Deutschland ebenso wie für die anderen Mitgliedsstaaten der Europäischen Union. Die aktuelle Ausgabe des Mitteilungsblatts trägt diesem Umstand Rechnung und beleuchtet in diachroner Perspektive die Europaaktivitäten nationaler Gewerkschaftsorganisationen in der Bundesrepublik. Die Forschungsbeiträge behandeln in diesem Zusammenhang sowohl die Programmatik und die Organisationsstrukturen des DGB

bzw. der einzelnen Industriegewerkschaften als auch die im Hinblick auf das europäische Einigungsprojekt vollzogenen Anpassungsprozesse. Ihre Ergänzung finden die Forschungsbeiträge in Überblicken zur Archivlage." Die Bochumer Veröffentlichung war ein Anstoß zu Forschungen über europäische Aktivitäten des DGB, der DGB-Gewerkschaften und nicht zuletzt der IG Metall. In und zwischen den Gewerkschaften und auch in der Forschung wurde in den letzten Jahren verstärkt über Konzepte zur Betriebspolitik diskutiert. [297]
Reiner Hoffmann, der spätere DGB-Vorsitzende, forderte 1996 eine aktive Europäisierung der nationalen Gewerkschaftsarbeit. „Die Europäisierung der gewerkschaftlichen Interessenvertretung setzt nicht nur eine Stärkung der europäischen Strukturen voraus, sondern erfordert zugleich eine Europäisierung der nationalen Gewerkschaftsstrukturen. (...) Dies bedeutet, dass Europa nicht mehr lediglich von den internationalen Abteilungen der Gewerkschaften bearbeitet wird. Zunehmend mehr Politikbereiche werden durch die ‚europäische Ebene' tangiert (Sozialpolitik, Arbeits- und Gesundheitsschutz, Arbeitnehmerrechte, Umweltpolitik etc.). Dies erfordert die systematische Einbeziehung der Fachabteilungen und die Bildung von Projektgruppen für europäische Themenstellungen. (...) Die Europäisierung der Gewerkschaften ist jedoch ein langfristiger Prozess, der auch in Zukunft auf Vorbehalte und Grenzen stoßen wird."[298]

Kapitel 8

Die IG Metall als Dienstleistungsorganisation: die Binnenperspektive

Die vielfältigen Strukturbrüche in den achtziger und neunziger Jahren konfrontierten die IG Metall mit Mitgliederverlusten und schwindenden finanziellen Ressourcen, die die Handlungsfähigkeit der Organisation weiter einzuschränken drohten. Um ihre tarifliche und politische Gestaltungsfähigkeit zu erhalten und zu sichern, hat die IG Metall auf ihren Kongressen und Gewerkschaftstagen neue Ansätze und Konzepte diskutiert. Diese Debatten zielten auf eine Schärfung des gewerkschaftlichen Profils und eine Neujustierung der Funktion einer wirksamen Interessenvertretung angesichts veränderter Rahmenbedingungen. Die Debatten zur Zukunft der IG Metall, von denen oben schon die Rede war, hatten erstmals mit dem Organisationsentwicklungsprojekt auch die IG Metall als Organisation in den Fokus genommen, was davor nicht gerade üblich war. Damit rückte die IG Metall als Dienstleistungsorganisation selbst in den Mittelpunkt von Auseinandersetzungen und Aushandlungen zwischen den verschiedenen Ebenen und Akteuren der IG Metall.

1 Arbeitsfeld Organisation im Strukturwandel

Die Arbeitsbereiche Organisation und Verwaltung, Finanzen, Personal und Personalentwicklung, interne und externe Kommunikation, gewerkschaftliche Bildungsarbeit sind Kernpunkte und häufig Gegenstand interner Kontroversen und heftiger Auseinandersetzungen. Grundlage der Interessenvertretung der IG Metall ist die zentralistische Organisation, die sich in langen Prozessen herausgebildet hat. Das Arbeitsfeld Organisation wird – trotz seiner zentralen Bedeutung – in innerorganisatorischen Diskussionen häufig auf Organisationsstrukturen und die Effektivierung dieser Strukturen und ihre Funktionsfähigkeit eingeengt. Maßnahmen zur Aufrechterhaltung und auch zur Reform von Verwaltung und Organisationsabläufen sind unspektakulär.[299] Bemerkenswert ist, dass es keine sozialgeschichtlichen und sozialwissenschaftlichen Untersuchungen über die Organisationsentwicklung[300] der IG Metall und anderer Gewerkschaften gibt.

In den neunziger Jahren verschlechterte sich die finanzielle Lage der Metallgewerkschaft. Die Mitgliederverluste und auch der Ausstieg aus der Gemeinwirtschaft infolge des Neuen-Heimat-Skandals zwangen die IG Metall dazu, Sparprogramme zu erarbeiten, mit dem Ziel, die Kosten der Verwaltung und der gesamten Organisationsarbeit auf allen Organisationsebenen zu senken. Vieles kam auf den ‚Prüfstand': Ein erstes Sparprogramm wurde im Jahre 1994 beschlossen, weiterhin kam es zur Neuregelung der betrieblichen Altersvorsorge für die hauptamtlich Beschäftigten im Jahre 1998. In den Verwaltungsstellen wurden mit Unterstützung durch das Organisationsentwicklungsprojekt neue Arbeitsstrukturen und neue Kommunikationsformen entwickelt und erprobt. In der Vorstandsverwaltung wurden im Zuge der Modernisierung Instrumente zur politischen Planung und fiskalischen Budgetierung eingeführt. Diese Vorhaben, die die Organisationsabläufe der Vorstandsverwaltung betrafen, genügten jedoch nicht: es mussten zusätzliche Maßnahmen zur Verstetigung der positiven finanziellen Lage in den Verwaltungsstellen getroffen werden. Eine Antwort auf die Finanznöte war die Einführung eines sogenannten Strukturfonds.[301] Strukturfonds wurden „als Antwort auf den schnellen strukturellen Wandel, als Instrument zur finanziellen Unterstützung der Verwaltungsstellen durch die Hauptkasse geschaffen. Die geförderten Projekte und Maßnahmen sollen zur Bildung von nachhaltigen Strukturen zur langfristigen Stabilität der Verwaltungsstellen beitragen. Diese Förderung wurde im Berichtszeitraum erfolgreich fortgesetzt." Schwerpunkte, für die Mittel aus dem Strukturfonds vergeben wurden, waren Mitgliederwerbung in Handwerks-, Klein- und Mittelbetrieben, im Jugendbereich, in der Datenverarbeitungs- und Informationstechnologiebranche und weiter auch der Ausbau ehrenamtlicher Strukturen. Die Hilfen wurden in erster Linie von den Verwaltungsstellen in den neuen Bundesländern in Anspruch genommen. Der Strukturfonds betrug für die vier Jahre 1999 bis 2002 11.274.449 Euro einschließlich einer Sonderaktion für Berlin. Die ‚neue' Strukturfondsförderung wurde auch noch nach dem Gewerkschaftstag 2003 fortgesetzt. Damit war aus einer Sondermaßnahme eine stetige Subventionierung geworden – ein Zeichen dafür, wie prekär die finanzielle Lage in vielen Verwaltungsstellen insgesamt geworden war.

Neben den finanziellen Maßnahmen zur Absicherung des Strukturwandels auf lokaler Ebene erfolgte eine Straffung der Organisationsstrukturen auf Bezirksebene: Die Bezirke Berlin-Brandenburg und Dresden wurden am 1. April 1995 zum Bezirk Brandenburg-Sachsen mit Sitz in Berlin zusammengelegt, ebenso die Bezirke Dortmund und Wuppertal am 1. Januar 1997 zum Bezirk Nordrhein-Westfalen mit Sitz in Düsseldorf. Zum 1. Januar 1998 erfolgte die Umbenennung des Bezirks München in den Bezirk Bayern. Die Zahl der Verwaltungsstellen der IG Metall sank von 189 im Jahre 1994 durch Zusammenlegungen der lokalen Einheiten auf 179 im Jahre 1998. Die Effektivierung der Organisation der IG Metall wurde über das Jahr 2000 hinaus weitergeführt. Man verständigte sich auf Geschäftspläne, die zum zentralen Planungs-, Steuerungs- und Controlling-Instrument der Organisation entwickelt wurden. Ende des Jahres 2006 war die IG Metall in 172 Verwaltungsstellen gegliedert: Sie verteilten sich auf 145 in den alten und auf 27 in den neuen Bundesländern.

2 Schritte zu einer Modernisierung

Die schrittweise Modernisierung verlangte eine sorgfältige Vorbereitung und Planung. Bei Überlegungen zur Modernisierung wurde das Gerüst des Verwaltungsaufbaus mit den Ebenen Verwaltungsstellen, Bezirke und Vorstand nicht in Frage gestellt. Ein erster Schritt war die Umstellung der Datenverarbeitung und der Informations- und Kommunikationstechnologien. Die Beschäftigten standen plötzlich vor neuen Herausforderungen. Die Schwierigkeiten in der Metallgewerkschaft unterschieden sich nicht von denen in anderen Großorganisationen, wobei die IG Metall leider den Vorsprung an Erfahrungen, den sie in ihrer Arbeit in den Unternehmen in diesen Problemen gewinnen konnte, bei der Modernisierung der eigenen Organisation und Verwaltung kaum berücksichtigte, sie nur punktuell umsetzte und viele Fehlentwicklungen und auch Fehler anderer Großorganisationen wiederholte. Hier wurde deutlich, dass es zwischen der gewerkschaftlichen Betriebspolitik und dem Apparat keinen systematischen Austausch an Erfahrungen gab. Dies war ein Versagen des Vorstandes der IG Metall und der Organisationsabteilung.

Es gab in der IG Metall Beschäftigte, die sich bei diesen Prozessen den Gruppen ‚Rationalisierungsgewinner' und ‚Rationalisierungsverlierer'

zuordnen ließen – wie in anderen Dienstleistungsbereichen, in der staatlichen Verwaltung und in der Industrie.
Schon seit Anfang der achtziger Jahre hatte ein vorsichtiger Prozess der Umgestaltung der Verwaltungsabläufe eingesetzt, der sich bis in das Jahr 2000 hinzog, wobei die Ausdehnung der Organisation in die neuen Bezirke und der permanente Umbau in Folge von Mitgliederverlusten diesen Prozess verlängerte. Die Zweiten Vorsitzenden trugen Verantwortung für den ‚Apparat': 1972 bis 1983 Hans Mayr, 1983 bis 1986 Franz Steinkühler, 1986 bis 1989 Karl Heinz Janzen, 1989 bis 1993 Klaus Zwickel , von 1993 bis 1998 Walter Riester , von 1998 bis 2003 Jürgen Peters· von 2003 bis 2007 Berthold Huber und von 2007 bis 2013 Detlef Wetzel. Schwierigkeiten erwuchsen aus der Tatsache, dass fast alle hauptamtlichen Funktionärinnen und Funktionäre glaubten, etwas von Organisation und Organisationsentwicklung zu verstehen. Gute Ratschläge wurden erteilt, manche waren jedoch wohlfeil, weil man den eigenen Arbeits- und Organisationsradius nicht verändern wollte.
Der Wandel in den achtziger Jahren war von personellen Veränderungen begleitet. Auf die Ersten Vorsitzenden Eugen Loderer und Hans Mayr, beide in den zwanziger Jahren geboren, folgte 1986 Franz Steinkühler. Mit ihm rückte nach und nach eine Generation in Vorstandsämter ein, die in den Jahren des ‚Wirtschaftswunders' gewerkschaftlich sozialisiert worden war.[302] Die Mitglieder erwarteten eine Politik, die die bisherigen Erfolge sicherte und deren Weiterentwicklung anstrebte. Sie stellte neben einer Kritik an einzelnen Vorhaben die Aktivitäten der Führung nicht in Frage. Dies lässt den Schluss zu, dass die Mitglieder ihre Gewerkschaft auch nicht durch Aktionen und Bewegungen, die über einen Streik hinausgingen, in ihrer Existenz gefährdet sehen wollten. Damit waren ‚Leitplanken' gesetzt, die als ‚Grenzen' für die gewerkschaftliche Politik anzusehen sind.
Nach dem Gewerkschaftstag 1983 in München übernahm Franz Steinkühler die Verantwortung für den Bereich Organisation und damit die Vorhaben zur Modernisierung. Im Geschäftsbericht, der dem Gewerkschaftstag 1986 vorgelegt wurde, fasste er die Reformansätze in diesem Bereich in folgenden Ausführungen zusammen. „Die Bewältigung dieser Aufgaben erfordert eine Effektivierung der zu erbringenden Dienstleistungen für alle Gliederungen der Organisation sowie einen schnelleren und umfas-

senden Meinungs- und Informationsfluss zwischen den verschiedenen Organisationsgliederungen. Ebenso bedarf es einer schnellen, zielgerichteten und problemorientierten Vermittlung von Handlungshilfen und Hintergrundwissen für unsere hauptamtlichen Funktionäre. Um diese Effizienz der Arbeit auch unter veränderten Rahmenbedingungen sicherstellen zu können, muss die Organisationsabteilung die bestehenden organisatorischen und administrativen Gegebenheiten verbessern und sie den neuen Aufgabenstellungen gemäß weiterentwickeln."[303]

Die Aufgaben, die man sich gestellt hatte, waren umfassend: Der Vorstand der IG Metall richtete zur Umsetzung der genannten Ziele das Projekt Betriebsorganisations- und Kommunikationsstrukturen (BK) ein, das die Betriebsorganisation überprüfen und Vorschläge zur Veränderung, insbesondere der Kommunikationswege erarbeiten sollte. Die Zuständigkeiten in der Organisationspolitik wurden nach dem Gewerkschafstag 1986 neu aufgeteilt: die Organisationsabteilung blieb in der Verantwortung des neuen Zweiten Vorsitzenden, Karl-Heinz Janzen und das Reformprojekt (BK-Projekt) wurde Karin Benz-Overhage übertragen, die die eingeleiteten Arbeiten weiterführte.[304] Im Rahmen des BK-Projektes entzündete sich eine Diskussion über das Verhältnis von normaler Organisationsarbeit zu Projektarbeit. Unklar war, in welchen Arbeitsfeldern und Arbeitsbereichen herkömmliche Verwaltungsarbeit oder Projektarbeit eingesetzt werden konnte und sollte und in welchen nicht. Die Projektarbeit stellte zusätzliche Anforderungen an das Personal insgesamt und machte eine Weiterbildung der Beschäftigten notwendig.

Das Nebeneinander von normaler Organisationsarbeit und Projektarbeit führte zu innerorganisatorischen Spannungen, die oft von Beschäftigten ausgingen, die nicht an der Projektarbeit beteiligt waren, jedoch mit den Ergebnissen konfrontiert wurden und die Arbeitsergebnisse des Projektes übernehmen mussten. Die Bilanz des BK-Projektes im Geschäftsbericht für den Gewerkschaftstag 1989 machte ungewollt deutlich, dass das Projekt – trotz intensiver Bemühungen und Aktivitäten – nicht weit über das Stadium der ersten Planung hinausgekommen war. Nach 1990 wurde nach vielen Verzögerungen das Informationssystem ausgebaut.[305] Der Aufbau der IG Metall in den neuen Bundesländern beschleunigte die Modernisierung der Organisation insgesamt.

Eine systematische Untersuchung über die Finanzlage der IG Metall ist wegen mangelnden Zugangs zu entsprechenden Materialien nicht möglich. Deshalb werden nur stichwortartig einige Aspekte der Finanzentwicklung der IG Metall diskutiert. Über die Finanzen wurde intern und öffentlich nur dann gesprochen, wenn es sich um außergewöhnliche Aktivitäten handelte, wie z. B. die Finanzierung von Streiks oder in Fällen von Unterschlagungen sowie von Fehlentwicklungen und Krisen. In den achtziger Jahren fand jedoch – ungewollt und ungeplant – eine Politisierung in diesem Bereich statt: Die Krise der Gemeinwirtschaft prägte die Diskussionen über die Finanzen der Gewerkschaften. Die Gewerkschaften und insbesondere die IG Metall hielten sich mit Antworten auf Fragen nach den Auswirkungen der Krisen der Gemeinwirtschaft auf ihre Finanzen sehr zurück. Auf dem Höhepunkt der Neue-Heimat-Krise streikte zudem die IG Metall für die 35-Stundenwoche und machte deutlich, dass sie nach wie vor die notwendigen finanziellen Mittel für einen umfassenden Streik aufbringen konnte.

In der Hierarchie der IG Metall war der Hauptkassierer an dritter Stelle in der Reihe der geschäftsführenden Vorstandsmitglieder platziert und gehörte mit dem Ersten und dem Zweiten Vorsitzenden dem sogenannten ‚Präsidium‘ an – einem Gremium, das in der Satzung der IG Metall nicht vorgesehen war. Das ‚Präsidium‘ entwickelte sich zum zentralen Machtzentrum, das entscheidende Weichenstellungen in fast allen Politikfeldern vorbereitete. Norbert Fischer[306] war bis zu seinem Tod im November 1987 für die Finanzen der IG Metall zuständig. Zum Nachfolger von Norbert Fischer wurde der Erste Bevollmächtigte der IG Metall Verwaltungsstelle Gelsenkirchen, Werner Schreiber gewählt, ihm folgte Bertin Eichler.

Die IG Metall veröffentlichte wie alle anderen Gewerkschaften keine Haushaltspläne und beschränkte sich auf finanzielle Übersichten und Informationen, gekoppelt mit Angaben zur Mitgliederentwicklung. Der ‚politische Bereich‘ umfasste Ausgaben für Vorstand, Bezirke und Verwaltungsstellen. Der ‚Treuhandbereich‘ konzentrierte sich auf die Treuhandverwaltung IGEMET GmbH und weitere finanzielle Gesellschaften und Beteiligungen.[307] Über Stand und Entwicklung beider Bereiche legte der Hauptkassierer auf den Gewerkschaftstagen Rechenschaft ab.

Der Geschäftsbericht, der dem Gewerkschaftstag 1989 in Berlin vorgelegt wurde, umfasste eine magere Übersicht über die finanzielle Lage der

einzelnen Organisationebenen am Ende der achtziger Jahre. Sie zeigte deutlich finanzielle Schwierigkeiten der IG Metall auf. "Den Gesamteinnahmen in Höhe von 1.892 Millionen DM standen im Berichtszeitraum Gesamtausgaben von 1.523 Millionen DM gegenüber. Den Rücklagen konnte somit ein Betrag von 369 Millionen DM zugeführt werden. Die Ertragsüberhänge aus den Vermögensgesellschaften der IG Metall sind darin nicht enthalten. (...) Erstmals wurden, einer Anregung der Allgemeinen Treuhandgesellschaft folgend, für zu erwartende satzungsgemäße Leistungen, Rückstellungen ausgewiesen."[308] Von besonderer Bedeutung im politischen Bereich der Finanzen war die Mitgliederentwicklung, die in den neunziger Jahren starken Schwankungen ausgesetzt war. Bis zum 31. Dezember 1994 ging die Zahl der Vollbeitragszahler von 72,4 Prozent (31.12.1991) auf 62,7 Prozent (31.12.1994) zurück. Man hatte sich für dieses Jahr das Ziel gesetzt, insgesamt die Zahl von 3 Millionen Mitgliedern zu halten, was jedoch nicht gelang.
Die finanzielle Bilanz[309], die 1999 vorgelegt wurde, war sehr ernüchternd. „Über 98 Prozent der Einnahmen der IG Metall resultieren aus Mitgliedsbeiträgen. Entsprechend negativ wirken rückläufige Mitgliederzahlen und geringere Beitragseinnahmen auf die Finanzsituation der IG Metall. In 1992, dem Jahr mit den bislang höchsten Einnahmen der IG Metall, konnten 926 Millionen DM erwirtschaftet werden. 1995, im ersten Jahr der Berichtsperiode, waren es gerade noch 829 Millionen DM. 1997 markiert das Jahr der geringsten Einnahmen im Berichtszeitraum: 808 Millionen DM flossen in die Kassen der IG Metall. Erst 1998 ging es wieder aufwärts. Maßgeblich für die Steigerung auf 837 Millionen DM war vor allem die Integration der Gewerkschaft Textil-Bekleidung in die IG Metall. Die rückläufigen Einnahmen zeigen, wie wichtig es war, im Berichtszeitraum die Ausgaben unter Kontrolle zu halten und, wo immer es ging, zu verringern. Dies war eine Zielsetzung des 1994 beschlossenen Konzepts ‚Strukturmaßnahmen zur Ausgabenanpassung und Organisationsentwicklung 1994–1996'. Unterm Strich ist es nicht gelungen, die Ausgaben im selben Umfang und mit derselben Geschwindigkeit zu reduzieren, wie sich die Einnahmen vermindert haben." Das Ziel der IG Metall war es, einen ausgeglichenen Haushalt zu erreichen und die dazu notwendigen Ausgaben aus den Beitragseinnahmen zu finanzieren: Es galt durch gezieltes Sparen Mittel zu gewinnen, die für strategische Investitionen zur Sicherung der

Zukunftsfähigkeit eingesetzt werden sollten. Für die Mitgliederwerbung, die Zukunftsdebatte 2000 bis 2002 und für die Qualifizierung und Personalstrukturmaßnahmen wurden erhebliche Mittel aus dem Vermögen bereitgestellt – genaue Angaben wurden nicht veröffentlicht.
Ein besonderes Problem entstand durch den Ankauf des Bürogebäudes der Vorstandsverwaltung der IG Metall in Frankfurt. Auf dem 17. Ordentlichen Gewerkschaftstag in Hamburg 1992 und auf dem 18. Ordentlichen Gewerkschaftstag in Berlin 1995 wurden Vorwürfe über mögliche Verschwendung und Veruntreuung von Gewerkschaftsvermögen im Zusammenhang mit der Anmietung und dem Kauf von Bürogebäuden für die Vorstandsverwaltung in Frankfurt erhoben. Der Gewerkschaftstag in Berlin beschloss am 2. November 1995 die Einsetzung eines Untersuchungsausschusses zur Aufklärung der Vorwürfe über den Erwerb des Verwaltungsgebäudes des Vorstandes in Frankfurt. Der Ausschuss, unter der Leitung des Präsidenten des Oberlandesgerichtes Frankfurt, Horst Henrichs, legte seinen Bericht im Frühjahr 1997 vor: er führte zum Rücktritt des Hauptkassierers Werner Schreiber und zu sehr kritischen Diskussionen in der Mitgliedschaft. „Mehr Transparenz und mehr Steuerbarkeit, mehr Professionalität und mehr Kontrolle im Umgang der IG Metall mit ihren Finanzen: das [...war...] die Konsequenz, die die IG Metall aus dem Untersuchungsbericht“[310] ziehen sollte. Nach dem Rücktritt von Werner Schreiber ging die Führung der IG Metall zur Tagesordnung über: Bertin Eichler, Erster Bevollmächtigter der Verwaltungsstelle Amberg wurde in das Amt des ‚Finanzministers‘ der IG Metall gewählt. Der Hauptkassierer Eichler – so die offizielle Bezeichnung – hatte dieses Amt von 1997 bis 2013 inne. Seine besondere Leistung bestand in der Stabilisierung der Finanzen der IG Metall und damit der Sicherung der Aktionsfähigkeit der Gewerkschaft Metall. Der Vorstand der IG Metall veröffentlichte in seinen Geschäftsberichten und in sonstigen Verlautbarungen allgemeine Daten über die Finanzentwicklung. Es fehlen Angaben über die Kosten der Einheit, eine eindeutige Aufschlüsselung der Erträge und Verluste und weiterhin der Verluste durch die Abwicklung der Gemeinwirtschaft.[311]
Wann und wie tritt die IG Metall nach ‚außen' in Erscheinung? In den von der Presse und von der Politik begleiteten Tarifauseinandersetzungen, vor allem wenn die IG Metall streikt, um ihre Forderungen durchzusetzen,

zunehmend die gewerkschaftliche Betriebspolitik bei betrieblichen Konflikten und krisenhaften Wirtschaftsentwicklungen, bei denen Umstrukturierungen und Massenentlassungen drohen, kaum jedoch im Vergleich mit den Gewerkschaftstagen, Fachkonferenzen und Personengruppenkonferenzen – auch wenn sie noch so spektakulär angelegt sind. Sie haben zwar einen hohen internen Stellenwert, der sich jedoch nur schwer nach außen vermitteln lässt.
Im Vergleich zu anderen gesellschaftlichen Großorganisationen waren die Bereiche Medien und Kommunikation der IG Metall auf dem organisatorischen Stand der frühen siebziger Jahre stehen geblieben, was wenig über ihre Effektivität aussagt.[312] Die Zuständigkeiten im Bereich Medien und Kommunikation waren auf verschiedene Vorstandsmitglieder verteilt: Die Pressestelle gehörte wie in anderen Großorganisationen zum Arbeitsbereich des Ersten Vorsitzenden. Die beiden Vorsitzenden und das für Finanzen zuständige Vorstandsmitglied waren die Herausgeber der Zeitungen, wobei der Zweite Vorsitzende die organisatorische Verantwortung trug. Die Abteilung Werbung unterstand bis 1983 der Zuständigkeit von Ursel Ibler und ab 1983 der von Gudrun Hamacher . Die geschäftsführenden Vorstandsmitglieder behielten es sich vor, stetigen Einfluss auf diesen Arbeitsbereich zu nehmen, der sich vor allem auf die Bereitstellung finanzieller Mittel für die Werbung erstreckte, was dazu führte, dass jedes Vorhaben einzeln im Vorstand beantragt werden musste. Die Abteilung Werbung konzentrierte sich auf allgemeine Werbung, insbesondere auf die Mitgliederwerbung zusammen mit dem Vorstandsbereich Finanzen und weiterhin auf die Werbung im Rahmen der Tarifpolitik. Die große Werbekampagne in der Auseinandersetzung über die wöchentliche Arbeitsverkürzung war sehr erfolgreich. Im Rahmen der Zukunftsdiskussionen 1987 bis 1989 ergaben sich weitere Möglichkeiten, die jedoch nicht zu dauerhaften neuen Werbeaktivitäten führten.[313] Leider verzichtete die IG Metall in diesem Zeitraum auf eine Fortführung moderner Marketingaktivitäten und erarbeitete auch kein Konzept für ein gewerkschaftliches Dienstleistungsmarketing. Die Pressestelle war faktisch das Organ des Ersten Vorsitzenden, der diese Möglichkeit intensiv nutzte, während die übrigen Vorstandsmitglieder seltener über die Pressestelle öffentlich zu Wort kamen. Die Pressestelle arbeitete seit Anfang der achtziger Jahre auf einem hohen professionellen Niveau, was sich in der Phase des Kamp-

fes um die 35-Stunden-Woche deutlich zeigte. Weil es keine kontinuierliche Berichterstattung in den Medien gab, musste die Pressestelle häufig mit eigenen Informationsangeboten aktiv werden.

Die interne Kommunikation war Aufgabe der Mitgliederzeitung *Metall* und der Funktionärszeitung *Der Gewerkschafter*. Die Mitgliederzeitung *Metall* erschien vierzehntäglich in einer Auflage von über 2 Millionen Exemplaren. In der zweiten Hälfte der achtziger Jahre setzte eine Diskussion über die Modernisierung der Mitgliederzeitung ein. Sie erhielt ein überarbeitetes Layout. Die einmal monatlich erscheinende Funktionärszeitung *Der Gewerkschafter* in einer Auflagenhöhe von ca. 180.000 Exemplaren sollte aus Kostengründen eingestellt werden. In der zweiten Hälfte der achtziger Jahre fanden Diskussionen über einen neu zu gründenden Arbeitsbereich ‚Neue Medien' statt, die im Rahmen des BK-Projektes geführt wurden. Konkrete Schritte dazu wurden Anfang der neunziger Jahre eingeleitet. „Ausgehend von den immer wieder geführten Diskussionen über den Stellenwert der Medien der IG Metall, hat der Vorstand Ende 1989 ein umfangreiches Forschungsprojekt beschlossen. Wichtigstes Ziel des Projekts war es, zu untersuchen, wie die Darstellung gewerkschaftlicher Themen optimiert, wie die politische Durchschlagskraft mittels Informationen erhöht und wie das öffentliche Bild der IG Metall verbessert werden könnten."[314]

Man hoffte, eine Modernisierung in den neunziger Jahren fortführen zu können, jedoch war das ‚gemütliche Reformieren', wie man es im ‚etablierten Provisorium' der Bundesrepublik gewohnt war, vorbei: Schnelle und oft hektische Aktivitäten waren gefordert, Fehler und Fehlentscheidungen blieben nicht aus. Eine Zusammenarbeit der Arbeitsbereiche und eine Abstimmung der Arbeit gab es in den frühen neunziger Jahre nur in Ausnahmefällen. Die Bereiche Pressearbeit, Printmedien, Neue Medien, Werbung und Kulturarbeit waren weiter wie in den achtziger Jahren verschiedenen Vorstandsmitgliedern zugeordnet. Die Arbeit in diesen Bereichen wurde als einfach eingeschätzt, was viele Vorstandsmitglieder und Funktionärinnen und Funktionäre dazu verleitete, sich mit Kommunikation und Medien zu beschäftigen ohne den Rat und die Kompetenz von Fachleuten zu berücksichtigen. Aber auch hier konnten jedoch notwendige Umbauten vorgenommen werden: Die IG Metall organisierte Kampagnen, die in einzelnen Fällen, wenn auch nicht durchgehend, zu

einer aktionsbezogenen Kooperation der Arbeitsbereiche Pressestelle, Printmedien, Neue Medien, Werbung und Kulturarbeit führten.
In Schwierigkeiten gerieten die Printmedien: Sie mussten der Verpflichtung der Satzung nachkommen, nach der jedes Mitglied ein Exemplar des Mitgliederorgans Metall erhält. Das bedeutete, dass diese Zahl bis 1992 auf über 3 Millionen anstieg. Der Vorstand beschloss ein Medienprojekt, dass Vorschläge erarbeiten sollte, wie die Darstellung gewerkschaftlicher Themen optimiert, wie die politische Durchschlagkraft mittels Informationen erhöht und wie das öffentliche Bild der IG Metall verbessert werden könnte. Das Medienprojekt wurde im Herbst 1993 abgeschlossen: Im April 1994 wurden Schlussfolgerungen für die Gestaltung der Printmedien gezogen. Zum Jahresende 1994 wurde *Der Gewerkschafter* in der bisherigen Form ersatzlos eingestellt. Diese Entscheidung bedeutete einen großen Verlust für die interne Kommunikation, weil dieses Organ die Gruppe der hauptamtlichen und ehrenamtlichen Funktionärinnen und Funktionäre in besonderer Weise ansprach. Nach einer Optimierung des ‚Auftritts' hätte diese Zeitschrift weitergeführt werden können. Die Einstellung bedeutete eine Missachtung der Gruppe der Funktionärinnen und Funktionäre und wirkte sich zudem negativ auf die Aktivitäten zur Mitgliederwerbung und Mitgliederbindung aus, weil dadurch eine Chance zur kontinuierlichen Diskussion über diese Fragen entfiel. Als Ersatz wurde ein dünner Infodienst der IG Metall angeboten, der vierzehntäglich unter dem Namen *direkt* erschien. Daneben war ein Themenheft mit dem Namen *Standpunkt* geplant. Die Umgestaltung der Presseorgane und der neuen Medien wurden von einem Sparkurs begleitet, an dessen Ende die Reduzierung und Minimalisierung der Präsenz der Printmedien in der Organisation stand. Nach 1999 kam es zu weiteren Einschränkungen im Bereich der Printmedien aus politischen wie aus finanziellen Gründen, wie im Geschäftsbericht für die Jahre 1999 bis 2002 ausgeführt wurde.[315] Die Zahl der Ausgaben des Monatsmagazins Metall wurden weiter im Umfang reduziert, die Beilagen für Textil und Bekleidung (erstmals erschienen im April 1998) und für den Bereich Holz und Kunststoff (erstmals erschienen im Januar 2000) wurden zum 31. Dezember 2001 eingestellt. Das bedeutete eine Einschränkung der Diskussionsmöglichkeiten für die Mitglieder, die aus den früheren Gewerkschaften Textil-Bekleidung und Holz und Kunststoff zur IG Metall gewechselt waren. Im Januar 2001

stellte die IG Metall ihr Engagement bei *ran – das junge Magazin für Gewerkschaften* ein. Aus dem 12-seitigen IG-Metall-Teil in dieser Zeitschrift des DGB wurde ein 2-seitiges *IG Metall Spezial*. Die IG Metall veröffentlichte Ende des Jahres 2002 folgende Zeitungen und Presseorgane: das Mitgliederorgan *Metall* mit jährlich 10 Ausgaben in einer Auflage von 2,1 Millionen Exemplaren, weiterhin das Informationsblatt *direkt* für Funktionärinnen und Funktionäre in einer Auflage von ca. 160.000 Exemplaren. Daneben gab es das *Kfz-Magazin* für die Beschäftigten im Kfz-Handwerk, das alle drei Monate in einer Auflage von ca. 50.000 Exemplaren erschien und das *IT-Magazin* für die Beschäftigten in der IT-Branche, das ebenfalls nur alle drei Monate in einer Auflage von ca. 50.000 Exemplaren verlegt wurde. Die negative Entwicklung im Bereich Printmedien war eine dramatische Folge des Strukturbruchs, die die Aktionsfähigkeit der IG Metall einschränkte.

Die Reduktion der Zahl der publizistischen Veröffentlichungen wirkte sich negativ auf die Mitgliederwerbung und Mitgliederbindung aus und beeinträchtigte die Arbeitsmöglichkeiten der Funktionärinnen und Funktionäre auf regionaler und lokaler Ebene. Kritik an den fatalen Entscheidungen war in der Krise nicht angesagt. Ansätze zum Ausbau der neuen Medien wurden im Jahre 1996 verstärkt und ein Projekt „Angebot in Neuen Medien" am 14. Juli 1998 „erfolgreich abgeschlossen"[316], wie im Geschäftsbericht für die Jahre 1995 bis 1998 festgehalten ist. Im Mittelpunkt der Bemühungen stand der Aufbau eines organisationsinternen Intranets, das die interne Kommunikation auf allen Ebenen verbessern sollte. „Die einheitliche interne Wissensbasis und die verschiedenen Möglichkeiten der eigenen Beteiligung, die jederzeit von jedem Ort aus im Intranet genutzt werden können, bedeuten für die Hauptamtlichen eine erhebliche Unterstützung ihrer politischen Arbeit und einen beschleunigten Informationsfluss."[317]

Ein wichtiger Schritt zur Verbesserung der externen Kommunikation war der Aufbau eines Informationsangebots im Internet, das viele Zugriffe zu verzeichnen hatte. Daneben wurden zusätzliche Angebote von Abteilungen und Gliederungen, unter der Mithilfe der Online-Redaktion, in das Netz gestellt. Weiterhin entstand ein eigenes Netzwerk für Betriebsräte und Aktive. Intranet und Internet entwickelten sich zu selbstverständlichen Arbeitsmitteln der IG Metall. Nach der Integration der Gewerkschaft

Textil-Bekleidung und der Gewerkschaft Holz und Kunststoff wurden zudem die Angebote verbreitert und erheblich verbessert. Wie in den achtziger Jahren konnte der professionelle Standard der Pressestelle beibehalten werden. Fachkundig und effektiv sorgten sich die Mitarbeiterinnen und Mitarbeiter der Pressestelle um die Vertretung der IG Metall in der Öffentlichkeit. Die Kooperation mit Printmedien, Rundfunk und Fernsehen bewährte sich gerade in krisenhaften Phasen, wie nach dem Rücktritt von Franz Steinkühler als Erster Vorsitzender 1993 und bei der Diskussion um den Kauf der Verwaltungsgebäude in Frankfurt 1996. Die Pressearbeit veränderte sich in den neunziger Jahren. „Die Darstellung der IG Metall nach außen und nach innen läuft immer schneller und umfangreicher über die allgemein zugänglichen Medien. Die Öffentlichkeit – und damit auch unsere Funktionäre und Mitglieder – erfährt die Forderungen, Positionen und Beschlüsse der IG Metall zuerst aus den Zeitungen, Radio- und Fernsehnachrichten."[318]

Die Werbung umfasste eine Reihe von Arbeitsbereichen. Die folgende Zusammenfassung im Geschäftsbericht der IG Metall von 1995 bis 1998 vermittelt ein Bild dieser Aktivitäten. „Werbung soll die IG Metall nach innen und nach außen als moderne zukunfts-gerichtete Organisation darstellen, die sich für Verbesserungen im Arbeitsleben und soziale Gerechtigkeit einsetzt. Sie soll politische und tarifpolitische Ziele bekanntmachen, bei ihren Mitgliedern für Identifikation, bei Beschäftigten und in der Öffentlichkeit für Akzeptanz sorgen. Werbung soll die Sympathiewerte für die IG Metall verbessern und somit einen fruchtbaren Boden für die Mitgliederwerbung und Mitgliederbindung bereiten." Um Formen und Inhalte der Organisationsarbeit zu verbessern, suchte man neue Wege zur ‚Kundenorientierung', – auch – um die Kontakte zwischen ‚oben' und ‚unten' zu verbessern.[319] Die Umsetzung solcher Ziele in die Mitgliederwerbung gelang nur in Ansätzen und stieß bei Funktionärinnen und Funktionären und bei Mitgliedern auch auf Ablehnung, die die neuen Ansätze zur Werbung und Marketing als unpolitisch ablehnten, obwohl sie sich durchaus in ihrem persönlichen Bereich an den zahlreichen Anregungen von Werbung und Marketing und an den Werbeauftritten orientierten.

Die Programme zur Mitgliederwerbung konnten in wichtigen Teilen umgesetzt werden. Ergebnisse wissenschaftlicher Expertisen und statisti-

sche Erhebungen wurden in den neunziger Jahren eher in der Arbeit berücksichtigt als in den achtziger Jahren. Der Einsatz war mit der Hoffnung verbunden, verbesserte Informationen über die Interessen der Beschäftigten in den Betrieben und über die Mitglieder zu erhalten. Vorstand und führende Funktionärinnen und Funktionäre entwickelten ein bedingtes Interesse an statistischen Erhebungen; es war in der Hauptsache ein Arbeitsansatz der sogenannten zweiten Reihe der Funktionärinnen und Funktionäre; man setzte dagegen weiter auf das bisherige Sammeln von Informationen durch Vertrauensleute und Betriebsräte.
Die Diskussion über die alten und neuen Methoden versandete jedoch nach und nach. Die Kulturarbeit des Vorstandes der IG Metall unterstützte Aktivitäten in einzelnen Verwaltungsstellen, die Projekte mit Pilotcharakter durchführten. Für Konferenzen und Tagungen der IG Metall sowie im Zusammenhang mit großen Veranstaltungen und Demonstrationen „wurden Rahmenprogramme in Verbindung mit Künstlerinitiativen und Agenturen erarbeitet und durchgeführt." Auf den Gewerkschaftstagen wurden seit 1989 Kunstpreise der IG Metall verliehen. Notwendige Diskussionen über Marketing setzten erst mit Verzögerung ein. Ein vom Arbeitsbereich Werbung-Kulturarbeit erarbeitetes Konzept war ein erster Schritt. Die Umsetzung erfolgte in der Geschäftsperiode 1999 bis 2003. Die Abteilung Mitglieder legte dazu ein modifiziertes Marketingkonzept[320] vor, dass vom Vorstand beschlossen wurde. Die IG Metall setzte einen Schwerpunkt auf die Bildungsarbeit, die wichtig für Programmatik und Organisationspolitik war. „Die Bildungsarbeit als Teil der Organisationsarbeit der IG Metall war bestrebt, auch unter erschwerten Bedingungen ihren Beitrag zur Stärkung der gewerkschaftlichen Kampfkraft zu leisten."[321] Zielgruppen der Bildungsarbeit waren Vertrauensleute, Betriebsräte, ehrenamtliche Funktionärinnen und Funktionäre, und darüber hinaus aktive Mitglieder – eine Gruppe, die kaum einzugrenzen ist. Themen der gewerkschaftlichen Bildungsarbeit waren unter anderem das Betriebsverfassungsgesetz, Mitbestimmungsrechte, Arbeits- und Streikrechte, die Rolle der Einheitsgewerkschaft, Gewerkschaftsgeschichte und Fragen der Interessenvertretung allgemein. In den siebziger er und achtziger Jahren wurde eine interne und externe Auseinandersetzung über die gesellschaftspolitische und programmatische Ausrichtung der gewerkschaftlichen Bildung geführt. Die sogenannte ‚Marburger Schule' um

Professor Frank Deppe engagierte sich in der gewerkschaftlichen Bildungsarbeit und fasste Fuß in den Bildungsstätten der IG Metall. Es war ein Theorieansatz, den Wolfgang Rudzio[322] in einem Beitrag der Gewerkschaftlichen Monatshefte im Jahre 1979 ausführlich beschrieb und kritisierte. Die internen Diskussionen über gewerkschaftliche Bildung orientierten sich jedoch an den Grundlinien der gewerkschaftlichen Programmatik[323], wobei auch trennende Positionen formuliert wurden. Nach der Einheit traten ‚Flügelbildung' und Konflikte der achtziger Jahre zurück.
In einem ausführlichen Rückblick von Kurt Johannson, einem ehemaligen Mitarbeiter der Bildungsabteilung[324], wird die kontroverse Diskussion der siebziger und achtziger Jahre nachgezeichnet. Dazu ein längerer Beitrag aus seiner Analyse: „Geht in der gewerkschaftlichen Arbeiterbildung eine Periode zu Ende, die in den Thesen zur Bildungsarbeit der IG Metall aus dem Jahre 1972 ihren prägnantesten Ausdruck gefunden hatte? Es sieht ganz so aus, denn diese Thesen haben einer Bildungsarbeit den Boden bereitet, in der die Gewerkschaft mit einem zentralistischen Anspruch auftritt und implizit wie explizit das Handeln der Mitglieder und Seminarteilnehmer und -teilnehmerinnen an den gewerkschaftlichen Zielvorstellungen und Situationsbedingungen auszurichten sucht. (...) Theorie ist der Kompass für die Praxis, hieß ein von Hans Preiss propagiertes Motto der Bildungsarbeit, das dieser Handlungstheorie Ausdruck verlieh. Die Prozesse des politischen Handelns von betrieblichen Interessenvertretern wurden untrennbar mit Kategorien wie Erkennen, Interesse und Bewusstsein verknüpft. Mit großem theoretischen Aufwand, verpackt in einem materialreichen Theorieteil des detailliert in Fein- und Groblernzielen ausdifferenzierten Lernfadens, wollte die Bildungsarbeit den Teilnehmenden zu jenem gewerkschaftlichen Bewusstsein verhelfen, das aufgrund einer theoretisch angeleiteten Kapitalismuskritik für unverzichtbar gehalten wurde, und erst auf der Basis einer ‚angemessenen' Deutung der gesellschaftlichen Zusammenhänge im Allgemeinen und der Lage der Lohnabhängigen im Besonderen erfolgt die Vermittlung des Handlungswissens für die betriebliche Praxis. (...) Folgt man den Ergebnissen der Forschungsgruppe, die in er ersten Hälfte der neunziger Jahre die Grundlagenseminare der IG Metall untersucht hat, dann ist diese Frage nach dem Platz für die subjektiven Anteile im Bildungsprozess im Laufe der Jahre, insbesondere in den achtziger Jahren immer dringlicher

geworden und hat jene Konzeption von Bildungsarbeit, die von den Thesen zur Bildungsarbeit der IG Metall ausging letztlich mehr und mehr infrage gestellt. Die Ursachen dieser Entwicklung lassen sich in der veränderten gesellschaftlichen und betrieblichen Wirklichkeit ebenso finden wie im Wandel der Sozialstruktur und der Mentalitäten bei denen, die als Teilnehmer und Teilnehmerinnen die Bildungsveranstaltungen der Arbeiterbildung aufsuchen."

Hans Preiss[325], 1972 bis 1989 Vorstandsmitglied für gewerkschaftliche Bildungsarbeit, war die treibende Kraft in der Bildungsarbeit. Programmatische Diskussionen und eine breite Bildungsarbeit, in den zentralen Bildungsstätten sowie regional, gehörten für ihn zusammen. Das Arbeitsfeld umfasste Inhalte der gewerkschaftlichen Bildungsarbeit und Bildungsziele, Konzepte der pädagogischen Vermittlung und Methodenkompetenzen, Themenschwerpunkte und Anzahl der Seminare, Anzahl und Ausgestaltung der Bildungsstätten und vor allem, die finanzielle Ausstattung. Die konkrete Bildungsarbeit der achtziger Jahre war erfolgreich. Der Zuwachs an Teilnehmerinnen und Teilnehmern an den Veranstaltungen, Seminaren und sonstigen Schulungen stieg von Mitte der siebziger Jahre bis Anfang der neunziger Jahre kontinuierlich an.

Der Gewerkschaftstag in Berlin 1989 wählte Karlheinz Hiesinger, erfolgreicher Erster Bevollmächtigter in der schwäbischen Industrie- und Kulturmetropole Augsburg, zum Nachfolger von Hans Preiss. Karlheinz Hiesinger[326] übernahm die schwierige Aufgabe, die Bildungsarbeit neu auszurichten. Nach ersten erfolgreichen Maßnahmen wurde er jedoch schon auf dem Gewerkschaftstag 1992 in Hamburg abgewählt. Gründe für die Abwahl waren nicht im Fachlichen und im Politisch-Programmatischen sondern im Politisch-Atmosphärischen angesiedelt. Die auf dem Gewerkschaftstag verabschiedete Entschließung zur Bildungspolitik trug die Handschrift von Karlheinz Hiesinger. Sein Nachfolger von 1992 bis 1999 war Siegfried Bleicher[327], ihm folgte Wolf Jürgen Röder[328] von 2000–2007. Die Bildungsarbeit veränderte sich. Ein schlichtes Weiter so war nicht möglich. Die programmatische Bedeutung im Gesamtgefüge der IG Metall nahm kontinuierlich ab. Neue Konzepte und eine neue Praxis mussten für die Bildungsarbeit in den alten und in den neuen Bundesländern entwickelt werden. Bildung und Bildungsarbeit waren Felder, auf denen Fortschritte zur Integration der Mitglieder aus Ost und West in eine neue gemeinsame IG Metall geleistet werden konnten. Auf der Bildungskonferenz vom 22.–24. September 1994 wurden Eckpunkte zur Bildungsarbeit und Vorschläge für Projekte vorgestellt. Man bot neue Seminartypen an, stimmte den Bedarf an Bildungsmaßnahmen stärker als in den achtziger Jahren mit dem der Verwaltungsstellen und Bezirke ab. Gleichzeitig kam es auch zu ersten Sparmaßnahmen[329] in diesem Arbeitsbereich. Siegfried Bleicher griff wichtige Entwicklungen und Erfahrungen auf, bezog Vorschläge der örtlichen, regionalen und zentralen Bildungsarbeit in die Debatte ein. Die Reformdiskussionen nach dem Gewerkschaftstag 1995, konzentrierten sich auf die Entwicklung einer Rahmenkonzeption und auf Konzepte für grundlagenbildende Seminare und betriebs- und unternehmenspolitische Seminare. Ende der neunziger Jahre wurden zusätzliche Integrationsleistungen durch die Aufnahme zweier Gewerkschaften eingefordert: Die Gewerkschaft Textil – Bekleidung (GTB) und die Gewerkschaft Holz und Kunststoff (GHK) verfügten über ausgebildete Verfahren in der Bildungsarbeit, hatten zudem ihre Mitglieder aus den neuen Bundesländern weitgehend integriert und wie die IG Metall über Bildung und Bildungsarbeit eine eigene Organisationskultur entwickelt. Die Aufgabenstellung für eine neue Bildungsarbeit der IG Metall war damit weit gespannt: programmatische und methodische Konzepte, die Entwicklung und Erprobung neuer Bildungsansätze und Überprüfung der bisherigen Verfahren mit Blick auf die außergewerkschaftliche Bildungsarbeit und die Erwachsenenbildung. Der gesamte Reformprozess zog sich bis zum Gewerkschaftstag 2003 hin. Die Bildungsarbeit setzte sich die umfassende Aufgabe der „Vermittlung politisch-strategischer, fachlicher wie sozialer und methodischer Kompetenzen“.[330]

Die Diskussionen über die gewerkschaftliche Bildung als politische Bildung beeinflusste den Modernisierungsprozess in den neunziger Jahren. Nach Lothar Wentzel[331], führender Mitarbeiter in der Bildungsabteilung, ist gewerkschaftliche Bildungsarbeit “handlungsorientiert und will lohnabhängige Beschäftigte zu einer aktiven Vertretung ihrer Interessen befähigen. (...) Die Gewerkschaften nehmen für sich ein politisches Mandat in Anspruch. Sie wollen über die Einkommens- und Arbeitsbedingungen hinaus die gesamten Lebensverhältnisse der lohnabhängigen Bevölkerung verbessern. Dies betrifft auch den Erhalt der natürlichen Lebensgrundlagen, den Ausbau demokratischer Strukturen und die Sicherung

des inneren und äußeren Friedens. Diese Themen sind (...) Gegenstand der gewerkschaftlichen Bildungsarbeit. Kernaufgabe der Bildungsarbeit (...) ist die Entwicklung von politischer Handlungsfähigkeit. Das betrifft (...) die Interessenvertretungsarbeit in den Betrieben. Grundlage für ein zielgerichtetes politisches Handeln ist der Verständigungsprozess über die eigenen Interessenlagen und die Ziele und strategische Ausrichtung der gewerkschaftlichen Arbeit. Handlungsfähigkeit erfordert weiterhin einen aktiven, kritischen Umgang mit wesentlichen fachlichen Kenntnissen aus Bereichen wie Ökonomie, Arbeitsrecht, Tarifpolitik (...), aber auch arbeitsorganisatorische, soziale und kommunikative Kompetenzen. Ziel ist Hilfe zur Selbsthilfe: die Stärkung der Fähigkeit, selbständig unter Verhältnissen handeln zu können, die von ständigen Veränderungen und schwierigen Kräfteverhältnissen gekennzeichnet sind. Wesentliche Voraussetzung dafür ist die Stärkung der eigenen Kritik- und Urteilskraft. Dazu gehört die Fähigkeit, über die bestehenden gesellschaftlichen Verhältnisse hinaus denken zu können. Abstrakte Aufklärungsstrategien tragen kaum zur notwendigen Handlungsfähigkeit bei. Gewerkschaftliche Bildungsarbeit ist vor allem erfolgreich, wenn es ihr gelingt, die Lernbedürfnisse und Erfahrungen der Teilnehmenden zur Grundlage ihrer Seminare zu machen und daraus das Interesse an weiteren Zusammenhängen zu entwickeln. Zur gewerkschaftlichen Bildungsarbeit gehört auch die Arbeit an Haltungen. Eine wesentliche Voraussetzung für selbstbewusstes Handeln ist die Überwindung der gesellschaftlich zugewiesenen Rolle passiver Anpassung, die end mit dem Status von abhängig Beschäftigten verbunden ist. Dem Vorgesetzten oder der Geschäftsführung zu widersprechen, dazu gehören Mut und Zivilcourage, aber auch Wertmaßstäbe, die Sicherheit geben. Deswegen hat gewerkschaftliche Bildungsarbeit immer auch die Aufgabe zu ermutigen, das Vertrauen in die eigenen Fähigkeiten zu stärken und die eigenen Haltungen zu überdenken.
Darüber hinaus ist die gewerkschaftliche Bildungsarbeit auch immer ein Ort des spontanen Erfahrungsaustausches. Dabei spielt das ‚zweite Seminar‘ also die seminarfreie Zeit, eine große Rolle. Das Gefühl, in der Mühsal der eigenen Arbeit nicht allein zu stehen und die Anregungen durch Gleichgesinnte bedeuten oft eine wichtige Ermutigung und Stärkung für den Einzelnen. “

Eine systematische Personalentwicklung und Personalplanung kannten die IG Metall, die DGB-Einzelgewerkschaften und auch der Dachverband DGB nicht. In den achtziger Jahren waren fast 3.000 Frauen und Männer bei der IG Metall beschäftigt. Dass es sich um einen Arbeitsplatz für Beschäftigte mit unterschiedlichen Tätigkeitsfeldern handelte, der einer systematischen Personalarbeit bedurfte, war vielen Funktionärinnen und Funktionären nicht klar. Nach dem Selbstverständnis der IG Metall standen im Mittelpunkt des Interesses an Personalfragen Funktionärinnen und Funktionäre, die politische Verantwortung trugen und weniger die Beschäftigten in den Dienstleistungsbereichen des Apparates, ohne die keine erfolgreiche Arbeit möglich war. An dieser Stelle wird die Arbeit der hauptamtlichen Gewerkschaftsfunktionärinnen und Gewerkschaftsfunktionäre in den Verwaltungsstellen nicht untersucht. Auf eine besondere Entwicklung soll jedoch hingewiesen werden. In den industriellen Ballungszentren wird über die Arbeit der Gewerkschaften, insbesondere in den Großbetrieben in der lokalen Presse berichtet. Dies gilt jedoch nicht für die sogenannte industrielle Provinz, die auch eine gewerkschaftliche Provinz ist, „eine Art Organisations- und Aktionsfeld zweiter Ordnung. In den „Vorständen (sind) die Probleme der eher ländlich-kleinstädtisch geprägten Regionen mit überwiegend mittelständischen Betrieben, in denen die großen Industriekonzerne vielleicht noch mit der einen oder anderen ,verlängerten Werkbank vertreten sind, nicht unbekannt. Doch in ihrer Bedeutung werden sie zwangsläufig durch die Zentrierung der gewerkschaftlichen Bemühungen auf Großbetriebe und industrielle Zentren in den Hintergrund gedrängt. Diese Prioritätensetzung folgt organisationspolitischen Handlungszwängen, deren Logik man sich schwer entziehen kann“.[332]

Eine ‚Zweiteilung‘ der Beschäftigtengruppen der IG Metall in Funktionäre und Dienstleistende entwickelte sich in den siebziger und achtziger Jahren stärker heraus und führte parallel zu einer wachsenden Bedeutung des Betriebsrats der IG Metall. Für viele Funktionärinnen und Funktionäre und Beschäftigte war die IG Metall ein gut dotierter Arbeitsplatz, wie in Verbänden, Großorganisationen, Parteien und Kirchen auch. Die beiden Vorsitzenden und der Hauptkassierer bildeten die Personalkommission

und entschieden alle wichtigen Fragen im Bereich der Personalentwicklung. Erst in den neunziger Jahren wurden Ansätze zu einer systematischen Personalentwicklungsplanung in der IG Metall diskutiert, entsprechende Maßnahmen beschlossen und nach und nach umgesetzt. Die IG Metall löste den Mehrbedarf an Aufgaben und Aktivitäten zunächst durch eine Erhöhung der Zahl der Beschäftigten.
Neben der Personalentwicklung für die Verwaltung bemühte sich die IG Metall auch um eine Personalentwicklung in den Berufsgruppen der hauptamtlichen Funktionärinnen und Funktionäre. Mitgliederverluste und geringere Einnahmen hatten insgesamt negative Auswirkungen auf die Personalentwicklung. Im Geschäftsbericht für die Jahre 1995–1998 wird auf diese Zusammenhänge hingewiesen: „Das Umdenken in der Ausgabenpolitik konnte nicht ohne Auswirkungen für die Personalpolitik der IG Metall bleiben. Trotz notwendiger Einsparungen auch im Personalkostenbereich musste die Personalpolitik an die Erfordernisse (...) der Organisation als einer politischen Dienstleistungsorganisation angepasst werden mit der Konsequenz, dass nicht mehr, sondern vor allem gut qualifiziertes Personal benötigt wird."[333] Erst spät im Vergleich zu anderen Großorganisationen veränderte die IG Metall ihre Personalarbeit von der bloßen Personalverwaltung zu einer Betreuung und Beratung der Beschäftigten, die sie auch auf die Verwaltungsstellen ausdehnte. Die Übernahme der Beschäftigten der Gewerkschaft Textil – Bekleidung und der Gewerkschaft Holz und Kunststoff verlief ohne Schwierigkeiten. Seit dem Jahre 2000 werden politische Sekretärinnen und Sekretäre in einem Traineeprogramm ausgebildet.[334] Das Programm leitete eine erfolgreiche systematische Nachwuchsarbeit ein. Hans Prott und Florian Schramm führten eine Evaluation des ersten Durchgangs des Traineeprogramms durch und kamen zu folgendem zusammenfassenden positiven Urteil: „Nach unserer Überzeugung hat die IG Metall mit ihrem Traineeprogramm einen guten und wichtigen Schritt in die Richtung einer systematischen Personalpolitik getan. Das qualitativ hochwertige Traineeprogramm ist ein notwendiger Baustein einer strategisch ausgerichteten Personalpolitik. Das Traineeprogramm ist jedoch nicht hinreichend: Eine strategische Personalentwicklung, die auf einer Personalplanung fußen muss, umfasst weitere Elemente, wobei wir insbesondere an die langfristige Personalentwicklung der Sekretärinnen und Sekretäre denken."[335]

Die IG Metall entschied sich zudem, wie viele andere Organisationen auch, für eine ‚Genderpolitik' nach den politischen Vorgaben der EU und der Bundesregierung. Dem Gewerkschaftstag 2003 wurde ein erster Bericht[336] vorgelegt – ein aufschlussreicher ‚Blick nach innen'. Die Delegierten des Gewerkschaftstages, die um den Nachholbedarf in diesem Arbeitsfeld wussten, entschieden sich für eine Fortsetzung der Genderpolitik: „Die unterschiedlichen und vielfältigen Interessen und Lebenssituationen von Frauen und Männern sollen in den Handlungsfeldern der Organisation durchgehend beachtet werden. Gender Mainstreaming soll die Chancengleichheit der Geschlechter und die Attraktivität der IG Metall nach innen und außen erhöhen. Dabei ist der Wandel der Lebensentwürfe und Geschlechterrollen zu berücksichtigen."[337]

Die prekäre finanzielle Lage zwang die IG Metall dazu, die Belegschaft auf „sozialverträgliche Weise"[338] zu verringern. Im Geschäftsbericht für die Jahre 2003 bis 2006 heißt es dazu: Im Jahre 2006 „waren im Verwaltungsbereich 109 und im politischen Bereich 59 Kolleginnen und Kollegen weniger beschäftigt als 2003. Überproportional hoch war der Abbau in den Verwaltungsstellen mit 9, 13 Prozent, gefolgt von der Vorstandsverwaltung mit 4,09 Prozent. Dabei ist in beiden Fällen der Rückgang bei den Verwaltungskräften stärker als bei den politischen Hauptamtlichen." Die Reduzierung des Personals blieb nicht ohne Auswirkungen auf die Aktivitäten zur Mitgliederwerbung und zur Mitgliederbindung. Die IG Metall setzte die ‚Reduzierung des Personals in der Fläche fort' – Maßnahmen, die der DGB zu diesem Zeitpunkt schon seit fast 20 Jahren praktizierte.

Wer waren die Beschäftigten der IG Metall? Die Mitarbeiterinnen und Mitarbeiter trugen die Bezeichnung Funktionärinnen und Funktionäre – ein Sammelbegriff für ehren- und hauptamtliche Tätigkeiten in den Gewerkschaften; viele Beschäftigte in den Dienstleistungsbereichen lehnten diese Zuordnung ab; der Begriff ist unpräzise und beschreibt die Tätigkeiten in den Aufgaben- und Aktionsfelder nicht. Zu der Gruppe, die hier nicht beschrieben wird, zählen ehrenamtliche Funktionärinnen und Funktionäre: Vertrauensleute in den Betrieben, Betriebsratsmitglieder die Gewerkschaftsmitglieder sind, Arbeitskreisleiter auf Orts- und Bezirksebene und weitere gewählte Vertreterinnen und Vertreter in den gewerkschaftlichen Gremien und Arbeitsgruppen. Die Gruppe ehrenamtlicher Funktionärinnen und Funktionäre umfasste in den achtziger Jahren ca.

130.000 Frauen und Männer, die zusammen mit den hauptamtlichen Funktionären den sogenannten aktiven Kern der Gesamtorganisation bildeten. Die ehrenamtlichen Funktionärinnen und Funktionäre nahmen jedoch einen starken Einfluss auf die Formulierung tarifpolitischer Ziele und übernahmen gerade in den tarifpolitischen Auseinandersetzungen und den Auseinandersetzungen über Arbeits- und Gewerkschaftsrechte eine zentrale Rolle.

Die IG Metall als Organisation stellte öffentlich keine Fragen nach der Qualität des Arbeitsplatzes Funktionär[339]; ein Berufsbild hauptamtliche Funktionäre und Funktionärinnen war nicht entwickelt. Hauptamtliche Kräfte arbeiteten in den Verwaltungsstellen, in den Bezirken, in der Vorstandsverwaltung und in den Bildungsstätten. Bis in die neunziger Jahre lassen sich folgende allgemeine Rekrutierungswege für das Berufsfeld Gewerkschaftsfunktionär aufzeigen: Hauptamtliche Funktionäre legten die Grundlage dazu in betrieblichen Aktivitäten, in der Mitarbeit in den Verwaltungsstellen, in der Bildungsarbeit und in der Weiterqualifizierung durch arbeiterbildende Akademien oder durch gewerkschaftliche Fortbildungsmaßnahmen. In den siebziger und frühen achtziger Jahren wurden Maßnahmen zur Weiterbildung der Funktionäre durchgeführt. Diese Seminare für Bevollmächtigte und Sekretäre, die bis 1985 angeboten wurden,[340] genügten jedoch nicht den Anforderungen, die an eine systematische Weiterbildung gestellt wurden. Mit Beschluss des Vorstandes vom 13. Januar 1987 wurde eine eigene Abteilung für Aus- und Weiterbildung eingerichtet und dem Zuständigkeitsbereich des damaligen Zweiten Vorsitzenden, Karl Heinz Janzen[341], zugeordnet.[342]

Der Beruf Gewerkschaftsfunktionär ist berufssoziologisch ein ‚Beruf in der Diskussion', weil es keine eindeutigen Kriterien für Ausbildung und Qualifizierung gibt, und weil das Arbeitsfeld in Bezug auf seine einzelnen Einsatz- und Tätigkeitsbereiche weit gespannt ist. Die berufssoziologische Betrachtungsweise ist in Gewerkschaften nicht üblich, weil Gewerkschaften als betriebliche Interessenvertretungen und gesellschaftspolitische Bewegungen und nicht als Dienstleistungsorganisationen mit Berufen und Arbeitsplätzen gesehen werden. In den gewerkschaftlichen Verlautbarungen und auch in den öffentlichen Auftritten der Funktionäre steht die Darstellung als politischer Verband und sozialer Bewegung im Vordergrund. Gewerkschaften sind jedoch auch Dienstleistungsorganisationen. Viele Mitglieder erwarten Dienstleistungen, ein Grund, warum sie eingetreten sind und oft stehen Dienstleistungen in der Rangliste der Gründe für eine Mitgliedschaft an erster Stelle vor gesellschaftspolitischen Zielen – sehr zum Leidwesen vieler Funktionärinnen und Funktionäre, die eine andere Rangfolge befürworten, nicht zuletzt, um das gewerkschaftliche Druckpotenzial noch stärker für gesellschaftspolitische Ziele setzen zu können.

Diese Spannungen schlagen sich in den Arbeitsfeldern der Funktionärinnen und der Funktionäre nieder: Es kommt zu einer Ausfächerung in die Gruppe politischer Funktionäre und die der Dienstleister mit zahlreichen Übergängen und Zwischenstufen. Für viele, die ihren Arbeitsplatz in den Gewerkschaften gefunden haben, werden die gewerkschaftlichen Organisationen zur ‚Heimat' und für manche zum Ersatz ‚einer Kirche'. Die tägliche Arbeit der Gewerkschaftsfunktionäre der IG Metall, beispielsweise in den Bereichen Arbeit und Arbeitsmarkt, Sozialpolitik und Sozialverwaltung, betriebliche Mitwirkung und Mitbestimmung, wird von vielen Beschäftigten geschätzt. Diese Arbeit ist jedoch öffentlich weitgehend unbekannt und wird von den Medien kaum beachtet. Ein Grund liegt darin, dass sie nicht spektakulär ist.

Die Einschätzung des Berufsfeldes von außen ist häufig negativ, wobei vorschnelle abwertende Qualifizierungen mit allgemeiner Unkenntnis über die Tätigkeiten der Funktionärinnen und Funktionäre einhergehen. Affären im Gewerkschaftsbereich werden schärfer als in anderen Bereichen öffentlich kritisiert. Die negativen Einschätzungen führen bei Funktionärinnen und Funktionären dazu, sich mehr in der ‚Wagenburg' als in der gesellschaftlichen Öffentlichkeit aufzuhalten. Die Abschottung verhindert nicht nur die Auseinandersetzung mit dem Gegner, sondern erschwert auch die Kommunikation mit gesellschaftlichen Kräften, die offen gegenüber Gewerkschaften sind. Die Funktionärinnen und Funktionäre engen damit ihren Handlungsspielraum ein, was negative Rückwirkungen auf ihre Arbeit und auch ihr Selbstbewusstsein hat.

Ein aus der praktischen Arbeit entwickeltes Verfahren zur Personalauswahl war die Tätigkeit als Schwerpunktsekretär, ein Verfahren, das in seinen Anfängen bis in die sechziger Jahre zurückreicht. Der Schwerpunktsekretär wurde in den ersten Jahren nur für besondere Aufgaben eingesetzt, jedoch entfaltete sich nach und nach aus diesen Maßnahmen

eine Form zur Qualifizierung als Nachwuchssekretärinnen bzw. Nachwuchssekretär. Ihr Einsatz konzentrierte sich zunächst auf die Handwerks- und die Personengruppenarbeit, aber auch auf allgemeine Organisationsaufgaben in den Verwaltungsstellen und Bezirksleitungen. Anfang der neunziger Jahre beschloss der Vorstand eine Neukonzeption. Es wurde festgelegt, „in Zukunft ausschließlich Verwaltungsstellen in kritischen Situationen" zu unterstützen und „innovative Ansätze der Gewerkschaftsarbeit auf allen Ebenen" zu fördern.[343]
Schwerpunktsekretäre bildeten eine ‚Organisationsfeuerwehr': Ein wichtiges Arbeitsfeld waren Mitgliederwerbung und Mitgliederbindung.
Im ‚Apparat' arbeitet eine ‚Gruppe' akademisch ausgebildeter Funktionärinnen und Funktionären, die ohne die ‚Ochsentour' über die betriebliche und lokale Gewerkschaftsarbeit ihre ‚Jobs' als ‚Fachleute' erlangt hatten. In den siebziger und achtziger Jahren erhöhte sich der Anteil an Neuzugängen mit Fachhochschul- und Hochschulausbildung in vielen Bereichen der Vorstandsverwaltung, in den Bezirksleitungen, aber auch in den Verwaltungsstellen. Der Prozess der ‚Akademisierung' der Berufsgruppe Funktionäre war nicht systematisch angelegt und vollzog sich auch nicht geplant. Einen besonderen Arbeitsbereich stellte die Vorstandsverwaltung dar, in der in den achtziger Jahren ca. 600 Mitarbeiterinnen und Mitarbeiter für die Vorstandsmitglieder tätig waren. Claus W. Witjes hat in seiner Studie *Gewerkschaftliche Führungsgruppen* den Einfluss solcher Verwaltungsapparate für die sechziger und frühen siebziger Jahre untersucht. Er sah keine Tendenzen zur „Verselbständigung bürokratischer Apparate von den gewählten Führungen"[344] Diese Feststellung trifft auch für die späteren Jahrzehnte zu – trotz der Selbsteinschätzung vieler in der Vorstandsverwaltung, die dies anders sahen und sehen wollen und zugleich damit ihren Einfluss überschätzen.
Der Weg von Frauen in eine hauptamtliche gewerkschaftliche Tätigkeit und weiter in eine Führungsfunktion der Männer- und Arbeitergewerkschaft IG Metall war schwierig und ist es auch heute noch. Frauen müssen sich intensiver als Männer engagieren, um ihre Fähigkeiten und ihre Bereitschaft zur gewerkschaftlichen Arbeit nachdrücklich zu unterstreichen. Weiterhin sind sie häufig in Konkurrenzkämpfe mit ihren gewerkschaftlichen Kollegen verwickelt, die sie als Hindernis auf dem Wege zum Aufstieg fürchteten. Erst im Jahre 1958 – zehn Jahre nach der Gründung der

IG Metall – wurde mit Margarete Traeder[345] zum ersten Mal eine Frau geschäftsführendes Vorstandsmitglied in der Metallgewerkschaft und übernahm das Ressort Frauenpolitik, das bis dahin von Männern geleitet worden war. Die sozial-liberale Gesetzgebung zur Gleichstellungspolitik in den siebziger Jahren verbesserte die beruflichen Möglichkeiten für Frauen in den Gewerkschaften. Zeitlich verzögert und später als andere Großorganisationen und Unternehmen entschied sich die IG Metall für die Frauenförderung in den eigenen Reihen, nicht zuletzt um in einer zentralen gesellschaftlichen Frage mit anderen Gruppen gleichzuziehen und um junge Frauen für eine Mitgliedschaft und eine Mitarbeit in der Gewerkschaft zu interessieren.

Der Vorstand der IG Metall verabschiedete am 8. Juli 1986 einen Frauenförderplan für den hauptamtlichen Bereich, in dem Zielvorgaben für den Vorstand und die Verwaltungsstellen festgelegt wurden:[346] „Da die Frauen in hauptamtlichen politischen Funktionen der Verwaltungsstellen bislang stark unterrepräsentiert waren, empfahl sich eine unterschiedliche Vorgehensweise zwischen Vorstand und Verwaltungsstellen. Der Vorstand legte im Frauenförderplan für seinen Zuständigkeitsbereich fest, die freiwerdenden Stellen so lange vorrangig mit Frauen zu besetzen, bis ihr Organisationsanteil (1988: 15, 1 v.H.) erreicht ist. Als erste Maßnahme war sicherzustellen, dass in allen Bezirksleitungen mindestens eine Kollegin in hauptamtlich politischer Funktion beschäftigt wird. (...) Aufgrund des geringen Anteils von Frauen in hauptamtlichen politischen Funktionen in den Verwaltungsstellen konnte die Zielvorgabe, Frauen entsprechend ihrem Organisationsanteil zu beschäftigen, bis zum Ende des Berichtszeitraums nicht erfüllt werden. Der Vorstand hat daher den Ortsverwaltungen empfohlen, beim Ausscheiden von hauptamtlich tätigen Funktionären vorrangig Frauen einzustellen und dafür ein längerfristiges Konzept zu entwickeln.“ Im Geschäftsbericht[347] für den Gewerkschaftstag 1989 wird eine erste Bilanz gezogen. „Schon im ersten Jahr nach der Beschlussfassung über den Frauenförderplan gelang es, in der Vorstandsverwaltung den Anteil der hauptamtlichen Kolleginnen über ihren Organisationsgrad hinaus anzuheben. Auch in den Verwaltungsstellen konnten die Zahl der Kolleginnen in politischen Funktionen erhöht werden. Im Gesamtergebnis verbesserte sich der Anteil der politisch tätigen Frauen von 7,7 v.H. im Jahr 1986 auf 9,3 v.H. in 1987 und 10,5 v.H. Ende 1988.“[348]

Unabhängig von den Diskussionen über die Personalentwicklung in den achtziger Jahren war es ein ungeschriebenes Gesetz, dass Funktionärinnen und Funktionäre auf lokaler und regionaler Ebene aus der ‚Mitte des Betriebes' kommen, dass sie betriebliche Abläufe aus eigener Tätigkeit und Erfahrung kennen, beruflich möglichst gut qualifiziert sind und an gewerkschaftlichen Aktivitäten im Betrieb teilgenommen haben. Die berufliche Herkunft allein, möglichst als Facharbeiterin oder Facharbeiter, genügte nicht, denn Funktionärinnen und Funktionäre mussten auch über Qualifikationen verfügen, die sie zur Ausübung der vielfältigen Führungs-, Organisations- und Verwaltungsaufgaben befähigten, nicht zuletzt auch in der schwierigen Funktion als Co-Manager in Wirtschafts- und Beschäftigungsproblemen. Solche Aufgaben häuften sich nach und nach und führten folgerichtig dazu, dass in den neunziger Jahren Fragen der Personalentwicklung verstärkt in den Mittelpunkt der Organisationsentwicklung der IG Metall rückten. Wer sich nach seinem Eintritt in die IG Metall in der täglichen gewerkschaftlichen Arbeit im Betrieb engagierte und auch bereit war, unspektakuläre Aktivitäten im Betrieb zu übernehmen, wuchs allmählich in eine Gruppe von Aktiven hinein, die für Funktionen und Ämter ausgewählt wurden.
Alle Vorstandsmitglieder der achtziger Jahre waren zunächst auf der betrieblichen Ebene aktiv. Nach Jürgen Prott und Axel Keller sind "die kulturelle Nähe zwischen sozialer Herkunft, Bildungsweg und beruflichem Horizont"[349] und der Besuch gewerkschaftsnaher Bildungseinrichtungen besonders wichtig. Der Idealtyp des Funktionärs verkörpert "das strenge Muster einer lebenslangen Bindung an die Gewerkschaftsbewegung".[350] Ulrich Borsdorf[351] weist in seinem Aufsatz *Deutsche Gewerkschaftsführer – biographische Muster* darauf hin, dass an der Spitze der Gewerkschaften nach der Gruppe ‚Gewerkschaftsbeamte' und ‚Funktionäre' in den siebziger Jahren die Gruppe der ‚Manager' folgte, zu denen er den DGB-Vorsitzenden Heinz O. Vetter zählt. Diese Muster lassen sich auch – im weitesten Sinne – auf die Vorsitzenden der IG Metall von Hans Brümmer[352] über Walter Freitag[353], Otto Brenner[354], Eugen Loderer, Hans Mayr, Franz Steinkühler, Klaus Zwickel, Jürgen Peters und Berthold Huber bis Detlef Wetzel übertragen. Die Karrieren der Vorsitzenden sind nicht geradlinig verlaufen, wie der Begriff Karriereverlauf zunächst vermuten lässt. Die Karriereverläufe der Vorsitzenden enthalten eine Reihe

von ungeplanten Elementen, auch bei denen, die nicht durch Diktatur und Krieg an der Erfüllung ihrer beruflichen Wünsche gehindert waren. Die führenden Funktionärinnen und Funktionäre hatten in ihrer gewerkschaftlichen Sozialisation gelernt, die Anforderungen der Organisation als ihren persönlichen Handlungs- und Orientierungsrahmen anzunehmen. Der Erste Vorsitzende und der Vorstand personifizierten gleichsam den Handlungs- und Orientierungsrahmen nach innen und nach außen. Auftretende Spannungen im Verhältnis zwischen persönlichen Bedürfnissen und den Anforderungen der Organisation lösten viele leitende Funktionäre durch eine Unterordnung der persönlichen unter die gewerkschaftlichen Belange. Von Vorstandsmitgliedern und Vorsitzenden wurde erwartet, dass sie eine ‚konsequente Interessenvertretung' durchführten. Die Umsetzung dieses beruflichen Konzeptes erforderte von Funktionärinnen und Funktionären ein ‚Leben in der Organisation'.[355] Die IG Metall hatte in einem Zeitraum 1948 bis 2018 nur 11 Erste Vorsitzende. Die lange Amtsdauer deutet auf eine stabile Struktur der IG Metall hin, eine Akzeptanz der Führenden durch die Funktionäre und ein weitgehend gefestigtes Beziehungsgeflecht zwischen Mitgliedern, Funktionären und Vorstandsmitgliedern. Der soziale Aufstieg war für alle steil und ihre Herkunft unterschied sie von anderen Angehörigen der Elite in der Bundesrepublik Deutschland, die in der überwiegenden Zahl aus höheren sozialen Schichten stammten. Viele Vorstandsmitglieder und Vorsitzenden berichten, dass ältere Funktionäre ihre gewerkschaftliche Arbeit unterstützten, ihre Karriere förderten und als positive Vorbilder wirkten. Förderer auf betrieblicher Ebene waren oft Betriebsratsvorsitzenden, die mit ihrem Engagement für die Interessen der Beschäftigten die jungen Gewerkschaftsmitglieder beeindruckten, Vorbild waren und in einigen Fällen eine ‚gewerkschaftliche Vaterrolle' übernahmen. Eine besondere Rolle nahm Willi Bleicher[356] ein, der die Karrieren von Eugen Loderer, Hans Mayr und Franz Steinkühler intensiv förderte. Einfluss übte Bleicher als ‚Stuttgarter Übervater' auf den gewerkschaftlichen Berufsweg vieler Funktionäre aus, so auch auf den von Klaus Zwickel und Walter Riester. Nach Otto Brenner kamen von 1972 bis 2003 und wieder ab 2007 alle Ersten Vorsitzenden aus dem Bezirk Stuttgart. Diese Liste reichte von Eugen Loderer über Hans Mayr, Franz Steinkühler, Klaus Zwickel bis zu Berthold Huber. Eine Ausnahme ist Detlef Wetzel aus dem Bezirk Nordrhein-Westfalen. Klaus

Kempter bezeichnet in seiner Studie über Eugen Loderer Gewerkschaftsfunktionäre als „Organisationspatrioten"[357] und lenkt mit dieser Feststellung den Blick auf Fragen der Motivation.
In den Gewerkschaften werden traditionelle Auffassungen über das Berufsethos des Funktionärs ausgesprochen, die in formelhaften Bezeichnungen, wie ‚Hingabe an die Organisation', ‚Aufgehen in der Gewerkschaftsarbeit', ‚ständige Bereitschaft und Engagement' zusammengefasst werden. Solche Auffassungen vertragen sich „immer weniger mit den subjektiven Dispositionen"[358] der heute nachrückenden Generationen. Brauchen die Gewerkschaften einen anderen Typ Funktionärin bzw. Funktionär? Man weiß eher, was man nicht mehr will, als umgekehrt, was man will und welche beruflichen Orientierungen angeboten werden sollen. Funktionärin und Funktionär sind bereit, sich zu engagieren, jedoch nicht mehr in einer Totalität und mit ihrer gesamten Person. Mehr und mehr lösen sie sich von den traditionellen Berufsvorstellungen. Sie sind selbständiger und offener für die Anforderungen der Mitglieder und auch für ihre eigenen Bedürfnisse, ihre kulturellen Wünsche und Neigungen.
Die IG Metall erwartet von den Funktionärinnen und Funktionären, dass sie führen statt verwalten. Elemente eines traditionellen Konzeptes werden damit kritisiert und infrage gestellt. Das Konzept führen statt verwalten, dass in Großorganisationen angewendet wird, löst in der IG Metall eine interne Diskussion aus, der sich die Organisation nicht entziehen kann. Der notwendige Konflikt nach dem Strukturbruch bietet Chancen für eine moderne Gewerkschaftsarbeit. Sie bietet Chancen für verbesserte Kontakte und Arbeitsansätze zwischen der Funktionärsebene und den Mitgliedern.

4 Innergewerkschaftliche Konflikte

Zu den gesellschaftspolitischen Konflikten in den späten neunziger Jahren kam eine brisante Personalfrage, in der innergewerkschaftliche Auseinandersetzungen kulminierten. Die Austragung der Konflikte über die Nachfolge von Klaus Zwickel verschärften die bis dahin geübten Vorgehensweisen, die bei internen Auseinandersetzungen in der IG Metall üblich waren. Die Konflikte trugen Züge eines Machtkampfes von Funktionärsgruppen in Großorganisationen, die zu einem Vertrauensverlust in

der Mitgliedschaft führten, weiter zu einem wachsenden Desinteresse von Mitgliedern, Betriebsfunktionärinnen und Betriebsfunktionären und auch von Funktionärinnen und Funktionären der Verwaltungsstellen an der Arbeit und dem Auftreten der Führung.
Im Jahre 1998 war der Versuch gescheitert, Jürgen Peters als Nachfolger von Walter Riester zu verhindern, der in die rot-grüne Regierung berufen worden war. Nach einem ungeschriebenen Gesetz stand dem Zweiten Vorsitzenden der IG Metall das ‚Recht' zu, zum Ersten Vorsitzender gewählt zu werden. Folglich waren seit 1998 Querelen in dieser Frage bis zum Gewerkschaftstag 2003 vorgezeichnet. Ein letzter Versuch, Jürgen Peters zu verhindern war der Vorwurf, er habe die Tarifauseinandersetzung um die Arbeitszeitverkürzung in den neuen Bundesländern 2003, die in einen Streik führte, zur weiteren Profilierung nutzen wollen.[359] Die Dramatisierung in diesem Konflikt führte dazu, dass Klaus Zwickel als Erster Vorsitzender zurücktrat– wenige Woche vor dem Gewerkschaftstag, an dem sein Mandat auslief. Der schon geplante Gewerkschaftstag wurde nach dem Rücktritt von Klaus Zwickel zweigeteilt: Phase 1 vom 29.-31. August 2003 in Frankfurt, Phase 2 vom 14.–18. Oktober 2003 in Hannover. Es kam zu einem Personalkompromiss: Jürgen Peters wurde zum Ersten Vorsitzenden und der Bezirksleiter von Baden-Württemberg, Bertolt Huber, zum Zweiten Vorsitzenden gewählt.
Was konnten IG Metall und Öffentlichkeit von Jürgen Peters und Bertold Huber erwarten? Beide einigten sich auf eine Erklärung, die sie am 23. Juli 2003 veröffentlichten[360] – ein Schritt, der zeigte, wie stark die Spannungen im Funktionärskörper der IG Metall waren. Die Erklärung war die Grundlage für gemeinsame vier Jahre. Hier einige Auszüge aus der Erklärung – eine Erklärung, die wie eine Koalitionsvereinbarung zwischen Koalitionspartnern klingt, die sich ‚nicht grün' sind: „Die IG Metall befindet sich derzeit in einer schweren Krise. Im Vorfeld des 20. Ordentlichen Gewerkschaftstages tun sich tiefe Meinungsverschiedenheiten auf, die dem Ansehen und der Stärke der IG Metall schaden. Eine Gewerkschaft, die den Interessen ihrer Mitglieder verpflichtet ist, muss alle Kräfte aufbringen, diesen Zustand zu beenden. Ausgehend vom verlorenen Arbeitskampf in der ostdeutschen Metall- und Elektroindustrie ist in der IG Metall ein Streit über politische und mögliche persönliche Konsequenzen entbrannt. Die Tarifbewegung im Osten werden wir genau analysieren

und aufarbeiten. Wir betonen: Die IG Metall ist als Einheitsgewerkschaft dazu verpflichtet, ihre Unabhängigkeit gegenüber Regierungen, Konfessionen und politischen Parteien zu wahren. Dies schließt die Akzeptanz unterschiedlicher politischer Meinungen ausdrücklich ein, verbietet aber die Aufteilung der IG Metall in Lager und Fraktionen. Die unselige Debatte über vermeintliche Modernisierer und Traditionalisten trifft nicht das Wesen der Meinungsunterschiede in der IG Metall. Wir müssen sie beenden. Unterschiedliche Meinungen, Widerstreit und Diskussionen sind unabdingbare Voraussetzungen für eine lebendige Organisation. Der Wettbewerb der Argumente gibt uns die Möglichkeit, unsere Ziele besser zu definieren. Unsere Fähigkeit, diese Vielfalt in solidarisches Handeln zu übersetzen, macht die IG Metall zu einer starken gesellschaftlichen Kraft. Wir sind beide überzeugt, dass die IG Metall nicht nur reformfähig, sondern auch reformwillig ist. Ihre geeinte Kraft ist unverzichtbar, um die Herausforderungen der Veränderungen der Arbeitsgesellschaft und des Sozialstaates im Interesse der abhängig Beschäftigten und des Gemeinwohls zu gestalten. Beide sind wir der Auffassung, dass wie die Debatte hierzu in einem offenen, beteiligungsorientierten und transparenten Diskurs in der IG Metall führen müssen. Hier können wir an die Ergebnisse der Zukunftsdebatte anknüpfen. (...) Die IG Metall wird ihren Reformanspruch in der Gesellschaft deutlich artikulieren. Gleichzeitig müssen wir uns gegen die Angriffe der Arbeitgeber und aus Teilen der Politik auf die Gewerkschaften, die Tarifautonomie und das System der Flächentarifverträge wehren. Die Verteidigung von in Tarifverträgen vereinbarten Mindeststandards und der Beteiligungs- und Mitbestimmungsrechte der Beschäftigten im Betrieb und den Unternehmen erfordert große Geschlossenheit in der IG Metall. Durchgesetzte Erfolge schützen und Gestaltungsfähigkeit beweisen – beides verlangt eine IG Metall, die in Betrieb, Region und Gesellschaft handlungsfähig ist. Basis hierfür ist die Bindekraft de Organisation in den Betrieben und die Gewinnung neuer Mitglieder. Wir müssen mit unserer Politik angemessen auf Veränderungen in der Struktur der Beschäftigten in den von der IG Metall vertretenen Branchen reagieren. Das verlangt u. a. eine Veränderung in unserem Auftreten, eine je besondere Ansprache, Veränderungen in unserer betriebspolitischen Arbeit und bei unserem Bemühen um neue Mitglieder. Die Mehrheit der Arbeitnehmer bilden heute gut ausgebildete Beschäftigte. Sie für eine aktive Mitarbeit in der IG Metall zu gewinnen ist eine zentrale Herausforderung für die Zukunftsfähigkeit der IG Metall. Wir werden uns beide darum bemühen, dass der 20. Ordentliche Gewerkschaftstag im Oktober die hierfür notwendigen Impulse gibt. Das Vorziehen der Wahlen Ende August, eröffnet die Chance, diesen Gewerkschaftstag mit der neuen Führungscrew der IG Metall in diesem Sinne vorzubereiten. Die IG Metall ist unter diesen Bedingungen fähig, aus der tiefen innerorganisatorischen Krise zu lernen und einen neuen Aufbruch zu wagen. Solidarische und demokratische Auseinandersetzungen im Inneren, die Fähigkeit zur Bewältigung von Zukunftsaufgaben im Interesse unserer Mitglieder, das Formulieren klarer Ziele und Geschlossenheit nach außen machen die IG Metall zu einer attraktiven Organisation. Diese Fähigkeiten wollen wir der IG Metall gemeinsam erhalten und sie für die Zukunft verbessern. Wir wollen diese Verantwortung übernehmen und Vorbild für eine handlungsfähige IG Metall sein, mit der auch in Zukunft jeder rechnen kann und muss."

Nach diesem Kompromiss waren die Wahlen von Jürgen Peters und Berthold Huber ungefährdet. Hingegen gab es eine Niederlage des linken Flügels: Klaus Ernst[361] scheiterte bei seiner Bewerbung zum geschäftsführenden Vorstandsmitglied. Der zweite Teil des Gewerkschaftstages konzentrierte sich auf die ‚normalen' Diskussionen über die Entschließungen mit den Arbeitsschwerpunkten für die nächsten vier Jahre. Die innergewerkschaftliche Krise bestand weiter, sie wurde vertagt und mit den Aufgabenstellungen der normalen Interessenvertretung überdeckt.

Nach 16 Jahren Zukunftsdebatte kehrte die IG Metall auf den Gewerkschaftstagen 2003 und 2007 in ihren Entschließungen zu den traditionellen Formen zurück, programmatische Ziele mit einer ‚mittleren programmatischen Reichweite' und nicht als großen Entwurf zu formulieren. Auf europäischer Ebene diskutierten Sozialdemokraten über die Weiterentwicklung des Sozialstaates. Der britische Premier Tony Blair und Bundeskanzler Gerhard Schröder erarbeiteten ein Konzept, das als Schröder-Blair-Paper im Juni 1999 veröffentlicht wurde. Es hatte jedoch kaum Einfluss auf die europäische Gesellschaftspolitik und auch nicht auf die deutsche[362], nicht zuletzt, weil der britische Premier Tony Blair keine Interessen an Initiativen zur Sozialpolitik hatte. Die Führung der IG Metall distanzierte sich von dem am 4. Juni 1999 veröffentlichten programmatischen Vorschlag.[363] Die möglichen Folgen einer Politik nach dieser Vorlage hätten in ihrer Konsequenz zu Einschnitten in der Sozialpolitik geführt. Das ‚Papier' verschwand schnell von der politischen Bühne. Heinrich August Winkler[364] gab in der kurzen öffentlichen Diskussion Folgendes zu bedenken: „Die Autoren sind sich darüber im Klaren, dass dies nicht ohne das Schlachten heiliger Kühe zu schaffen ist. Im Grunde stellen sie die Sozialdemokraten vor die Frage, ob sie eine sozialkonservative Partei bleiben oder eine sozialliberale Partei werden wollen. Blairs Labour Party hat sich für den zweiten Weg entschieden, Schröders SPD noch nicht. (...) Die Mentalität der Besitzstandswahrung verhindert hierzulande immer noch Konsequenzen aus der Einsicht, dass es besser ist, Arbeit als Arbeitslosigkeit zu finanzieren."

Kapitel 9

Vom Bündnis für Arbeit zu den Hartz-Reformen: Arbeitsmarkt- und Sozialpolitik der IG Metall in den neunziger Jahren

Unter der Bezeichnung „Bündnis für Arbeit“ haben die IG Metall und der DGB in den neunziger Jahren Veränderungen in der Arbeitsmarkt- und Sozialpolitik gefordert und Vorschläge in die politische Auseinandersetzung eingebracht, die aber ohne nachhaltige Wirkungen blieben und zu heftigen Kontroversen mit der konservativ-liberalen Regierungsmehrheit führten. Auch mit der rot-grünen Regierungsmehrheit kam es zu Auseinandersetzung um di Agenda 2010 und die Hartz-Gesetze zu heftigen Konflikten, die insgesamt das Verhältnis zwischen der IG Metall, der Regierungspolitik und den politischen Parteien einer Belastungsprobe ausgesetzt haben.

Ein zentraler Beitrag der IG Metall zur Lösung der Arbeitsmarktkrise in den neunziger Jahren war ihr Vorschlag für ein ‚Bündnis der Arbeit‘. Vorbild für dieses Konzept war die ‚Konzertierte Aktion‘ der sozial-liberalen Regierung[365], das einen festen Stellenwert in den Diskussionen über Kooperationen von Regierung, Unternehmern und Gewerkschaften beibehielt.[366]

Auf dem 18. Ordentlichen Gewerkschaftstag der IG Metall in Berlin 1995 legte Klaus Zwickel einen Plan für ein Bündnis der Arbeit mit folgenden Schwerpunkten vor: Lohnzurückhaltung in Form der Begrenzung der Lohnerhöhung auf den Inflationsausgleich für das Jahr 1997 und Akzeptanz befristeter Einarbeitungsvorschläge bei der Einstellung von Langzeitarbeitslosen auf der Basis von Gegenleistungen der Wirtschaft. Die Wirtschaft sollte auf betriebsbedingte Kündigungen von 1996 bis 1998 verzichten. Weiter sollten 300.000 zusätzliche Arbeitsplätze geschaffen, 30.000 Langzeitarbeitslose eingestellt und die Zahl der Ausbildungsplätze pro Jahr um 5 Prozent gesteigert werden. Weiterhin sollte die Bundesregierung auf eine Kürzung von Arbeitslosengeld und Arbeitslosenhilfe verzichten und zusätzlich eine Ausbildungsumlage einführen. Die Vorschläge der IG Metall lösten öffentliche Diskussionen aus, die von Zu-

stimmung bis Ablehnung reichten. Die Frage war, ob die IG Metall mit ihrem Vorschlag eine Chance für eine faire gesellschaftspolitische Auseinandersetzung hatte oder ob der Vorschlag von der Regierung Kohl und den Arbeitgeberverbänden ‚schlicht' abgelehnt wurde. Die Agenda, die die IG Metall für eine Diskussion über ein ‚Bündnis für Arbeit' formuliert hatte, beinhaltete Themen, die weit über die übliche Tarifpolitik hinausgingen. Die Chronik der Ereignisse belegt – leider – deutlich, dass die Regierung Kohl, die von diesem Vorschlag überrascht worden war, kein Interesse an einer seriösen Diskussion hatte.
Die IG Metall veröffentlichte den Vorschlag für ein ‚Bündnis für Arbeit' am 1. November 1995, den der DGB-Bundesvorstand am 5. Dezember 1995 aufgriff. Am 23. Januar 1996 verständigten sich Bundesregierung, Repräsentanten von Wirtschaft und Gewerkschaften auf eine Diskussion über ein ‚Bündnis für Arbeit und Standortsicherung'. Nur eine Woche später, am 30. Januar. 1996, verabschiedete das Bundeskabinett jedoch im Zusammenhang mit dem Jahreswirtschaftsbericht ein ‚Aktionsprogramm für Investitionen und Arbeitsplätze', das als Beitrag der Bundesregierung zum ‚Bündnis für Arbeit' verstanden werden sollte. Der DGB lehnte diesen Vorschlag der Bundesregierung am 6. Februar 1996 als unzureichend ab. Der nächste Schritt der Bundesregierung erfolgte nach einer zeitlichen Verzögerung am 23. April. 1996 und konfrontierte die Gewerkschaften auch mit den Absichten, die gesetzliche Lohnfortzahlung im Krankheitsfalle zu reduzieren, den Kündigungsschutz einzuschränken und das Rentenrecht zu verschlechtern.
Diese Vorhaben der Bundesregierung implizierte eine eindeutige inhaltliche Absage an ein Bündnis für Arbeit. Sie bedeuteten auch eine Absage an seriöse Verhandlungen über ein ‚Bündnis für Arbeit'. Die gewerkschaftliche Initiative war damit zum Scheitern verurteilt worden. Am 25. April. 1996, zwei Tage später, veröffentlichte die Bundesregierung ein ‚Programm für mehr Wachstum und Beschäftigung' mit Vorschlägen zur Verbesserung der Rahmenbedingungen für die Unternehmen, insbesondere für mittelständische Unternehmen.[367] Die konservativ-liberale Bundesregierung war auch – wie schon früher – an einem konstruktiven Dialog mit den Gewerkschaften nicht interessiert.
Im Rückblick machte die IG Metall in ihrem Geschäftsbericht für die Jahre 1995 bis 1998[368] noch einmal deutlich, wie notwendig ein ‚Bündnis für

Arbeit' war: „Vor dem Hintergrund anhaltend hoher Massenarbeitslosigkeit, fehlender Ausbildungsplätze und zunehmender gesellschaftlicher Spaltung blieb die Beschäftigungskrise der größte soziale Skandal und die größte politische Herausforderung der Gegenwart. Mit dem Vorstoß für ein ,Bündnis für Arbeit' hat die IG Metall 1995 die beschäftigungspolitische Initiative ergriffen. Diese große Chance, von folgenlosen Reden endlich auf den Weg gegenseitig verpflichtender Vereinbarungen und zu problemlösenden Taten zu kommen, wurde von der konservativ-liberalen Bundesregierung verspielt und von handlungsunwilligen Arbeitgeberverbänden blockiert. Anstatt mit den Gewerkschaften das anvisierte Ziel der Halbierung der Arbeitslosigkeit bis zur Jahrtausendwende anzugehen und im breiten Konsens den Sozialstaat zu erneuern, entschieden sich Bundesregierung und Wirtschaftsverbände für politischen Konflikt und soziale Konfrontation. Eine breite gesellschaftspolitische Kampagne ,Für Arbeit und soziale Gerechtigkeit' und betriebliche Mobilisierung (...) waren die Antworten der Gewerkschaften auf falsche politische Weichenstellung der Regierung und untaugliche neo-liberale Konzepte der Unternehmerverbände".
Nach 16 Jahren konservativ-liberaler Regierung erhofften sich die Gewerkschaften von einer rot-grünen Regierung eine Unterstützung in ihren Anliegen, vor allem in den Handlungsfeldern Arbeits- und Sozialpolitik. Klaus Zwickel forderte 1998 – kurz vor der Bundeswahl – einen Kurswechsel.[369] „Der Kurswechsel muss (...) sicherstellen, dass eine prinzipiell andere Politik auf die Tagesordnung kommt, (...) Eine neue Politik muss auch die gesellschaftliche Arbeitszeit fördern. Ohne weitere Fortschritte bei der Verkürzung der allgemeinen Arbeitszeiten wird es nie wieder eine realistische Perspektive auf Vollbeschäftigung geben können. Es ist und bleibt Sache der Tarifparteien, weitere Arbeitszeitverkürzung zu vereinbaren. Aufgabe von Regierungspolitik wäre es, bei der Bekämpfung des Überstunden-Unwesens zu helfen. Gebraucht wird außerdem eine Teilzeitoffensive mit einer verbesserten Alterssicherung für die Betroffenen. Und wir wollen auch politische Initiativen und Ideen, die den Prozess der Arbeitszeitverkürzung unterstützen. Es gibt keine fertigen Drehbücher für eine andere Politik zur Bekämpfung von Arbeitslosigkeit und zur Forderung von sozialer Gerechtigkeit. Doch sind heute schon viele Schritte

absehbar, die in die richtige Richtung weisen. Sie müssen endlich engagiert gegangen werden".

Die Liste der Forderungen war lang und die Gewerkschaften erhofften sich darüber hinaus engere Kontakte zur Regierung insgesamt, wie dies in der Phase der sozialliberalen Koalition von 1969 bis 1982 der Fall gewesen war. Kurz vor der Bundestagswahl 1998 griff die IG Metall das Vorhaben eines Bündnisses für Arbeit erneut auf und forderte eine Neuauflage der Diskussionen nach der Bundestagswahl. Die rot-grüne Regierung, die nach der Bundestagswahl 1998 gebildet wurde, nahm die Idee auf und entwickelte dazu im Jahre 1999 neue Vorschläge. Die Federführung für die Diskussion über ein „Bündnis für Arbeit, Ausbildung und Wettbewerbsfähigkeit" lag im Bundeskanzleramt: Vorbereitung und Koordination der Spitzengespräche wurden von einer Steuerungsgruppe vorgenommen. Die Sitzungen zum Bündnis für Arbeit, das einen hohen Stellenwert in der rot-grünen Regierung hatte, leitete Bundeskanzler Gerhard Schröder selbst. Das Regierungsvorhaben löste zunächst ein großes Interesse in der Öffentlichkeit und in den beteiligten Verbänden aus, weil man mit einer solchen Diskussion nicht nur ein neuer Politikstil kreiert wurde, sondern weil mit dem Bündnis wichtige gesellschaftliche und ökonomische Entscheidungen vorbereitet werden sollten.[370] Dem Gremium gehörten als Repräsentanten der Wirtschaftsverbände sowohl bei den Spitzengesprächen als auch in der Steuerungsgruppe der Bundesverband der Deutschen Industrie (BDI), die Bundesvereinigung der Deutschen Arbeitgeberverbände (BDA), der Zentralverband des deutschen Handwerks und der Deutsche Industrie- und Handelskammertag (DIHK) an. Die Gewerkschaften waren durch den DGB, die Einzelgewerkschaften IG Metall, ÖTV, IG Bergbau, Chemie und Energie und die Deutsche Angestelltengewerkschaft (DAG) vertreten. Schnelle Ergebnissee und Entscheidungen waren trotz effizienter Organisation nicht zu erwarten. Die IG Metall, die vor der Bundestagswahl 2002 eine kritische Bilanz der Diskussionen in dem „Bündnis für Arbeit, Ausbildung und Wettbewerbsfähigkeit" zog, war sehr enttäuscht über die mageren Ergebnisse: „Erfolge (...) waren die Ausbildungsplatzzusage, die in den Jahren 1999 und 2000 zum Ausgleich von Nachfrage und Angebot an Ausbildungsplätzen geführt hat. Ebenso können die Vereinbarungen zur Qualifizierungsoffensive und zur verbesserten Altersteilzeit positiv gewertet werden. In der Bekämpfung der Ar-

beitslosigkeit durch eine offensive Politik der Arbeitsumverteilung, durch die Beschränkung von Überstunden und eine präventive Arbeitsmarktpolitik konnten keine Fortschritte erzielt werden. In vielen Einzelpunkten war es wegen der Blockadehaltung der Arbeitgeberverbände nicht möglich, zu gemeinsamen Auffassungen und Vereinbarungen zu kommen".[371]
Nach dem Regierungswechsel[372] 1998 wurde ein Teil der Erwartungen der Gewerkschaften durch die Einlösung von Wahlkampfversprechen zufriedengestellt. Sozialpolitische Vorhaben der Regierung führten. Dazu gehörte die Rentenreform in den Jahren 2000 und 2001, die zu einer langfristigen Senkung des Rentenniveaus führte und damit zum Ende der dynamischen Rente, die es von 1957 bis 2001 gegeben hatte. Kern des Kurswechsels in der Alterssicherungspolitik war die sogenannte ‚Riester-Rente'. Die Regierung Schröder führte den Kurswechsel in der Sozialpolitik nach der Wahl 2002 fort, was weiter zu einem latenten und später offenen Konflikt zwischen der Regierung Schröder mit dem linken Flügel der SPD und den Gewerkschaften führte. Die Auflösung des Bundesministeriums für Arbeit und Sozialordnung (BMA), „die Stätte der großen Koalition aus christdemokratischen und sozialdemokratischen Sozialpolitikern und mehr als jedes andere Ministerium eine Art Verbändeherzogtum der Gewerkschaften"[373], schwächte den Einfluss der Gewerkschaften auf die Sozialpolitik.
Die Regierung Schröder brach damit mit einer wichtigen Tradition. Die für Arbeitspolitik zuständigen Abteilungen des Bundesministeriums für Arbeit (BMA) wurden mit dem bisherigen Bundesministerium für Wirtschaft und Technologie, einem marktwirtschaftsorientierten Gegenspieler des Bundesministeriums für Arbeit, zu einem Ministerium für Wirtschaft und Arbeit (BMWA) unter der Leitung von Wolfgang Clement (SPD)[374] zusammengefasst und der Bereich Sozialordnung des ehemaligen BMA in das Gesundheitsministerium eingegliedert. Daraus entstand ein neues – allerdings um die Arbeitsmarktpolitik verschlanktes – Sozialstaatsministerium unter dem Namen Bundesministerium für Gesundheit und soziale Sicherung.
Man hoffte, dass nach der Bundestagswahl 2002 die gemeinsamen Aktivitäten zu einem Bündnis für Arbeit, Ausbildung und Wettbewerbsfähigkeit' fortgesetzt würden, was jedoch nicht stattfand. Wenige Wochen vor der Bundestagswahl, am 16. August 2002, stellte die Bundesregierung neue

Initiativen zur Arbeitsmarktpolitik vor: Die Kommission ‚Moderne Dienstleistungen am Arbeitsmarkt' unter der Leitung des VW-Personalvorstand Peter Hartz legte einen Bericht mit Vorschlägen zur Reduzierung der Arbeitslosenzahlen vor.[375] Der Name Hartz wurde in der Folge zum griffigen Kürzel der Charakterisierung für eine lebhafte gesellschaftspolitische Debatte. Zu den Vorschlägen gehörten die Zusammenlegung von Arbeitslosengeld, Arbeitslosenhilfe und Sozialhilfe und der Umbau der Bundesanstalt für Arbeit in eine moderne Dienstleistungsorganisation. „Eine Zeitlang existierten beide, Bündnis für Arbeit und Hartz-Kommission, noch nebeneinander, dann beendete die Regierung das korporatistische Trauerspiel. Am Tag, als Schröder den Totenschein für das Bündnis für Arbeit ausstellte, (...) kündigte er an, er werde im Deutschen Bundestag ein angemessenes und faires Reformpaket vortragen. Was im Konsens nicht gelang, weil sich starke Einzelinteressen gegenseitig blockierten, versuchte der Kanzler nun mit präsidialer Kritik."[376] Damit war auch dieser Versuch, ein Bündnis der Arbeit zu schaffen und effektive Ergebnisse zu erzielen, wiederum vergeblich gewesen. Die Sozialpolitik der Regierung Schröder wurde von der IG Metall[377] kritisch kommentiert.

Bemühungen wie ein ‚Bündnis für Arbeit', mit denen die Bedingungen für eine Verbesserung der gesellschaftlichen Lage und die Chancen für eine Kooperation von Tarifparteien und Regierung in einer Dreierkonstellation ausgelotet werden sollten, scheiterten unter der Regierung Kohl und ebenfalls unter der Regierung Schröder. Das von den Gewerkschaften vorgeschlagene Handlungsfeld der Kooperation neben den Bereichen Betriebspolitik und Tarifpolitik fand bei der Regierung, den Interessengruppen der Unternehmer und auch den politischen Parteien zwar freundliche Zustimmung, jedoch keine Unterstützung. Man fürchtete eine Stärkung der gesellschaftspolitischen Position der Gewerkschaften im politischen und gesellschaftlichen Prozess. Die in der Bundesrepublik Deutschland bis 1989 eingespielte Aufgabenverteilung sollte auch unter erschwerten Bedingungen in der ‚neuen' Bundesrepublik nicht durch ein Bündnis für Arbeit infrage gestellt werden. Die innergewerkschaftliche Kritik an diesem Vorhaben, die durchaus vorhanden war, äußerte sich in den Befürchtungen, dass das Dreierbündnis zwischen Gewerkschaften, Arbeitgeber, Regierung die gewerkschaftliche Handlungsfreiheit einengen würde, insbesondere im Bereich der Tarifpolitik und auch zur Ein-

schränkung des Arbeitskampfmittels Streik durch Absprachen im Bündnis führen könnte. Das neue Vorhaben ‚Bündnis der Arbeit' war endgültig gescheitert: Die IG Metall, die anderen DGB-Gewerkschaften und der DGB konzentrierten sich in der Folge auf die Handlungsfelder Tarif- und Betriebspolitik, die Mitgliederentwicklung, Anpassung der Organisation an die strukturellen Veränderungen und die Sicherung ihrer Finanzen, um die gewerkschaftlichen Kernaufgaben langfristig durchführen zu können.
Vor der Regierungserklärung zur Arbeitsmarktreform am 14. März 2003 fand noch einmal am 03. März 2003 ein Gespräch der Bundesregierung mit der Führung der Gewerkschaften statt – ohne Annäherung der Standpunkte. Bundeskanzler Schröder erklärte daraufhin am 03. März 2003 das ‚Bündnis für Arbeit' für gescheitert. Nach der Regierungserklärung am 14. März 2003 setzte die Regierung Schröder/Fischer gegen viele Widerstände die Arbeitsmarktreform durch. Vier Gesetze wurden geplant und verabschiedet: (1) Hartz I: Personal-Service-Agentur. Dies war der Versuch, im Zeitarbeitsmarkt aktiv zu werden – ein Vorhaben, das scheiterte, (2) Hartz II: Die sogenannte Ich-AG beinhaltete Zuschüsse für arbeitslose Existenzgründer, (3) Hartz III: Die Behörde Bundesanstalt für Arbeit wurde umgestaltet, ein langwieriger Prozess, der sich als sehr schwierig herausstellte. Eine Umstellung war notwendig, weil die Arbeitsmarktreformen über die neue Bundesagentur abgewickelt werden sollten; (4) Hartz IV: Zusammenlegung der Arbeitslosenhilfe und weiter Teile der Sozialhilfe. Die eigentliche Sozialhilfe stand nur noch arbeitsunfähigen Hilfsbedürftigen zu. Die Hartz IV Reform war die Nagelprobe für die Neuordnung: Sie betraf zeitweise bis zu 7 Millionen Menschen.
Die im Jahre 2003 verabschiedete Agenda 2010 ‚Moderne Dienstleistungen am Arbeitsmarkt' und die daraus erwachsenen Gesetzesvorhaben verschärften die Konflikte zwischen dem linken Flügel der SPD und den Gewerkschaften auf der einen Seite und dem Regierungsflügel der SPD auf der anderen Seite. Sozialpolitik stellte einen zentralen Parameter staatlichen Handelns dar[378] und das Volumen der eingesetzten Finanzmittel ließ erkennen, inwieweit eine Regierung sich dem Prinzip der materiellen Umverteilung verpflichtet fühlte. Die geförderten Segmente der Sozialpolitik geben Auskunft darüber, auf welche Personengruppen sich die staatliche Aufmerksamkeit konzentriert.

Die Gewerkschaften kritisierten scharf die neue Politik, die mit der Agenda 2010 verbunden war scharf. In der IG Metall übernahm Horst Schmitthenner[379] verantwortlich für das Ressort Sozialpolitik, zu dem auch die Arbeitsmarktpolitik gehörte, die führende Rolle des Kritikers der Sozial- und Arbeitsmarktpolitik der Regierung Schröder. Er verstand sich als Sprecher der ‚Linken' im Vorstand der IG Metall. Er beanspruchte in der IG Metall, jedoch ohne Erfolg, die Zuständigkeit für Gesellschaftspolitik in der IG Metall, die in der Verantwortung des Ersten Vorsitzenden Klaus Zwickel lag. Innergewerkschaftliche Gruppierungen um Horst Schmitthenner stellten die bisherige enge Kooperation mit der SPD infrage. Der Erste Vorsitzende Klaus Zwickel war für sie der Repräsentant des traditionellen Flügels, der zwar die Vorschläge und Maßnahmen der Regierung Schröder scharf kritisierte, jedoch weiter mit der SPD in gesellschaftspolitischen Fragen kooperierte.
Die Positionen von Regierung und Gewerkschaften gingen weit auseinander: Die Regierung sprach von einem Reformprojekt, die Gewerkschaften von einem sozialen Kahlschlag. Die IG Metall kritisierte in ihrem Geschäftsbericht[380], den sie dem Gewerkschaftstag 2003 vorlegte, die Sozialpolitik der rot-grünen Regierung grundsätzlich: „Die Hoffnungen der Gewerkschaften auf eine Sozialpolitik unter neuen Vorzeichen wurden (...) nur in der ersten Regierungsphase erfüllt. Unter den Vorzeichen verschärfter internationaler Wettbewerbsbedingungen und der Sicherung des nationalen Standortes wurden die Aufgaben der Sozialpolitik immer stärker eingegrenzt. Dreh- und Angelpunkt war die Debatte um die Finanzierbarkeit der sozialen Sicherungssysteme. Die ‚Entlastung des Faktors Arbeit' durch die Begrenzung der Sozialversicherungsbeiträge ist erklärtes Ziel der Politik. Dies, sowie die bestehenden Einnahmeprobleme aufgrund von Arbeitsmarktkrise und Wachstumsschwäche einerseits sowie die bestehenden Anforderungen aufgrund der demografischen Entwicklung der Gesellschaft und der Differenzierung von Lebensstilen und Erwerbsbiografien andererseits sollten durch eine Politik der stärkeren Eigenverantwortung und –vorsorge ‚aufgefangen' werden. Im Ergebnis führt eine solche Politik zu weiterer Privatisierung sozialer Sicherung zulasten der Versicherten/Beschäftigten und zu einer Entlastung der Arbeitgeber. Die Gefahr, dass immer mehr Menschen aus dem System sozialer Sicherung aufgrund von Arbeitslosigkeit oder prekärer Beschäf-

tigung gänzlich herausfallen, nimmt zu. Der Druck auf den Sozialstaat und die Notwendigkeit seiner Sicherungs- und Korrekturfunktion wächst".
Der Protest in der Bevölkerung, auch eine Folge der zum Teil unscharfen gesetzlichen Regelungen und der langsamen Umsetzung in den Jobcentern, führte zu einer Klageflut vor den Sozialgerichten. Das Reformvorhaben wurde zudem von einer kritischen gesellschaftspolitischen Diskussion begleitet. "Die Agenda, ein riesiger Gesamtkomplex unterschiedlicher Maßnahmen vom Bildungsbereich über die Gesundheitsreform bis zu den ,vier Hartz Gesetzen' rief gleichermaßen große Zustimmung wie härteste Ablehnung hervor. Sie führte zu Massenprotesten, wie Deutschland sie seit der Revolution von 1989 nicht mehr gekannt hatte, und am Ende zum vorzeitigen Machtverlust von Rot-Grün. Wären die Erfolge sichtbar gewesen, wenn Rot-Grün durchgehalten hätte? Wie so gab es Neuwahlen? Andererseits: Der Überraschungscoup vorgezogener Neuwahlen hatte dem ,Campaigner' Schröder fast noch einmal die Kanzlerschaft beschert – jedenfalls war das Resultat der Bundestagswahlen im Herbst 2005 viel knapper, als alle professionellen Auguren es voraus gesagt hatten. Dem Absturz wäre fast eine Auferstehung gefolgt."[381]
Über die Erfolge der Gesetzesmaßnahmen wurde gestritten: Die Zahl der gemeldeten Arbeitslosen, die im Jahre 2005 über 5 Millionen betragen hatte, sank bis 2012 auf knapp drei Millionen. Gründe für die positive Entwicklung waren neben der guten Konjunktur eine günstige demographische Entwicklung und ein neuer ,Einstiegsmarkt' für Geringqualifizierte und Langzeitarbeitslose. Es fehlten jedoch häufig Chancen für einen Aufstieg; viele Arbeitnehmerinnen und Arbeitnehmer landeten nach einer Beschäftigungsphase wieder im Transfersystem. Bemerkenswert sind die positiven Einschätzungen der Reformen in der Bundesrepublik Deutschland vom europäischen Ausland. Die Politik der Bundesregierung, die mit der Agenda 2010 im Jahre 2003 eingeleitet wurde, bereitete nach Edgar Wolfrum[382] den Boden für eine neue Linkspartei in Deutschland. „Es war so: Schröder führte das Land in den wirtschaftlichen Aufschwung und seine Partei in die Wahlniederlage."[383] Das Verhältnis zwischen DGB und SPD verschlechterte sich in der Phase der Auseinandersetzung über die Arbeitsmarktpolitik. Man ging auf Distanz zueinander: nach wie vor waren jedoch viele Funktionärinnen und Funktionäre der Gewerkschaften Mitglieder der SPD. Sie kritisierten die Politik der Agenda 2010 scharf:

Dies galt auch für die IG Metall. In der IG Metall verstärkte sich die ‚Anti-SPD-Strömung', die auf Sympathie im ‚Apparat' stieß – bis hin in den Kreis der geschäftsführenden Vorstandsmitglieder. Die Auseinandersetzungen zwischen IG Metall und Bundesregierung nahmen scharfe Formen an. An die Stelle der früheren vertrauensvollen Zusammenarbeit trat eine andere strategische Ausrichtung: eine Kooperation nach Bedarf. Nach der deutschen Einheit hatte sich die parteipolitische Landschaft verändert: Neben CDU, CSU, SPD, die Grünen und FDP aus der ‚Bonner Republik' formierte sich mit der Partei des Demokratischen Sozialismus (PDS) in der Nachfolge der SED und sozialistischer Strömungen aus Westdeutschland eine sozialistische Partei. Zunächst war sie eher eine Regionalpartei in den neuen Bundesländern, später bemühte sie sich um Ausdehnung auf die westlichen Bundesländer. Das Verhältnis der Partei ‚Die Linke' zur SPD war von Anfang an aus historischen Gründen gespannt, was beide Seiten jedoch nicht an der politischen Kooperation in Landtagen und Kommunen hinderte. In die Parteienlandschaft kam im Zusammenhang mit der Diskussion über die Agenda 2010 Bewegung.[384]
Gewerkschaftsfunktionärinnen und Gewerkschaftsfunktionäre aus der IG Metall und der Gewerkschaft Ver.di bemühten sich um die Gründung einer kritischen sozialistischen Sammlungsbewegung gegen die Agenda 2010. Im Frühjahr 2004 trafen sich rund 30 Agenda-Gegner aus Gewerkschaften, SPD und der globalisierungskritischen ‚Attac-Bewegung' im DGB-Haus in Berlin. Dieses Treffen bildete die ‚Keimzelle' einer neuen politischen Gruppierung, die sich, Wahlalternative' nannte. In Bayern engagierten sich vor allem IGM-Funktionäre, unter ihnen Klaus Ernst und Thomas Händel[385], in einer Initiative mit dem Namen ‚Initiative Arbeit und soziale Gerechtigkeit' (ASG), die rasch Zulauf erhielt. Sie drohten, eine neue Partei zu gründen, wenn die SPD ihre Politik nicht ändere. Gegen die Gründer der ASG reagierte die bayerische SPD mit Parteiausschlussverfahren. Die kritische Entwicklung war jedoch zum Schrecken der SPD nicht zu stoppen: Nördliche und südliche Initiativen vereinigten sich zur ‚Wahlalternative Arbeit und soziale Gerechtigkeit' (WASG).[386] Die Sozialdemokraten verloren in den folgenden Monaten viele Mitglieder, vor allem Gewerkschafter, Arbeitslose und Globalisierungskritiker, an die WASG.

Der Austritt von Oskar Lafontaine aus der SPD beschleunigte den Prozess einer Parteigründung zwischen den linken Strömungen. WASG und PDS beschlossen nach längeren Diskussionen ein Wahlbündnis, um gemeinsam zur vorgezogenen Bundestagswahl 2005 antreten zu können. Im Jahre 2007 kam es dann zur Gründung der Linkspartei aus PDS und WASG. Die PDS brachte den größeren Mitgliederanteil ein, verfügte über einen Apparat und die notwenigen finanziellen Mittel für eine bundesweite politische Präsenz. Oskar Lafontaine[387] bezeichnete ‚Die Linke' als „demokratische Erneuerungsbewegung. Die politischen Entscheidungen müssen in Deutschland wieder den Interessen der Mehrheit Rechnung tragen". Er formulierte eine klare Absage an die Politik der rot-grünen Regierung, der er selbst kurze Zeit angehört hatte, und eine Absage an die Politik der Großen Koalition von CDU/CSU und SPD von 2005 bis 2009. Nach Gero Neugebauer sah ‚die Linke' ihre Chance darin, „dass die SPD mit ihrer Politik der Agenda 2010 sie zur Repräsentantin der unteren sozialen Schichten gemacht hatte und sie damit die SPD als Repräsentantin ablösen konnte. ‚Die Linke' hofft damit, dass die SPD mit der Konzentration auf die ‚Leistungsträger' die Konkurrenz um die unteren sozialen Schichten aufgegeben hat".[388] Die neuen strategischen Ansätze der Partei ‚Die Linke' führten jedoch nicht zu einer Verstärkung ihres politischen Einflusses, auch nicht zu mehr Mitgliedern und nicht zu einem signifikanten Durchbruch bei Wahlen. Die Vorwürfe gegenüber der SPD, sie spalte mit ihrer Politik die Gesellschaft, verstärkten jedoch die Ängste in der Gesellschaft. Die Konfrontation der Partei ‚Die Linke' gegen die SPD erschwerte fast alle Ansätze zu einer Kooperation. Die SPD hielt trotz der starken Mitglieder- und Wählerverluste an ihrer Position als Vertreterin der ‚unteren Schichten' fest. Die Gewerkschaften waren in diese politischen Auseinandersetzungen einbezogen, nicht zuletzt, weil Funktionäre der IG Metall und der Gewerkschaft Ver.di zu den Gründungsmitgliedern der neuen Partei WASG gehörten und in der Linkspartei aktiv waren. Die Linkspartei verstand sich auch als politische Ansprechpartnerin der Gewerkschaften.

Die parteipolitische Grundlage der Einheitsgewerkschaften verbreiterte sich, ohne dass es zu heftigen Diskussionen in dieser Frage in den Gewerkschaften kam. In den Gewerkschaften zeichnete sich eine Veränderung ab: Die Parteimitgliedschaft führender Funktionärinnen und Funktionäre der Gewerkschaften spielte seit Ende der neunziger Jahre keine besondere Rolle mehr. Einige Vorstandsmitglieder in den DGB-Gewerkschaften waren nicht mehr Mitglied einer Partei. Dies traf jedoch nicht auf die IG Metall zu: Die Vorsitzenden und die Vorstandsmitglieder sind Mitglieder der SPD bzw. der CDU. Die IG Metall suchte zur CDU/CSU, die ab 2005 in einer Großen Koalition regierte, Kontakte, um ihre gesellschaftspolitischen Forderungen in den politischen Prozess einbringen zu können. „Die Gewerkschaften müssen (...) in ihrer Eigenschaft als Einheitsgewerkschaft die Brücken zur CDU neu schlagen, solange die große Koalition der Gewerkschaftsbefürworter und des Erhalts des Sozialstaats und der Unternehmensmitbestimmung in beiden Volksparteien noch besteht."[389] Zu weiteren scharfen Auseinandersetzungen zwischen Gewerkschaften und Bundesregierung kam es in der Zeit dieser Großen Koalition von 2005 bis 2009 in Fragen der Sozialpolitik, insbesondere über die Erhöhung des Renteneintrittsalters auf 67 Jahre. Das Verhältnis der Gewerkschaften zu SPD und CDU/CSU blieb gespannt. Es gab jedoch in beiden Parteien weiterhin zahlreiche Befürworter der Einheitsgewerkschaft, die bereit waren, die Zusammenarbeit fortzusetzen und sogar zu vertiefen. Der DGB und die Einzelgewerkschaften hielten ihre Kontakte zur größten Regierungspartei aufrecht und führten sie trotz kritischer innergewerkschaftlicher Diskussionen fort – nicht zuletzt, weil eine Zusammenarbeit bei der Lösung gesellschaftspolitischer Probleme notwendig war.

Kapitel 10

Ergebnisse und Perspektiven sozialhistorischer und sozialwissenschaftlicher Gewerkschaftsforschung

Der mit dem Ende der ‚goldenen Jahrzehnte' Mitte der siebziger Jahre einsetzende Strukturbruch forderte die unterschiedlichen gesellschaftlichen, ökonomischen und politischen Akteure heraus. Das gilt auch für die Gewerkschaften und im Besonderen – darauf legt die vorliegende Analyse den Hauptakzent – die Industriegewerkschaft Metall. Die gravierenden Veränderungen der Handlungsbedingungen und Aktivitäten gewerkschaftlicher Interessenvertretung waren und sind in unterschiedlichem Ausmaß stets auch Gegenstand sozial- und zeitgeschichtlicher Forschung ebenso wie sozialwissenschaftlicher Gewerkschaftsforschung. Deren Befunde kritisch zu reflektieren und fortzuschreiben sowie durch weitere Forschungen zu vertiefen, bleibt Aufgabe wissenschaftlicher Arbeiten, um die Handlungsperspektiven gewerkschaftlicher Organisation und Politik auszuloten. Gewerkschaftliches Orientierungswissen kann anknüpfen an bereits vorliegende Analysen und ist zugleich angewiesen auf die Weiterführung empirisch-analytischer Forschungen zu Gewerkschaften.

Eine sozial- und zeitgeschichtliche Gewerkschaftsforschung entwickelte sich in der Bundesrepublik seit Anfang der sechziger Jahre und erhielt Impulse von einer wachsenden Sozialgeschichtsschreibung.[390] Von besonderer Bedeutung ist das Editionsprojekt zur Geschichte der Gewerkschaften an der Universität Mannheim, das zunächst von Professor Erich Matthias und nach dessen Tod von den Professoren Hermann Weber und Klaus Schönhoven geleitet wurde und heute vom Archiv der sozialen Demokratie in Bonn-Bad Godesberg weiter geführt wird. Klaus Schönhoven[391] kritisierte die Gewerkschaften, dass sie ihre eigene Geschichte vernachlässigten und sich in ihrem „ahistorischen Zukunftsglauben" in der Phase des Wiederaufbaus nicht von anderen Organisationen oder von den Parteien unterschieden. Sie teilten, so Schönhoven, „diese geschichtsferne und gegenwartsbezogene Haltung, obwohl sie Opfer des Nationalsozialismus gewesen waren und von daher keinen Grund hatten, sich am kollektiven Verdrängungsprozess der braunen Vergangenheit zu beteiligen. Für sie hatte die Zeit einen Kontinuitätsbruch bedeutet, denn im Frühsommer 1933 waren nicht nur ihre Organisationen aufgelöst und ihre Führer verhaftet worden, sondern man hatte auch ihrer Archive geplündert und ihr Schriftgut weitgehend vernichtet." Die Kritik von Klaus Schönhoven wurde als Anstoß für eine intensivere Beschäftigung mit der Geschichte der Gewerkschaften verstanden.

Der DGB setzte sich in zwei geschichtspolitischen Konferenzen in München 1979 und in Bochum 1983 selbstkritisch mit seiner Vergangenheit auseinander. Die Arbeiten von Professor Frank Deppe, Universität Marburg, lieferten die ‚Provokation von links', der sich der DGB und die Wissenschaft stellte. Der DGB-Vorsitzende Ernst Breit wies auf der Konferenz im Jahre 1983 darauf hin, dass die erste historisch-politische Konferenz von 1979 zu einem konstruktiven Dialog mit den Historikern geführt habe. Im Blick auf die 100-Jahrfeier des DGB formulierte er ein Programm für weitere Geschichtsvorhaben: „Wir werden in der Zeit bis zu unserer 100-Jahrfeier im Jahre 1990 noch weitere Wegmarken setzen. Wir möchten bis dahin historische Forschung anregen, an eigenen Beiträgen soll es nicht fehlen."[392] Der DGB stützte sich gezielt auf wissenschaftliche ‚Hilfe', von Gerhard A. Ritter, Hermann Weber, Klaus Schönhoven und Klaus Tenfelde bei der Planung dieser Konferenzen. Mit den vielbeachteten Kongressen 1979 und 1983 wurde die dominante ‚Geschichtsvergessenheit' der Gewerkschaften nicht nur im DGB beendet.

Klaus Tenfelde legte im Jahre 1986 unter dem Titel *Arbeiter und Arbeiterbewegung im Vergleich*[393], ein Sonderheft der Historischen Zeitschrift vor, eine wichtige Veröffentlichung zur Etablierung der Arbeiter- und Arbeiterbewegungsgeschichte in der wissenschaftlichen Diskussion und zugleich ihre Aufnahme in den Kanon der historischen Forschung insgesamt. Die sozial- und zeitgeschichtliche Gewerkschaftsforschung im Bochumer Institut für soziale Bewegungen und das ehemalige Mannheimer Editionsprojekt, jetzt im Archiv der sozialen Demokratie der Friedrich-Ebert-Stiftung in Bonn, das auch die Bestände des DGB, der IG Metall und weiterer DGB-Gewerkschaften archiviert, bieten eine Grundlage für eine Belebung der sozialgeschichtlichen Gewerkschaftsforschung. Im Rahmen der Jubiläen des DGB und der Einzelgewerkschaften IG Bergbau und Energie (IGBE), IG Chemie, Papier, Keramik (IG CPK), IG Metall (IGM), Gewerkschaft Textil und Bekleidung (GTB), Gewerkschaft Holz und

Kunststoff (GHK), IG Bau, Steine, Erden (IGBE), Gewerkschaft Öffentliche Dienste Transport und Verkehr (ÖTV) wurde in den Jahren 1988 bis 1992 eine Vielzahl historischer Veröffentlichungen und Editionen erarbeitet.
Vorläufer der Hundertjahrfeier der IG Metall im Jahre 1991 waren Veranstaltungen im Jahre 1966 zur Erinnerung an die Gründung des Deutschen Metallarbeiter Verbandes (DMV) im Jahre 1891. Die Mitarbeiter des damaligen Ersten Vorsitzenden Otto Brenner, insbesondere Dieter Schneider und Fritz Opel, legten eine Dokumentation unter dem Titel *75 Jahre Industriegewerkschaft 1891 bis 1966* vor. Diese Darstellung wurde in der Folge in Abständen bis zur 100-Jahrfeier der IG Metall im Jahre 1991 unter dem Titel *100 Jahre Industriegewerkschaft 1891 bis 1991. Ein Bericht in Wort und Bild* fortgeschrieben. Die Dokumentation bildete, trotz mancher Kritik im Einzelnen, das historische Datenfundament zur Geschichte der IG Metall von 1891 bis 1991, und sie hatte eine weite Verbreitung in der IG Metall, nicht zuletzt durch Bildungsveranstaltungen und auch als Geschenk bei Jubilarehrungen. Die damaligen Jubiläumsveranstaltungen von 1966 leiteten eine stärkere Beschäftigung mit der eigenen Geschichte ein. Dazu dienten weitere Gedenkveranstaltungen und Dokumentationen: u. a. im Jahre 1978 in Lüdenscheid eine Veranstaltung unter dem Titel 30 Jahre IG Metall, im Jahre 1980 in Frankfurt am Main zur Erinnerung an den Kapp-Putsch im Jahre 1920 und im Jahre 1981 eine Dokumentation unter dem Titel 90 Jahre IG Metall. Im Jahre 1983 wurde eine umfangreiche Arbeit *100 Jahre Mitgliederzeitschrift Metall* vorgelegt und 1986 eine Veröffentlichung *75 Jahre Internationaler Frauentag.*
Wissenschaftliche Veröffentlichungen über die Geschichte der Einzelgewerkschaften in der Bundesrepublik Deutschland sind Mangelware. Dies gilt – trotz der Dokumentationen und Jubilarschriften – auch für die Industriegewerkschaft Metall, mit der Ausnahme von Veröffentlichungen über Tarifpolitik und Arbeitskämpfe[394], Mitbestimmung[395] und Gewerkschaftsrechte, Fragen der technologischen Entwicklung und über industrielle Beziehungen.[396] Es fehlt eine fundierte wissenschaftliche Überblicksdarstellung über Politik und Organisation der IG Metall und ihrer Vorläuferorganisationen, in der in einem Zusammengreifen von sozialgeschichtlichen und sozialwissenschaftlichen Ansätzen die Gesamtentwicklung aufgearbeitet und kritisch beleuchtet wird.

Die bisherige Forschung über die IG Metall verlief ungeplant, wobei anlässlich von Jubiläen auch wissenschaftliche Projekte angeregt oder auch wissenschaftliche Veröffentlichungen erarbeitet wurden. Klaus Schönhoven legte zur Hundertjahrfeier der IG Metall im Jahre 1991 im Rahmen des Mannheimer Editionsprojektes den ersten Band[397] einer wissenschaftlichen Aktenpublikation der IG Metall für den Zeitraum von 1948 bis 1956 vor; ihr folgte ein zweiter Band für die Jahre von 1957 bis 1963.[398] Im Rahmen der – eher ungeplanten – Forschung wurden wissenschaftliche Biografien über Otto Brenner[399] und Eugen Loderer[400] erarbeitet. Der Justiziar der IG Metall, Professor Michael Kittner[401], verfasste eine Geschichte des Arbeitskampfes mit einem breiten historischen Überblick über die Entwicklung des Arbeitskampfrechtes und der Gewerkschaftsrechte mit dem Schwerpunkt Industriezeitalter und Bundesrepublik.

Die IG Metall veröffentlichte in den siebziger und achtziger Jahren zahlreiche Schriften, die die eigene Geschichte zum Gegenstand hatten. Sie dienten der Traditionspflege, stellten Material für wissenschaftliche Arbeiten[402] und für eine regionale und lokale Gewerkschaftsforschung bereit. Sie pflegte eine Erinnerungs- und Gedenkkultur mit Jubiläumsfeiern zur Erinnerung an die Gründung der Gewerkschaft oder zur Erinnerung an führende Persönlichkeiten der IG Metall. Ihre 100 – Jahrfeier 1991, die wenige Monate nach der Einheit Deutschlands stattfand und als Start zu einer neuen Geschichtsdebatte hätte dienen können, geriet rasch in Vergessenheit. Die gesellschaftlichen und wirtschaftlichen Probleme des Einheitsprozesses banden alle Aktivitäten. Dies wirkte sich negativ auf das Interesse an einer historischen Beschäftigung mit der Politik und den Organisationen der Gewerkschaftsbewegung aus. Im Rahmen der Veranstaltungen zum 125-jährigen Jubiläum der IG Metall im Jahre 2016 wurde eine knappe Studie[403] über die IG Metall für die Jahre 1991 bis 2016 vorgelegt – formal eine Fortführung der Linie, die mit den Dokumentationen von 1966 und 1991 vorgezeichnet war, sich jedoch von den früheren Dokumentationen unterscheidet.

Die sozialgeschichtliche Gewerkschaftsforschung flachte in den neunziger Jahren ab, jedoch gab es weitere Ansätze und Veröffentlichungen. „Gewerkschaftsgeschichte" ist nach Stefan Berger[404] „nicht nur Realiengeschichte (...) sondern (...) auch immer Erinnerungsgeschichte." Die Analyse der Gewerkschaftsgeschichte als Erinnerungsgeschichte ist zugleich ein neuer Anfang wissenschaftlicher Forschung. In einem Sammelband stellt er den 2. Mai 1933, den Tag der Zerschlagung der Gewerkschaftsorganisationen durch die NS-Diktatur, in den Mittelpunkt der Erinnerungsgeschichte. Die IG Metall, die im Rahmen der früheren Gewerkschaftsforschung eine Reihe von Analysen vorgelegt hat, wurde in dem Sammelband von Stefan Berger *Gewerkschaftsgeschichte als Erinnerungsgeschichte* nicht erwähnt, geschweige denn in den Analysen berücksichtigt. In den achtziger Jahren war eine wissenschaftliche Kooperation der Gewerkschaften mit Gewerkschaftsforschern selbstverständlich. Es wird geraten, diese Kooperationen mit den DGB-Einzelgewerkschaften und dem DGB neu zu beleben. Allerdings sollte dabei die ‚Realitätsforschung' einen Vorrang erhalten; erst dann ist Erinnerungsgeschichte möglich.

Neben den sozial- und zeithistorischen Studien und Dokumentationen zur Gewerkschaftsbewegung nahm seit den siebziger und achtziger Jahren die sozialwissenschaftliche Forschung zu Gewerkschaften an Bedeutung zu. Die Zahl der sozialwissenschaftlichen Untersuchungen im Rahmen der Gewerkschaftsforschung ist umfangreicher als die der sozial- und zeitgeschichtlichen Gewerkschaftsforschung. Klaus Schönhoven weist darauf hin, dass die moderne Sozialgeschichtsschreibung eng mit Soziologie und Politologie kooperiert. „Generell wird man aus den Theoriediskussionen das Fazit ziehen können, dass heute klassengesellschaftliche Konzepte, die den unüberbrückbaren Antagonismus von Kapital und Arbeit hervorheben und die systemkritische oder gar systemsprengende Mission der Gewerkschaften als gesellschaftliche Emanzipationsbewegung betonen, nicht mehr die Richtmarken der Gewerkschaftstheorie bestimmen. Vielmehr haben sich Vorstellungen durchgesetzt, die nach der Rolle von Gewerkschaften als Interessenverband in marktwirtschaftlich organisierten Gesellschaften fragen und dabei vor allem ihre inner- und weniger ihre antikapitalistischen Funktionen in den Vordergrund rücken. Diese Vorstellungen entwickelten in Deutschland eine ebenso lange Tradition wie marxistische oder sozialistische Transformationskonzepte, was durch die Existenz sozialreformerischer Ideen seit der Frühindustrialisierung belegt wird." Sein pointiertes Fazit lautet: Gewerkschaften sind nicht nur „Nachlassverwalter der alten Arbeiterbewegung", sondern haben „Mitgestalter eines modernen Rechts- und Sozialstaates zu sein".[405]

Walther Müller-Jentsch[406] plädiert in diesem Sinne für einen realgeschichtlichen Blick auf die bisherige Arbeit der Gewerkschaften, ihren Weg in die Soziale Marktwirtschaft und benennt zugleich Kriterien für eine zukünftige Entwicklung und damit auch für eine wissenschaftliche Analyse: „Gewerkschaften sind Gewerkschaften sind Gewerkschaften. Als historische Gebilde sind sie ‚moving targets'. Analytische Aussagen über sie sind mit Vorsicht zu rezipieren, denn sie entwickeln sich weiter, zumal als strategiefähige Organisationen, die aus Niederlagen und Erfolgen lernen (können). Die Welt, in der sie sich bewegen, setzt ihren Zielen indes Widerstände entgegen, zu deren Überwindung sie eigener Machtressourcen und Störpotentiale bedürfen. Sofern ihre Existenzvoraussetzungen in der Gestalt von Koalitionsfreiheit und Streikrecht gesichert sind, vertreten sie mit einem ihnen eigenen Pragmatismus die Interessen der abhängig arbeitenden Bevölkerung. Vielfach reagieren sie dabei auf Bedingungen, die andere (staatliche Instanzen, Unternehmer und Verbände, Öffentlichkeit (...) gesetzt haben. Wenn auch viele ihrer Aktivitäten als pragmatisch und reaktiv erscheinen, setzen sie ihre Ressourcen strategisch für die gefassten Ziele ein. Ihre historische Entwicklung lässt sich zwar rational nachkonstruieren, folgt aber keiner immanenten Logik. Vielmehr rufen sie mit ihren Kontrahenten – Vertragspartnern und Gegenspielern zugleich – gemeinsame Institutionen hervor, die unter bestimmten Rahmenbedingungen eine Pfadabhängigkeit generieren, die institutionelle Neuerungen nach ihrer Anschlussfähigkeit selegiert. Der (...) ‚Weg in die ‚Soziale Marktwirtschaft' war weder ein strukturell erzwungener noch ein intentional gewollter; er ist das Ergebnis eines Wechselspiels von ‚challenge and response', kontingent und doch konsequent zugleich."
Von besonderer Bedeutung für die Gewerkschaftsforschung ist das Handbuch von Wolfgang Schroeder und Bernhard Weßels *Die Gewerkschaften in Politik und Gesellschaft der Bundesrepublik Deutschland*, das 2003 publiziert und von Wolfgang Schroeder im Jahre 2014 in einer weiteren Auflage ergänzt und erweitert wurde. Beide Bände vermitteln einen abgewogenen und materialreichen breiten Überblick über viele Themen. Sie enthalten zahlreiche Hinweise für Forschungsvorhaben und ein umfangreiches Informationsangebot für einen inhaltlichen und einen theoretisch-methodischen Einstieg in gewerkschaftliche Handlungsfelder. Sie versammeln eine größere Gruppe von Gewerkschaftsforscherinnen und

Gewerkschaftsforscher, die mit ihren Arbeiten Einblicke in eine weitgefächerte Forschungslandschaft eröffnen.

Wolfgang Schroeder und Bernhard Weßels fragen, ob Gewerkschaften in dem Prozess, der durch die Transformationen in Gesellschaft, Politik und Wirtschaft ausgelöst wurde, „reaktiver Akteur“ sind oder „zu einem positiven Akteur“ in dieser Lage erwachsen. Die Autoren gehen von der These aus, dass das bisherige Modell gewerkschaftlicher Arbeit überholt ist. Mit dieser Feststellung wird zugleich ein neues Ziel für die gewerkschaftliche Arbeit formuliert: „Die zukünftige Gestalt des deutschen Gewerkschaftsmodells und die Zukunft der Gewerkschaften wird davon abhängen, ob die organisationspolitische Selbstblockade überwunden wird, indem offensive Antworten auf die Mitgliederkrise und die notwendige flexible Mehrebenkoordinierung gegeben werden. Maßstab der Reform des deutschen Gewerkschaftsmodells ist letztlich die Fähigkeit, weiterhin als gesellschaftlich relevanter politischer Verband zu wirken und nicht als partikulare Interessengruppe einiger Beschäftigtengruppen und Arbeitsplatzbesitzer zu enden“.

Damit sind weitgefächerte Vorhaben angesprochen, jedoch ist der Blick auf die bisherige Organisation der Forschungsvorhaben und die Ergebnisse der Gewerkschaftsforschung von Bedeutung. Grundlagen der Forschung wurden nach und nach gelegt. In einer Literaturstudie plädieren Wolfgang Schroeder und Dorothea Keudel konzeptionell-methodisch für ‚kritisch-empirische Ansätze′ zur Gewerkschaftsforschung‘ und schlagen dafür zunächst zwei Themenbereiche vor, deren Bearbeitung für sie vordringlich ist. Sie empfehlen „mitgliederbezogene Themen“ und „Fragestellungen, die auf die institutionelle Einbindung der Gewerkschaften” eingehen. Wolfgang Schroeder und Dorothea Keudel weisen darauf hin, dass sich die bisherige Forschung in der Hauptsache „mit Handlungsfeldern und Politiken der Gewerkschaften“ befasst. „Dagegen ist die Gewerkschaftsforschung im engeren Sinne, jene Studien, die sich auch mit den inneren Strukturen, Ressourcen und Akteuren in Gewerkschaften befassen oder von daher die Handlungsfähigkeit der Gewerkschaften deuten und sie in diesem Sinne als einen eigenverantwortlichen strategischen Akteur mit definierbaren Ressourcen verorten, eine Rarität.“

Zugleich weisen sie auf zwei Aspekte hin, die bei der Anlage und der Realisierung solcher Arbeiten berücksichtigt werden müssen. „Um diese gewerkschaftsinternen Machtverteilungen zu verstehen, ist eine längerfristige historische Perspektive notwendig. Zugleich aber benötigt man Einblicke in die internen Prozesse, Machtkonstellationen und Ressourcen (...)." Sie empfehlen damit trotz der damit verbundenen Schwierigkeiten für eine Analyse Fragestellungen, die zur Forschung einladen.

Die hier vorgelegte Arbeit zur Entwicklung der Organisation und Politik der IG Metall in den beiden Jahrzehnten nach dem Boom versteht sich in diesem Sinne als Beitrag zu einer sozialgeschichtlichen Rekonstruktion der Phase der achtziger und neunziger Jahre und begreift diese zugleich als „Vorgeschichte der Gegenwart".

Literaturverzeichnis

Abel, Jörg, Sperling, Hans Joachim. (Hg.). Umbrüche und Kontinuitäten. Perspektiven nationaler und internationaler Arbeitsbeziehungen. Walther Müller-Jentsch zum 65. Geburtstag. München/Mering 2001.

Abelshauser, Werner. Nach dem Wirtschaftswunder. Der Gewerkschafter, Politiker und Unternehmer Hans Matthöfer. Bonn 2009.

Abelshauser, Werner. Deutsche Wirtschaftsgeschichte. Von 1945 bis zur Gegenwart. 2. Auflage. München 2011.

Abmayr, Hermann G. Wir brauchen kein Denkmal. Willi Bleicher. Der Arbeiterführer und seine Erben. Stuttgart

Adam, Hans Christian, Schmitz, Kurt Thomas. Metall im Bild. Fotodokumente zu Arbeit und Zeit. Köln 1991.

Alemann, Ulrich von, Schmid, Josef. Die Gewerkschaft ÖTV. Reformen im Dickicht gewerkschaftlicher Organisationspolitik. Baden-Baden 1998.

Allespach, Martin, Meyer, Hilbert, Wentzel, Lothar: Politische Erwachsenenbildung. Ein subjektwissenschaftlicher am Beispiel der Gewerkschaften. Marburg 2009.

Altun, Ufuk. Arbeitszeitflexibilisierung in der westdeutschen Metall- und Elektroindustrie und die Verbandsstrategien. Eine vergleichende Analyse der arbeitspolitischen Strategien des Arbeitgeberverbandes Gesamtmetall und der Industriegewerkschaft Metall. (Diss. masch) Universität Kassel 2005.

Andresen, Knud. Gebremste Radikalisierung. Die IG Metall und ihre Jugend 1968 bis in die 1980er Jahre. Göttingen 2016.

Apitzsch, Wolfgang, Klebe, Thomas, Schumann, Manfred (Hg.). §116 Arbeitsförderungsgesetz. Kampf um das Streikrecht. Hamburg 1986.

Arbeiter und Arbeiterbewegung im Vergleich. Berichte zur internationalen historischen Forschung. Herausgegeben von Klaus Tenfelde. (Historische Zeitschrift Sonderhefte, Bd. 15). München 1986.

Arbeitszeitverkürzung im Betrieb: die Umsetzung der 38,5-Stundenwoche in der Metall-, Druck- und Holzindustrie und sowie im Einzelhandel. Köln 1988.

Ausgleich mit Augenmaß. Gespräche mit Ernst Breit. Hg. Von Hans-Otto Hemmer. Mit einem Vorwort von Michael Sommer. Düsseldorf 2010.
Baethge, Martin, Oberbeck, Herbert. Zukunft der Angestellten. Neue Technologien und berufliche Perspektiven in Büro und Verwaltung. Frankfurt 1986.
Bahnmüller, Reinhard. Der Streik. Tarifkonflikt um Arbeitszeitverkürzung in der Metallindustrie. Hamburg 1985.
Barth, Boris. 2016. Die IG Metall zwischen Wiedervereinigung und Finanzkrise. Ausgewählte Ereignisse der jüngeren Gewerkschaftsgeschichte. Freiburg, Basel, Wien 2016.
Becker, Jens, Jentsch, Harald. Otto Brenner. Eine Biographie. Göttingen 2007.
Beckert, Jens, Ebbinghaus, Bernhard, Hassel, Anke, Manow, Philip (Hg.).Transformation des Kapitalismus. Festschrift für Wolfgang Streek zum sechzigsten Geburtstag. Frankfurt/New York 2006.
Beerhorst, Joachim, Berger, Jens-Jean (Hg.). Die IG Metall auf dem Weg in die Mitte?. Hamburg 2003.
Beier, Gerhard. Willi Richter. Ein Leben für die soziale Neuordnung. Köln 1978.
Beier, Gerhard. Vergleichende Lebensbeschreibung von Metallern, Holzern und Textilern, S.45-66. In: Hans
Benz, Georg, Heckenauer, Manfred. „Wer in der Politik Verantwortung trägt, kann nicht bequem sein. Marburg 1994.
Berger, Stefan (Hg.). Gewerkschaftsgeschichte als Erinnerungsgeschichte. Der 2. Mai 1933 in der gewerkschaftlichen Erinnerung und Positionierung nach 1945. Essen 2015.
Bispinck, Reinhard, Schulten, Thorsten (Hg.). Zukunft der Tarifautonomie. 60 Jahre Tarifvertragsgesetz: Bilanz und Ausblick. Hamburg 2010.
Bleicher, Siegfried. Probleme und Perspektiven gewerkschaftlicher Angestelltenpolitik, S. 577-583. In: GMH 1985.
Bleicher, Siegfried. Gewerkschaftliche Bildungsarbeit heute, S. 353-367. In: Großpietsch, Edith, Benz, Georg (Hg.). Wissen um zu handeln. Ein Buch der Solidarität mit Heinz Dürrbeck. Göttingen 1998
Boesch, Frank. Macht und Verlust: Die Geschichte der CDU. Stuttgart, München 2002.

Boers, Klaus, Nelles, Ursula, Theile, Hans (Hg.). Wirtschaftskriminalität und die Privatisierung der DDR-Betriebe. Baden-Baden 2010.
Boguslawski, Gerd-Uwe, Irre, Bodo (Hg.). Ohne Utopien kann der Mensch nicht leben. Beiträge zur Gewerkschaftsarbeit. Göttingen 1985.
Bogumil, Jörg. Technikeinsatz in den Gewerkschaften – Der wenig beachtete Umstrukturierungsprozess. In: GMH 1991, S. 399-408.
Bogumil, Jörg, Schmid, Josef. Politik in Organisationen. Theoretische Ansätze und praxisbezogene
Anwendungsbeispiele. Opladen 2001.
Böick, Marcus. Die Treuhand: Idee-Praxis-Erfahrung 1990-1994. Göttingen 2018.
Boll, Bernhard. Organisation und Akzeptanz. Eine empirische Analyse der IG Metall im Transformationsprozess Ostdeutschlands. Opladen 1997.
Bosch, Gerhard, Wagner, Gerhard. Dienstleistungen in der Industrie. Veränderung der Beschäftigtenstruktur 1985–1998 – insbesondere im Organisationsbereich der Gewerkschaften NGG, IG Bau, IGBCE, IG Metall und Transnet. Frankfurt 2001.
Bosch, Gerhard, Hennicke, Peter, Hilbert, Josef, Kristof, Kora, Scherhorn, Gerhard (Hg.). Die Zukunft von Dienstleistungen. Ihre Auswirkung auf Arbeit, Umwelt und Lebensqualität. Frankfurt/New York 2002.
Borsdorf, Ulrich. Deutsche Gewerkschaftsführer – biografische Muster, S. 11 – 41. In: Gewerkschaftliche Politik. Reform aus Solidarität, Zum 60. Geburtstag von Heinz O. Vetter. Ulrich Borsdorf, Hemmer, Hans O. Leminsky, Gerhard, Markmann, Heinz. 1980. Köln 1980. .
Brandl, Sebastian, Wagner, Hilde, Hans-Böckler-Stiftung. ERA. Ein Meilenstein wird besichtigt. Hans-Böckler-Stiftung. Düsseldorf 2011.
Brenner, Otto. Ausgewählte Reden 1946–1971. Herausgegeben von Jens Becker und Harald Jentsch. Göttingen 2007.
Breit, Ernst. Anders leben – anders arbeiten in Europa. Köln 1986.
Breit. Ernst. Das Wiedervereinigungsgebot des Grundgesetzes. Köln 1989.
Breit, Ernst. Für ein soziales Europa. Köln 1989.
Brusis, Ilse, Schönhoven, Klaus. Die Gewerkschaften und ihre Geschichtsschreibung. Düsseldorf 1987.
Brütt, Christian. Workfare als Mindestsicherung. Von der Sozialhilfe zu Hartz IV. Deutsche Sozialpolitik 1962–2005. Bielefeld 2011.

Buchholz, Goetz. Politik und Organisation der Arbeitsgemeinschaft Unabhängiger Betriebsangehöriger. Frankfurt 1998.
Bundesmann-Jansen, Jörg, Frerichs, Joke. Betriebspolitik und Organisationswandel. Neuansätze gewerkschaftlicher Politik zwischen Delegation und Partizipation. Münster 1995.
Budde, Gunilla-Friederike. Frauen arbeiten. Weibliche Erwerbstätigkeit in Os- und Westdeutschland nach 1945. Göttingen 1997.
Clairmont, Yves. Vom europäischen Verbindungsbüro zur transnationalen Gewerkschaftsorganisation. Organisation, Strategien und Machtpotentiale des Europäischen Metallgewerkschaftsbundes. Stuttgart 2014.
Conze, Eckart. Die Suche nach Sicherheit. Eine Geschichte der Bundesrepublik Deutschland von 1949 bis in die Gegenwart. München 2009.
Czada, Roland, Lehmbruch, Gerhard (Hg.). Transformationspfade in Ostdeutschland. Beiträge zur sektoralen Vereinigungspolitik. Frankfurt/New York 1998.
Demirovic, Alex. Demokratie in der Wirtschaft. Positionen, Probleme, Perspektiven. Münster 2007.
Deppe, Frank, Fülberth, Georg, Harrer, Jürgen (Hg.). Geschichte der deutschen Gewerkschaftsbewegung. Köln 1977.
DGB Bildungswerk. Schriftenreihe Migration und Arbeitswelt. Zuwanderung gestalten 1997–2005. Mitteilungen, Heft 30. Berlin 2005.
DGB Bundesvorstand. Reinhard Bispinck. WSI-Tarifarchiv. Auf dem Weg zur Tarifunion. Tarifpolitik in den neuen Bundesländern im Jahr 1990. Tarifbericht Extra II/1991, Januar 1991. Düsseldorf 1991.
Großpietsch, Edith, Benz, Georg (Hg.). Wissen um zu handeln. Ein Buch der Solidarität mit Heinz Dürrbeck. Göttingen 1998.
Esser, Josef. Gewerkschaften in der Krise. Die Anpassung der deutschen Gewerkschaften an neue Weltmarktbedingungen. Frankfurt 1982.
Farthmann, Friedhelm. Gewerkschaftspolitik vor dem Ende? In: Frankfurter Allgemeine Zeitung 06. 09. 2007.
Fichter, Michael. From Transmission to Social Partnership? The Case of organized Labor in Eastern Germany. In: German politics and society. Berlin 1991.
Fischer, Ilse (Hrsg.). Die Einheit sozial gestalten. Dokumente aus den Akten der SPD-Führung 1989/90. Bonn 2009.

Friedrich-Ebert-Stiftung. Forschungsinstitut. Heiner Lindner. Die Entwicklung der Mitgliederzahlen in den Gewerkschaften der Bundesrepublik Deutschland (masch.). Bonn 1975.

Friedrich-Ebert-Stiftung. Abteilung Wirtschafts- und Sozialpolitik. Barbara Stiegler. Erfolgreiche Geschlechterpolitik: Ansprüche, Entwicklungen, Ergebnisse. Bonn 2012.

Futh, Sascha Kristin. Strategische Kommunikation von Gewerkschaften. Die Kampagnen

Samstags gehört Vati mir, 35-Stunden-Woche und Mindestlohn. Wiesbaden 2017.

Generationen in der Arbeiterbewegung. Herausgegeben von Klaus Schönhoven und Bernhard Braun. München: Oldenbourg (Schriftenreihe der Stiftung Reichspräsident-Friedrich-Ebert-Gedenkstätte, Bd. 12). München 2005.

Gerholt, Martin/Kunz, Norbert W. (Hg.). Deutsche Einheit – Deutsche Linke. Reflexionen der politischen und gesellschaftlichen Entwicklung. Köln 1996.

Grebing, Helga, Hemmer, Hans-Otto, Christmann, Gottfried (Hg.). Das HolzArbeiterBuch. Die Geschichte der Holzarbeiter und ihrer Gewerkschaften. Köln 1993.

Grebing, Helga, Meyer, Thomas (Hg.). Linksparteien und Gewerkschaften in Europa. Die Zukunft einer Partnerschaft. Köln 1996.

Greef, Samuel, Kalass, Viktoria, Schroeder, Wolfgang. Vom Wandel des deutschen Gewerkschaftsmodells. Wiesbaden 2011.

Grewe, Hans-Hartmut, Niedenhoff, Horst-Udo, Wilke, Manfred. Funktionärskarrieren im DGB. Melle 1988.

Großpietsch, Edith, Benz, Georg (Hg.). Wissen um zu handeln. Ein Buch der Solidarität mit Heinz Dürrbeck. Göttingen 1998.

Günther, Klaus, Schmitz, Kurt Thomas. Parteien und Gewerkschaften als Forschungsfeld. Einführung in die Material- und Methodendiskussion an ausgewählten Beispielen. Düsseldorf: 1977

Günther, Klaus, Schmitz, Kurt Thomas. SPD, KPD/DKP, DGB in den Westzonen und in der Bundesrepublik Deutschland. Eine Bibliographie. Bonn 1980.

GTB Hauptvorstand (Hg.). 100 Jahre Gewerkschaft Textil – Bekleidung. Sonderausgabe der Zeitschrift textil-bekleidung. Text Klaus Priegnitz. Düsseldorf 1991.

GTB. Verein zur Weiterbildung der Arbeitnehmerinnen und Arbeitnehmer in der Textil- und Bekleidungsindustrie e.V. Die GTB 1990–1998. Projektleitung Klaus Priegnitz. Düsseldorf 1998.

Haghighi, Peymann Javaher. Ausländerfeindlichkeit, Diskriminierung im betrieblichen Alltag – Interkulturelle Verantwortung der Gewerkschaften im Betrieb. (Diss. Masch.) Universität Hannover 2000.

Haipeter, Thomas. Dörre, Klaus. (Hg.). Gewerkschaftliche Modernisierung. Wiesbaden 2011.

Hälker, Kurt, Vellay, Claudius. Union Renewal – Gewerkschaften in der Veränderung. Texte aus der aktuellen internationalen Gewerkschaftsforschung, 2. erweiterte Auflage. Düsseldorf 2007.

Hassel, Anke. Gewerkschaften und sozialer Wandel: Mitgliederrekrutierung und Arbeitsbeziehungen in Deutschland und Großbritannien. Baden-Baden 1999.

Hassel, Anke. Wer beherrschte die Gemeinwirtschaft? Unternehmenskontrolle in politischen Unternehmen, S.93 - 117. In: Streeck, Wolfgang, Höpner, Martin. (Hg.). Die Auflösung der Deutschland AG. Frankfurt 2003.

Hegelich, Simon. Agenda 2010. Strategien, Entscheidungen, Konsequenzen. Wiesbaden 2011.

Heinzel, Friederike. Die Inszenierung der Besonderheit. Zur politischen Sozialisation von Frauen in Gewerkschaftspositionen. Bielefeld 1996.

Hemmer, Hans-Otto. Stationen gewerkschaftlicher Programmatik. Zu den Grundsatzprogrammen des DGB und ihrer Vorgeschichte, S. 349-367. In: Matthias, Erich, Schönhoven, Klaus (Hg.). Solidarität und Menschenwürde. Etappen der deutschen Gewerkschaftsgeschichte von den Anfängen bis zur Gegenwart. Bonn 1984.

Hemmer, Hans-Otto, Schmitz, Kurt Thomas (Hg.). Geschichte der Gewerkschaften in der Bundesrepublik Deutschland. Von den Anfängen bis heute. Köln 1990.

Hemmer, Hans-Otto (Hg.). Bilanz mit Aussichten. Die neue IG Metall an der Schwelle zum 21. Jahrhundert. Opladen, Wiesbaden 1999.

Hemsteg van Fintel, Renate. 2002. Vertrauensleute in der IG Metall. Programmatischer Anspruch und Realität. 2 Bände. Dissertation Universität Dortmund. Länge 1027 S. (Veröffentlichung: Books on Demand).

Henning, Klaus. Europäische Integration und Gewerkschaften. Der EMB zwischen Interessenvertretung und Transnationaler Solidarität. Tübingen 2013.

Herbert, Ulrich. Geschichte der Ausländerpolitik in Deutschland. Saisonarbeiter, Zwangsarbeiter, Gastarbeiter, Flüchtlinge. München 2001.

Hindrichs, Wolfgang. Der lange Abschied vom Malocher. Sozialer Umbruch in der Stahlindustrie und die Rolle der Betriebsräte von 1960 bis in die neunziger Jahre. Essen 2000.

Hinrichs, Uwe. Multi Kulti Deutsch. Wie Migration die deutsche Sprache verändert. München 2013.

Hirche, Kurt. Der Koloss wankt? Die Gewerkschaftsunternehmen zwischen Anspruch und Wirklichkeit. Düsseldorf, Wien 1984.

Hockerts, Hans Günter. Der deutsche Sozialstaat. Entfaltung und Gefährdung seit 1945. Göttingen 2011.

Hoffmann, Jürgen, Hofmann, Reiner, Mückenberger, Ulrich, Lange, Dietrich (Hg.). Jenseits der Beschlusslage. Gewerkschaft als Zukunftswerkstatt. Köln 1990.

Huber, Berthold. 2010. Kurswechsel für Deutschland. Frankfurt 2010.

Huber, Berthold. Zukunft und Perspektiven für die junge Generation. Frankfurt 2011

Huber, Berthold. Mit der IG Metall auf der sicheren Seite. Frankfurt 2013.

Huber, Berthold. Kurswechsel für gutes Leben. Frankfurt 2013.

Huber, Berthold. Perspektiven der Tarifpolitik. Hamburg 2006.

Hübner, Peter, Kleßmann, Christoph, Tenfelde, Klaus (Hg.). Arbeiter im Staatssozialismus. Ideologischer Anspruch und soziale Wirklichkeit. Köln, Weimar 2005.

In freier Verhandlung. Dokumente zur Tarifpolitik der IG Metall 1945 bis 2002. Herausgegeben von Jürgen Peters. Bearbeitet und eingeleitet von Holger Gorr. Unter Mitarbeit von Franz Steinkühler, Hans Janßen, Armin Schild, Peter Scherer, Hermann Unterhinninghofen., Reinhard Kiel, Udo Achten und Dirk Erb. Göttingen 2003.

IG Metall Vorstand (Hg.). 100 Jahre Industriegewerkschaft 1891 bis 1991. Vom Deutschen Metallarbeiter-Verband zur Industriegewerkschaft Metall. Köln 1991.
IG Metall Vorstand (Hg.). Kampf um soziale Gerechtigkeit, Mitbestimmung, Demokratie und Frieden. Die Geschichte der Industriegewerkschaft Metall seit 1945. Ein Bericht in Wort und Bild. Frankfurt am Main. Gewerkschaftsinterne Ausgabe. Frankfurt 1989.
IG Metall Vorstand. Der gewerkschaftliche Einigungsprozess. Dokumente zum Aufbau der IG Metall in den neuen Bundesländern, zusammengestellt von Kurt Thomas Schmitz und Wolfgang Schroeder. Frankfurt. 1992
IG Metall Vorstand. Hundert Jahre im Wort. 1883–1983. Ein Querschnitt in Faksimile, ausgewählt, bearbeitet und kommentiert von Gerhard Beier. Frankfurt 1983.
IG Metall. Einleitung in die Faksimileausgabe der Deutschen Metallarbeiter-Zeitung von 1891. Autor: Kurt Thomas Schmitz. Frankfurt 1981.
IG Metall Vorstand. Plakatausstellung Neunzig Jahre Industriegewerkschaft (25 Plakate). Zusammengestellt von Kurt Schmitz, Hans Siebold und Wilhelm Zimmermann. Frankfurt 1981.
IG Metall. Vorstand. Gewerkschaften retten die Republik. Der Kapp-Lüttwitz-Putsch und der Generalstreik der Gewerkschaften im März 1920. Frankfurt 1980.
IG Metall. Erkämpft – nicht gesichert. Demontage in Salzgitter. Zusammengestellt von Kurt Schmitz und Walther Kieser. Frankfurt 1983
IG Metall Vorstand (Hg.). Industriegewerkschaft 1891–1966. Vom Deutschen Metallarbeiter-Verband zur Industriegewerkschaft Metall. Ein Bericht in Wort und Bild. Frankfurt am Main 1966.
IG Metall Vorstand. Aufgabe Zukunft – Qualität des Lebens. Beiträge zur vierten internationalen Arbeitstagung der Industriegewerkschaft Metall für die Bundesrepublik Deutschland, 11.–14. April 1972 in Oberhausen, Bd. 1-10. Frankfurt 1972.
IG Metall Vorstand. Werktage werden besser – Der Kampf um den Lohnrahmentarifvertrag II in Nordwürttemberg-Nordbaden. Köln 1977.
IG Metall Vorstand. Der Arbeitskampf in der Eisen- und Stahlindustrie 1978/79. Dokumentation. Zusammengestellt von Kurt Schmitz, Frankfurt 1979.

IG Metall Vorstand. The strike in the Iron and Steel Industry (1978/79). Zusammengestellt von Kurt Schmitz und Robert Steiert. Frankfurt 1980.
IG Metall Vorstand. Frauen in der Metallgewerkschaft 1891 bis 1982. Zusammengestellt von Kurt Schmitz und Rita Russland. Frankfurt 1983.
IG Metall Vorstand. Internationaler Frauentag. Tag der Frauen seit 75 Jahren. Frankfurt 1985.
IG Metall Vorstand. Frauenförderpolitik der IG Metall. Frankfurt 1989.
IG Metall Vorstand. Denn 35 ist das Ziel. Der Kampf um kürzere Arbeitszeit in der Metallindustrie 1984. Frankfurt 1985.
IG Metall Vorstand. Der Kampf um den Streikparagraphen 116. „...denn wir geben nicht auf". Metall-Taschenbuch. Frankfurt 1986.
IG Metall Vorstand. Aufrechter Gang in schwieriger Zeit. Der Kampf um den Stufenplan im Osten und die Verteidigung der Tarifautonomie. Metall-Dokumentation. Frankfurt 1993.
IG Metall Vorstand. 1988. Diskussionsforen: Die andere Zukunft. 1988. Materialband 1: Umweltschutz zwischen Reparatur und realer Utopie; Materialband 2: Arbeit und Gesellschaft solidarisch gestalten. Die Zukunft der sozialstaatlichen Demokratie; Materialband 3: Soziales Wirtschaften durch solidarisches Handeln. Wirtschaftspolitische Alternativen; Materialband 4: Technologieentwicklung und Techniksteuerung. Für die soziale Gestaltung von Arbeit und Technik; Materialband 5: Ältere Menschen im Sozialstaat. Für eine solidarische Sozialpolitik; Materialband 6: Tarifpolitik im Strukturwandel. Arbeitsverfassung und industrielle Demokratie.
IG Metall. Vorstand. Wofür wir streiten. Solidarität und Freiheit. Internationaler Zukunftskongress. Köln 1989.
IG Metall. Die andere Zukunft: Solidarität und Freiheit. Leitlinien der IG Metall zur gesellschaftlichen und gewerkschaftlichen Reform. Frankfurt 1989.
IG Metall Vorstand. Auf der Suche nach Gerechtigkeit für die eine Welt: Demokratie, Solidarität und Freiheit. Internationales Zukunftsforum 1991. Köln 1992.
IG Metall Vorstand. Interessenvertretung, Organisationsentwicklung und Gesellschaftsreform. Frankfurt 1995.

IG Metall Vorstand. Projekthandbuch. Projektmanagement in der IG Metall. Projekt Organisationsentwicklung. Frankfurt 1998.
IG Metall Vorstand. Arbeitsheft zur Mitgliederentwicklung. Starttagung mit betrieblichen Werbeteams. Frankfurt 2001.
IG Metall Vorstand. Zukunftsdebatte. Warum sich die IG Metall verändern muss. Metalldebatte Nr. 1 Februar 2001. Frankfurt 2001
IG Metall Vorstand. Personal- und Sozialbericht der IG Metall. Frankfurt 2002
IG Metall Vorstand. IG Metall Zukunftsreport. Ergebnisse im Überblick. Zuspitzungen und Diskussionsanreize. Frankfurt 2001
IG Metall Vorstand. Personal- und Sozialbericht der IG Metall. Frankfurt 2002.
IG Metall Vorstand. Das Zukunftsmanifest. Offensive 2010. Chancen für eine bessere Zukunft. Frankfurt 2002.
IG Metall Vorstand. Frauen und Männer in der IG Metall. Erster Gender-Bericht. Frankfurt 2003.
IG Metall. Abschlussbericht. Frauen in Fach- und Führungspositionen in der IG Metall. Eine empirische Befragung. Frankfurt 2010.
IG Metall Vorstand. Frauen und Männer in der IG Metall. Genderbericht der IG Metall 2011. Darmstadt 2011.
IG Metall Vorstand. Projekt IG Metall 2009. Sich ändern, um erfolgreich zu bleiben. Zusammenfassung der Projektergebnisse. Wertheim 2011.
IG Metall Vorstand 1980. Geschäftsberichte 1977 bis 2007.
IG Metall Vorstand 1981. Protokoll Gewerkschaftstag 1980 bis 2007.
Institut zur Erforschung der europäischen Arbeiterbewegung. Mitteilungsblatt Heft 2009:
Deutsche Gewerkschaften und europäische Integration im 20. Jahrhundert. Bochum 2009.
Janzen, Karl-Heinz. Technische Angestellte im Computerzeitalter: Erste bundesweite Arbeitstagung der IG Metall für Techniker, Ingenieure und Naturwissenschaftler. Frankfurt 1985.
Janzen, Karl-Heinz. Die Einigungsstelle nach dem Betriebsverfassungsgesetz. Frankfurt 1989.
Jarausch, Konrad H. „Die Teile als Ganzes erkennen“. Zur Integration der beiden deutschen Nachkriegsgeschichten. In: Zeithistorische Forschungen 1/2004 (www.zeithistorische-forschungen.de)

Jensen, Annette. Im Osten was Neues. Unterwege zur sozialen Einheit. Herausgegeben von IG Metall Bezirk Berlin-Brandenburg. Berlin 2010.

Johannson, Kurt. Arbeiterbildung im Wandel, S. 321-339. In: Großpietsch, Edith/Benz, Georg (Hg.). Wissen um zu handeln. Ein Buch der Solidarität mit Heinz Dürrbeck. Göttingen 1998.

Jühe, Reinhard. Soziale Herkunft und Aufstieg von Gewerkschaftsfunktionären. Eine empirische Untersuchung. Köln 1977.

Kalbitz, Rainer. Aussperrungen in der Bundesrepublik. Die vergessenen Konflikte. Köln, Frankfurt 1979.

Kalbitz, Rainer. Tarifpolitik, Streik, Aussperrung. Die Gestaltungskraft der Gewerkschaften des DGB nach 1945. Köln 1991.

Kalbitz, Rainer. Die Ära Otto Brenner in der IG Metall. Frankfurt 2001.

Kaltenborn, Wilhelm. Neue Heimat. Die Jahre 1982–1990 – Ereignisse und Bewertungen. Herausgegeben vom Deutschen Gewerkschaftsbund, Bundesvorstand, Abteilung Vorsitzender April 1990. Düsseldorf 1990.

Kempter, Klaus. Eugen Loderer und die IG Metall. Biografie eines Gewerkschafters. Filderstadt: 2003.

Kittner, Michael. Arbeitskampf. Geschichte, Recht. Gegenwart. München 2005.

Koopmann, Peter. Gewerkschaftsfusion und Tarifautonomie. Berlin 2000.

Kowalczuk, Ilko-Sascha. Endspiel. Die Revolution von 1989 in der DDR. München 2009.

Kramper, Peter. Neue Heimat. Unternehmenspolitik und Unternehmensentwicklung im gewerkschaftlichen Wohnungs- und Städtebau 1950–1982 (Vierteljahreshefte für Sozial- und Wirtschaftsgeschichte, Band 200). Stuttgart 2008.

Kunz, Andreas (Hg.). Die Akte Neue Heimat. Krise und Abwicklung des größten Wohnungsbaukonzerns Europas 1982–1998. 3 Bände. Frankfurt 2003.

Kühne, Peter/Oztürk, Nihat/West, Klaus W. (Hg.). Gewerkschaften und Einwanderung – eine kritische Zwischenbilanz. Köln 1994.

Laabs, Dirk. Der deutsche Goldrausch. Die wahre Geschichte der Treuhand. München 2012.

Langkau, Jochen, Matthöfer, Hans, Schneider, Michael (Hg.). SPD und Gewerkschaften. Band 1: Zur Geschichte eines Bündnisses. Band 2: Ein notwendiges Bündnis 1994. Bonn 1994.

Lauschke, Karl. Weder Kämpfer noch Bürokrat noch Dienstleister. Zum Wandel der Gewerkschaftsfunktionäre in der zweiten Hälfte des 20. Jahrhunderts, S. 221-238. In: Till Kösler, Helke Stadtland (Hg.). Vom Funktionieren der Funktionäre. Essen 2004.

Lauschke, Karl. Die halbe Macht. Mitbestimmung in der Eisen- und Stahlindustrie 1945 bis 1989. Essen 2007.

Leif, Thomas, Klein, Ansgar, Legrand, Hans-Josef. (Hg.). Reform des DGB. Herausforderungen, Aufbruchspläne und Modernisierungskonzepte. Köln 1993.

Leminsky, Gerhard. Mitbestimmung am Arbeitsplatz, S. 56-61. In: Schmidt, Helmut, Hesselbach, Walter (Hg.). 1985. Kämpfer ohne Pathos. Festschrift für Hans Matthöfer. Bonn 1985.

Loderer, Eugen. Reform als politisches Gebot. Reden und Aufsätze zur Gesellschaftspolitik. Köln 1979.

Loderer, Eugen. Einheitsgewerkschaft. Solidarisches Handeln, soziale Gegenmacht. Frankfurt 1981.

Loderer, Eugen (Hg.). Metallgewerkschaften in Südafrika. Köln 1983.

Mahnke, Gertrud, Strothmann, Fritz (Hg.).Wir wollten mehr als die Trümmer beseitigen". Zusammengestellt von Kurt Schmitz und Kathrin Hahn. Köln 1989.

Mayr, Hans. Ein Stück Zeitgeschichte 1921 bis 1981. Ein Bildband. Zusammenstellt von Kurt Schmitz, Kathrin Hahn und Wilhelm Zimmermann. Frankfurt 1981. Frankfurt 1981.

Mayr, Hans, Janßen, Hans (Hg.). Perspektiven der Arbeitszeitverkürzung. Wissenschaftler und Gewerkschafter zur 35-Stunden-Woche. Beiträge zur wissenschaftlichen Arbeitstagung der Industriegewerkschaft Metall für die Bundesrepublik Deutschland vom 24. bis 26. August 1983 im Bildungszentrum Sprockhövel. Köln 1984.

Meyer, Heinz-Werner. Gewerkschaften und SPD – Was gehört auf eine gemeinsame Tagesordnung? S. 30-40. In: Langkau, Jochem, Matthöfer, Hans, Schneider, Michael (Hg.). SPD und Gewerkschaften. Band 2: Ein notwendiges Bündnis. Bonn 1994.

Meyer, Heinz-Werner. 1994. Aufbrüche – Anstöße. Köln 1994.

Meyer, Heinz-Werner. Sozial gerecht teilen – ökologisch umsteuern? Köln 1994.
Müller, Gloria. Strukturwandel und Arbeitnehmerrechte. Die wirtschaftliche Mitbestimmung in der Eisen- und Stahlindustrie 1945–1975. Essen 1991.
Müller, Hans-Peter, Wilke Manfred. Quo vadis, IG Metall? Köln 2004.
Müller, Hans-Peter. Die Deutsche Angestelltengewerkschaft im Wettbewerb mit dem DGB. Geschichte der DAG 1947–2001. Baden-Baden 2011.
Müller, Meike. Marketing in neuen Bundesländern, Manuskript (masch.) Examensarbeit; Hochschule für Wirtschaft und Politik Hamburg. 1995.
Müller, Stefan. Heinz Dürrbeck (1912–2001): Gewerkschafter, Sozialist und Bildungsarbeiter. Essen 2010.
Müller-Jentsch, Walther, Ittermann, Peter. Industrielle Beziehungen: Daten, Zeitreihen, Trends 1950–1999. Frankfurt, New York 2000.
Müller-Jentsch, Walther (Hg.). Konfliktpartnerschaft. Akteure und Institutionen industrieller Beziehungen. 3. Auflage, Hampp, München und Mering 1999.
Müller-Jentsch. Gewerkschaften und soziale Marktwirtschaft seit 1945. Stuttgart 2011.
Müller, Stefan. 2010. Gewerkschafter, Sozialist, Bildungsarbeiter: Heinz Dürrbeck 1912–2001. Essen 2010;
Negt, Oskar. 1971. Soziologische Phantasie und Exemplarisches Lernen – zur Theorie und Praxis der Arbeiterbildung. Frankfurt 1971.
Negt, Oskar. Erfahrung und Kompetenz, S. 279-296. In: Großpietsch, Edith, Benz, Georg (Hg.). Wissen um zu handeln. Ein Buch der Solidarität mit Heinz Dürrbeck. Göttingen 1998.
Neugebauer, Gero, Reister, Hugo. PDS und Gewerkschaften. Herausgegeben von der Friedrich-Ebert-Stiftung. Bonn 1996.
Neuhaus, Frank. DGB und CDU. Analysen zum bilateralen Verhältnis von 1982 bis 1990. Köln 1996.
Nickel, Walter. Taschenbuch der deutschen Gewerkschaften. Aufgaben – Organisation – Praxis. Köln 1995.
Niedenhoff, Horst-Udo. Der Europäische Betriebsrat: Gesetz, Kritik und Beispiele. Köln 1997.

Niedenhoff, Udo, Wilke, Manfred, Pege, Wolfgang. Gewerkschaftshandbuch. Köln 1997.

Oltmer, Jochen, Kreienbrink, Axel, Sanz Dias, Carlos (Hg.). Das ‚Gastarbeiter'-System, Arbeitsmigration und ihre Folgen in der Bundesrepublik Deutschland und Westeuropa (Schriftenreihe der Vierteljahreshefte für Zeitgeschichte 104). München 2012.

Oltmer, Jochen. Migration. Geschichte und Zukunft der Gegenwart. Darmstadt 2017.

Peters, Jürgen. ‚Gute Arbeit'. Hamburg 2003.

Peters, Jürgen. Handeln gegen rechts. Hamburg 2005.

Peters, Jürgen. Zukunft für Ostdeutschland. Hamburg 2006.

Peters, Jürgen. Aufbruch in Zeiten des Umbruchs. Hamburg 2007.

Peters, Jürgen. Mehr und bessere Arbeitsplätze in Europa. Hamburg 2007.

Preiss, Hans. Kämpfe und Kampagnen 1972–1989, S. 185-205. In: Großpietsch, Edith, Benz, Georg (Hg.). Wissen um zu handeln. Ein Buch der Solidarität mit Heinz Dürrbeck. Göttingen 1998.

Prott, Jürgen, Keller, Axel. Hauptamtliche – Zerreisproben örtlicher Gewerkschaften. 2. Auflage. Münster 2002.

Prott, Jürgen. Vertrauensleute. Ehrenamtliche Gewerkschaftsfunktionäre zwischen Beruf und sozialer Rolle. Münster 2006.

Raphael, Lutz. Jenseits von Kohle und Stahl. Eine Gesellschaftsgeschichte Westeuropas nach dem Boom. Berlin 2019.

Remeke, Stefan. Anders links sein. Auf den Spuren von Maria Weber und Gerd Muhr. Essen 2012.

Remeke, Stefan. Gerd Muhr und Maria Weber: Eine sozialpolitische Elite des DGB in den frühen Jahren der sozialliberalen Koalition (1969–1974). In: Mitteilungsblatt des Instituts für soziale Bewegungen/Heft 35. 2006, S. 207-223.

Ritter, Gerhard A. Der Preis der deutschen Einheit. Die Wiedervereinigung und die Krise des Sozialstaats. München 2006.

Rödder, Andreas. Nach der Moderne? Zeithistorische Deutungskategorien für das späte 20. Jahrhundert, S. 273-321. In: Vergangenheit und Zukunft der Moderne. Herausgegeben von Ulrich Beck und Martin Muslov. Berlin 2014.

Rödder, Andreas. 21.0. Eine kurze Geschichte der Gegenwart. München 2015.
Rölke, Kirsten, Christiane Wilke. (Hg.). Gleichgestellt: doppelt stark. Chancengleichheit in Unternehmen. Hamburg 2006.
Ruck, Michael. Tanker in der rauen See des Struktur – und Wertewandels, Partizipation und Administration während der 1980er Jahre – eine Problemskizze, S. 253- 271. In: Archiv für Sozialgeschichte 52. 2007.
Rumpf, Jörg. Deutsche Industriegewerkschaften und Europäische Gemeinschaften. Die Europapolitik der Industriegewerkschaft Metall und der Industriegewerkschaft Chemie, Papier, Keramik im Zeitraum zwischen dem Inkrafttreten der Römischen Verträge und den Ersten Direktwahlen zum Europäischen Parlament (Diss., masch.) Universität. Bochum. 2001.
Ruppert, Klaus, Klaus, Horst. Frieden – Arbeit – Menschenwürde: Leben für die Zukunft. Hamburg 2010.
Schabedoth, Hans-Joachim. Stand und Entwicklungschancen gewerkschaftlicher Seniorenarbeit, S. 192-194. In: Mitbestimmung 1989
Schabedoth, Hans-Joachim. Zukunft der Gewerkschaften in Deutschland, S. 206-219. In: Gerholt, Martin, Kunz, Norbert W. (Hg.). Deutsche Einheit – Deutsche Linke. Reflexionen der politischen und gesellschaftlichen Entwicklung. Köln 1996.
Schabedoth, Hans-Joachim. Unsere Jahre mit Helmut Kohl. Ein Rückblick. Marburg 1998.
Schabedoth, Hans-Joachim. Vorrang für Arbeit und soziale Gerechtigkeit. Marburg 2002.
Schabedoth, Hans-Joachim. Unsere Jahre mit Gerhard Schröder. Ein Rückblick. Marburg 2005.
Schabedoth, Hans-Joachim. Angela Merkel – Regieren mit SPD und Union. Bilanz der Großen Koalition. Marburg 2009.
Schabedoth, Hans-Joachim. Angela Merkel verwaltet – Deutschland verliert. Chronik und Bilanz schwarz-gelber Politik. Marburg 2013.
Scharf, Günther. Geschichte der Arbeitszeitverkürzung. Der Kampf der deutschen Gewerkschaften um die Verkürzung der täglichen und wöchentlichen Arbeitszeit. Frankfurt 1987.
Schildt, Axel. Die 80er Jahre der Bundesrepublik, S. 695-702. In: Archiv für Sozialgeschichte Bd. 47. 2007.

Schmid, Josef, Tiemann, Heinrich (Hg.). Aufbrüche. Zukunftsdiskussion in Parteien, Verbänden und Kirchen. Marburg 1990.

Schmid, Josef, Tiemann, Heinrich. 1992. Elite in der Wartestellung. Zum Profil der Hauptamtlichen in der IG Metall. In: Die politische Klasse in Deutschland, S. 331-339. In: Leif, Thoma, Legrand, Hans –Josef, Klein, Ansgar. Die politische Klasse in Deutschland. Eliten auf dem Prüfstand. Bonn 1991.

Schmidt, Helmut, Hesselbach, Walter (Hg.). Kämpfer ohne Pathos. Festschrift für Hans Matthöfer. Redaktion: Gerhard Beier. Bonn 1985.

Schmidt, Helmut. Handeln für Deutschland. Wege aus der Krise. Berlin 1993.

Schmidt, Manfred G. (Hg.). Geschichte der Sozialpolitik in Deutschland. Bd. 7: 1982–1989. Baden-Baden 2005.

Schmidt, Manfred G. Das politische System Deutschlands. Institutionen, Willensbildung und Politikfelder. München 2007.

Schmitthenner, Horst (Hg.). Der ‚schlanke' Staat. Zukunft des Sozialstaates- Sozialstaat der Zukunft. Hamburg: VSA

Schmitz, Kurt Thomas, Tiemann, Heinrich. Neokonservative Politik und gewerkschaftliche Zukunftsaussichten. In: GMH 1987, S. 100-108

Schmitz, Kurt Thomas. Geschichtsschreibung der IG Metall. Überblick und Ausblick, S. 112-120. In: GMH 1990.

Schmitz, Kurt Thomas, Schwarz, Hans Peter. (Hg.) In der Tradition der Moderne. 100 Jahre Metallgewerkschaften. Stuttgart 1992.

Schmitz, Kurt Thomas. Beruf Gewerkschaftsfunktionär, S. 130-148. In: Hans-Joachim Schabedoth, Peter Schaaf (Hg.). 2012. Franz Steinkühler. Einer von uns. Marburg: Schüren;

Schneider, Michael. Streit um Arbeitszeit. Geschichte des Kampfes um Arbeitszeitverkürzung in Deutschland. Köln 1984.

Schneider, Michael. Kleine Geschichte der Gewerkschaften. Ihre Entwicklung in Deutschland von den Anfängen bis heute. Bonn 1989.

Schneider, Michael. Aussperrung. Ihre Geschichte und Funktion vom Kaiserreich bis heute. Frankfurt 1990.

Schneider, Michael. Walter Hesselbach. Bankier und Unternehmer. Mit einem Vorwort von Hans Matthöfer. Bonn 1995.

Schönhoven, Klaus. Die deutschen Gewerkschaften. Frankfurt 1987.

Schönhoven, Klaus. Arbeiterbewegung und soziale Demokratie. Ausgewählte Beiträge. Herausgegeben von Hans-Jochen Vogel und Michael Ruck. Bonn 2002.
Schönhoven, Klaus. Wendejahre. Die Sozialdemokratie in der Zeit der Großen Koalition. Bonn 2004.
Schroeder, Wolfgang. Christlich-Soziale im Deutschen Gewerkschaftsbund, S. 839-852. In: Stimmen der Zeit 1989.
Schroeder, Wolfgang. Industrielle Beziehungen in Ostdeutschland: Zwischen Transformation und Standortdebatte. In: Aus Politik und Zeitgeschichte. Beilage zur Wochenzeitung Das Parlament B40/96 27. 09. 1996.
Schroeder, Wolfgang. Arbeitgeberverbände sind nicht gleich – Die Spitzenverbände der Arbeitgeber in der Metall-, Holz- und Textilindustrie. S. 121-144. In: Hans-Otto Hemmer (Hg.). Bilanz mit Aussichten. Köln 1999.
Schroeder, Wolfgang. Das Modell Deutschland auf dem Prüfstand. Zur Entwicklung der industriellen Beziehungen in Ostdeutschland (1990 –2000). Wiesbaden 2000.
Schroeder, Wolfgang. Gewerkschaften im Modell Deutschland: Transformation von Organisation und Politik, S. 146-165. In: Buckel, Sonja. Formen und Felder politischer Intervention. Zur Relevanz von Staat und Steuerung. Festschrift für Josef Esser. Münster 2000.
Schroeder, Wolfgang. 2001. ‚Konzertierte Aktion' und ‚Bündnis für Arbeit': Zwei Varianten des deutschen Korporatismus, S. 29-54. In: Zimmer, Annette, Weßels, Bernhard. (Hg.). Verbände und Demokratie in Deutschland. Opladen 2001.
Schroeder, Wolfgang, Weßels, Bernhard (Hg.). Die Gewerkschaften in Politik und Gesellschaft der Bundesrepublik Deutschland. Wiesbaden 2003.
Schroeder, Wolfgang, Keudel, Dorothea. Strategische Akteure in drei Welten. Die deutschen Gewerkschaften im Spiegel der neueren Forschung. Düsseldorf 2008.
Schroeder, Wolfgang, Kallas, Viktoria, Greef, Samuel. Kleine Gewerkschaften und Berufsverbände im Wandel. Düsseldorf 2008.
Schroeder, Wolfgang, Greef, Samuel. Industrie- und Spartengewerkschaften im Konflikt. Organisatorische Voraussetzungen und realisierte

Gelegenheitsstrukturen, S. 329-355. In: Industrielle Beziehungen 2008.
Schroeder, Wolfgang, Munimus, Bettina, Rüdt, Diana. Seniorenpolitik im Wandel. Verbände und Gewerkschaften als Interessenvertreter der älteren Generation. Unter Mitarbeit von Thomas Koch. Frankfurt 2010.
Schroeder, Wolfgang (Hg.). Handbuch Gewerkschaften in Deutschland. 2., überarbeitete, erweiterte und aktualisierte Auflage. Wiesbaden 2014.
Schulte, Dieter. Industriepolitik im Spagat. Köln 1995.
Schulte, Dieter (Hg.). 1996. Arbeit der Zukunft. Köln 1996.
Schwarz, Hans-Peter. Helmut Kohl. Eine politische Biographie. München 2014.
Silvia, Stephen J., Schroeder, Wolfgang. Why German Employers Associations Declining? Arguments and Evidence, S. 1433-1459. In: Comparative Political Studies Volume 40, Number 12, 2007.
Sommer, Michael. Europa sozial gestalten. Marburg 2008.
Spier, Tim, Butzlaff, Felix, Micus, Matthias, Walter, Franz (Hg.). Die Linkspartei – Zeitgemäße Idee oder Bündnis ohne Zukunft? Wiesbaden 2007.
Steinkühler, Franz (Hg.). Zwischen Aufstieg und Rationalisierung: die Angestellten. Hamburg 1988. VSA
Steinkühler, Franz (Hg.). Europa '92: Industriestandort oder sozialer Lebensraum. Hamburg 1989.
Steinrücke, Margareta, Spitzley, Helmut, Raasch, Sybille, Mückenberger, Ulrich, A. Eckart. Neue Zeiten – neue Gewerkschaften. Auf der Suche nach einer neuen Zeitpolitik. Berlin 2001.
Stiegler, Barbara. Erfolgreiche Geschlechterpolitik: Ansprüche, Entwicklungen, Ergebnisse. Bonn 2012 (Friedrich-Ebert-Stiftung).
Streeck, Wolfgang, Kluge, Norbert. Mitbestimmung in Deutschland: Tradition und Effizienz. Frankfurt, New York 1999.
Streeck, Wolfgang, Höpner, Martin (Hg.). Alle Macht dem Markt? Fallstudien zur Abwicklung der Deutschland AG. Frankfurt 2003.
Tenfelde, Klaus. Das Selbstverständnis des DGB als politische Einheitsgewerkschaft. In: GMH 1999, S. 779-782.

Tenfelde, Klaus. Die Arbeiterbewegung in der bürgerlichen Gesellschaft, S. 181-198. In: Mitteilungsblatt des Instituts zur Erforschung der europäischen Arbeiterbewegung, Heft 18/1997.

Tenfelde, Klaus. Gewerkschaft, Wissenschaft, Mitbestimmung. Von der Forschungsstelle für Wirtschaftspolitik des ADGB bis zum WSI in der Hans-Böckler-Stiftung. Stationen und Funktionen eines gewerkschaftlichen Think Tanks, S. 45-60. In: Zs. Mitteilungsblatt des Instituts für soziale Bewegungen. 2007.

Ther, Philipp. Die neue Ordnung auf dem alten Kontinent. Eine Geschichte des neoliberalen Europa. Aktualisierte Ausgabe. Berlin 2016.

Trampusch, Christine. Der erschöpfte Sozialstaat. Transformation eines Politikfeldes. Frankfurt, New York 2009.

Vetter, Heinz O. Gewerkschaftliche Politik, Reform aus Solidarität. Köln 1978.

Vetter, Heinz O. Für ein Europa der Arbeitnehmer. Köln 1979.

Vetter, Heinz O. Mitbestimmung, Idee, Wege, Ziel. Köln 1979.

Vetter, Heinz O. Gleichberechtigung oder Klassenkampf: Gewerkschaftspolitik für die achtziger Jahre. Köln 1980.

Vetter, Heinz Oskar. Einheitsgewerkschaft – historische Errungenschaft, Verpflichtung für die Zukunft, S. 37-46. In: Brandt, Willy, Woodcock, Leonard (Hg.). Festschrift für Eugen Loderer. Köln 1980.

Vetter, Heinz O. Aus der Geschichte lernen – die Zukunft gestalten – 30 Jahre DGB. Köln 1980

Wassermann, Wolfram. Gewerkschaften auf dem Weg zu den kleinen Betrieben. Ein Überblick über aktuelle Modellprojekte und Schwerpunktaktionen der Gewerkschaften im Bereich kleiner und mittlerer Betriebe. Manuskript. Hans-Böckler-Stiftung Düsseldorf 1995.

Wehler, Hans–Ulrich. Deutsche Gesellschaftsgeschichte (Bd. 5:Von der Gründung der beiden deutschen Staaten bis zur Vereinigung 1949 – 1990. München 2008.

Wehler, Hans-Ulrich. Die neue Umverteilung. Soziale Ungleichheit in Deutschland. München 2013.

Weinert, Rainer, Gilles, Franz-Otto. Der Zusammenbruch des Freien Deutschen Gewerkschaftsbundes (FDGB).Zunehmender Entscheidungs-

druck, institutionalisierte Handlungsschwächung und Zerfall der hierarchischen Organisationsstruktur. Wiesbaden 1999.
Weinert, Rainer. Das Ende der Gemeinwirtschaft. Gewerkschaften und gemeinwirtschaftliche Unternehmen im Nachkriegsdeutschland. Frankfurt 1994.
Weischer, Christoph. Politische Bildungsarbeit und gewerkschaftliche Organisation. Aspekte der Bildungsdebatte in der IG Metall. Münster 1996.
Weiser, Wilhelm (Hg.). Der Kampf um die Arbeitszeit in der Metallindustrie 1984. Herausgegeben vom Institut der deutschen Wirtschaft. Köln 1984.
Wetzel, Detlef (Hg.). Organizing. Die Veränderung der gewerkschaftlichen Praxis durch das Prinzip Beteiligung. Hamburg 2013.
Wentzel, Lothar. Gewerkschaftliche Bildungsarbeit ((http:www.bpd.de/gesellschaft/kultur/politischebildung/193579/gewerkschaftichliche-bildungsarbeit; 19. 03. 2015).
Wildcat: Gewerkschaften auf neuen Wegen: Wenn der Kollege zum Kunden wird. In: Wildcat Nr. 78, Winter 2006/2007, S 18- 20 (Kritik (operaismo) an gewerkschaftlichen Marketingansätzen);
Winkler, Heinrich August. Geschichte des Westens. Bd. 4: Die Zeit der Gegenwart. München 2015.
Winkler, Heinrich August. Zerreißproben. Deutschland, Europa und der Westen. Interventionen 1990 bis 2015. München 2015.
Winkler, Heinrich August. Zerbricht der Westen? Über die gegenwärtige Krise in Europa und Amerika. München 2017.
Wirsching, Andreas. Abschied vom Provisorium. Geschichte der Bundesrepublik Deutschland 1982–1990, Bd.6. München 2006.
Wirsching, Andreas. Der Preis der Freiheit. Geschichte Europas in unserer Zeit. München 2012.
Witjes, Claus W. Gewerkschaftliche Führungsgruppen: eine empirische Untersuchung zum Sozialprofil, zur Selektion und Zirkulation sowie zur Machtstellung westdeutscher
Gewerkschaftsführungen. Berlin 1976.
Wöhrle, Alois. Ein Leben in der Organisation. Alois Wöhrle berichtet. Zusammengestellt von Kurt Thomas Schmitz. Frankfurt 1983.

Wolfrum, Edgar. Rot-Grün an der Macht. Deutschland 1998–2005. München 2013.
Wolle, Stefan. DDR. Eine kurze Geschichte. Frankfurt 2004.
WSI-Arbeitsmaterialien Nr. 16. Beiträge zur Mitbestimmungsdiskussion. Düsseldorf 1987.
WSI-Mitteilungen 8/87: Gegenwelt durch Gegenmacht – Szenarien 2000. Düsseldorf 2000.
WSI-Mitteilungen. 2001. Bündnisse für (Frauen)Arbeit – Bestandsaufnahme und neue Ideen.
Zimmer, Stefan. Jenseits von Arbeit und Kapital? Unternehmerverbände und Gewerkschaften im Zeitalter der Globalisierung. Opladen 2002.
Zwickel, Klaus (Hg.). Wege in eine andere Zukunft. Die Tarifauseinandersetzung um Arbeitszeitverkürzung. Hamburg 1990.
Zwickel, Klaus (Hg.). Vorbild Japan? Köln 1995.
Zwickel, Klaus (Hg.). Zukunftsprofile – Gewerkschaften im gesellschaftlichen Dialog. Köln 1995.
Zwickel, Klaus (Hg.). 1998. Hinter den Glitzerfassaden. Marburg 1998.
Zwickel, Klaus. (Hg.) Streiten für Arbeit. Gewerkschaften contra Kapitalismus pur. Berlin 1998
Zwickel, Klaus (Hg.). Kann denn Mammon christlich sein? Göttingen 1999.
Zwickel, Klaus (Hg.). Kurswechsel für Arbeit und soziale Gerechtigkeit. Marburg 1999.
Zwickel, Klaus. Geben und Nehmen. Die Autobiographie. Leipzig 2005.

Anmerkungen

Zu diesem Buch

1 Vgl. Anselm Doering-Manteuffel/Lutz Raphael, Nach dem Boom. Perspektiven auf die Zeitgeschichte seit 1970, Göttingen 3., ergänzte Aufl. 2012, S. 12 ff.
2 Vgl. Alexander Nützenadel, Wachstum und kein Ende. Die Ära des Keynesianismus in der Bundesrepublik, in: Werner Plumpe/Joachim Scholtyseck (Hrsg.), Der Staat und die Ordnung der Wirtschaft. Vom Kaiserreich bis zur Berliner Republik, Stuttgart 2012, S. 119-137, hier S. 136.
3 Burkart Lutz, Der kurze Traum immerwährender Prosperität. Eine Neuinterpretation der industriell-kapita¬lis-ti¬schen Entwicklung im Europa des 20. Jahrhunderts, Frankfurt a.M./New York 1989.
4 Vgl. Wolfgang Schroeder, Soziale Demokratie und Gewerkschaften (2007), S. 11 f.; http://library.fes.de/pdf-files/akademie/online/06099.pdf.
5 Klaus Schönhoven, Geschichte der deutschen Gewerkschaften: Phasen und Probleme, in: Wolfgang Schroeder (Hrsg.), Handbuch Gewerkschaften in Deutschland, Wiesbaden 2., überarbeitete, erweiterte und aktualisierte Aufl. 2014, S. 59-83, hier S. 77.
6 Werner Plumpe, Industrieland Deutschland 1945 bis 2008, in: Einsichten und Perspektiven 3/2008, S. 160-185, hier S. 160 f.
7 Der Anteil des produzierenden Gewerbes an der Bruttowertschöpfung sank von 1970 bis 1980 von 48,3 auf 41,3 Prozent, während der Anteil des Dienstleistungsbereichs von 48,3 auf 56,6 Prozent stieg.
8 Winfried Süß/Dietmar Süß, Zeitgeschichte der Arbeit: Beobachtungen und Perspektiven, in: Knud Andresen/Ursula Bitzegeio/Jürgen Mittag (Hrsg.), Nach dem Strukturbruch? Kontinuität und Wandel von Arbeitswelten, Bonn 2011, S. 345-365, hier S. 346.
9 Vgl. Plumpe, Industrieland Deutschland, S. 161 und S. 180.
10 Vgl. Josef Mooser, Arbeiterleben in Deutschland 1900-1970. Klassenlagen, Kultur und Politik, Frankfurt a.M. 1984.
11 Vgl. Peter Kramper, Das Ende der Gemeinwirtschaft. Krisen und Skandale gewerkschaftseigener Unternehmen in den 1980er Jahren, in: AfS 52 (2012), S. 111-138.
12 Doering-Manteuffel/Raphael, Nach dem Boom, S. 10.
13 Doering-Manteuffel und Raphael präzisierten daher in der Neuauflage ihres Buchs (Nach dem Boom, S. 13) den Begriff Strukturbruch dahingehend, dass dieser „die Beobachtung von zahlreichen Brüchen an unterschiedlichen Stellen und zu unterschiedlichen Zeitpunkten" bündle.

14 Doering-Manteuffel, Brüche und Kontinuitäten, S. 572.
15 Ausnahmen, die aber das System nicht grundsätzlich in Frage stellten, waren die Entstehung des Beamtenbunds, der christlichen Gewerkschaften und der Deutschen Angestelltengewerkschaft, die allerdings 2001 in der Dienstleistungsgewerkschaft ver.di aufging. Vergleichsweise neu ist eine branchenspezifische Konkurrenz durch Berufsgewerkschaften; vgl. Wolfgang Schroeder/Viktoria Kalass/Samuel Greef, Berufsgewerkschaften in der Offensive. Vom Wandel des deutschen Gewerkschaftsmodells, Wiesbaden 2011.
16 Lutz Raphael, Jenseits von Kohle und Stahl. Eine Gesellschaftsgeschichte Westeuropas nach dem Boom, Berlin 2019.

Kapitel 1

17 Doering-Manteuffel, Anselm, Lutz, Raphael. Nach dem Boom. Perspektiven auf die Zeitgeschichte seit 1970. Göttingen 2012, 3., ergänzte Auflage. S. 12, 13.
18 Ebda, S. 13, 14.
19 Bleses, Peter, Vetterlein, Antje. Gewerkschaften ohne Vollbeschäftigung, S. 1.
20 Raphael, Lutz. Jenseits von Kohle und Stahl. Eine Gesellschaftsgeschichte Westeuropas nach dem Boom. Berlin 2019.
21 Ebda, S. 14.
22 Ebda, S. 6.
23 Ebda.
24 Ebda, 9, 10.
25 Ebda, S. 10, 11.
26 Ebda, S. 18.
27 Detlef Wetzel, geboren 1952, Werkzeugmacher, 2. Bildungsweg, Studium der Sozialarbeit an der Universität Siegen, Gewerkschaftssekretär, ab 2004 Bezirksleiter der IG Metall in Nordrhein-Westfalen, 2007–2013 Zweiter Vorsitzender der IG Metall, 2013–2015 Erster Vorsitzender der IG Metall. Wetzel, Detlef. Die Mitgliederoffensive: kopernikanische Wende in der deutschen Gewerkschaftspolitik, S. 47-55. In: Schroeder, Wolfgang (Hg. Handbuch Gewerkschaften in Deutschland. 2014. Dörre, Klaus. Vorläufiges positives Urteil zu Organizing. In: Und jetzt? Politik, Protest und Propaganda. Herausgegeben von Heinrich Geiselberger. 2007. Frankfurt 2007, S. 72, 73.
28 Winkler, Heinrich August. Geschichte des Westens. Vom Kalten Krieg zum Mauerfall, S. 893.

Kapitel 2

29 Conze, Eckart. Die Suche nach Sicherheit. Eine Geschichte der Bundesrepublik Deutschland von 1949 bis in die Gegenwart, S. 618.
30 Wirsching, Andreas. Abschied vom Provisorium. Geschichte der Bundesrepublik Deutschland 1982–1990, Bd. 6, S. 698, 699. Schildt, Axel. Die 80er Jahre der Bundesrepublik, S. 695-702. In: AfS Bd. 47. 2007.
31 Langkau, Jochem, Matthöfer, Hans, Schneider, Michael (Hg.). SPD und Gewerkschaften. Band 2: Ein notwendiges Bündnis. Bonn 1994.
32 Steinkühler, Franz. Gewerkschaft und SPD brauchen Autonomie. In: 125 Jahre SPD. Vorwärts Nr. 21, Mai 1988.
33 Meyer, Heinz-Werner. Gewerkschaften und SPD – Was gehört auf eine gemeinsame Tagesordnung?, S. 30- 40. In: Langkau, Jochem, Matthöfer, Hans, Schneider, Michael (Hg.). SPD und Gewerkschaften.
Schönhoven, Klaus. Wendejahre. Die Sozialdemokratie in der Zeit der Großen Koalition. Bonn 2004.
34 Hemmer, Hans-Otto, Milert, Werner, Schmitz, Kurt Thomas. Gewerkschaftliche Politik unter der konservativ-liberalen Regierung seit 1982, S. 413-458. In: Hemmer, Hans-Otto, Schmitz, Kurt Thomas.(Hg.) Geschichte der Gewerkschaften in der Bundesrepublik Deutschland. Von den Anfängen bis heute. Köln 1990. Ruck, Michael. Tanker in der rauen See des Struktur – und Wertewandels, Partizipation und Administration während der 1980er Jahre – eine Problemskizze, S. 253-271. In: Archiv für Sozialgeschichte, Bd. 52. Schwarz, Hans-Peter. Helmut Kohl. Eine politische Biographie. München 2014. Schumann, David. Bauarbeiten am ‚Fundament der Gesellschaft'. Christdemokratische Familienpolitik in der Ära Kohl (1973–1998). Hamburg 2014. Schmid, Josef/Tiemann, Heinrich. Bastelei am christlichen Menschenbild und am politischen Profil der Union. In: NG/FH198. Expertise zur CDU-Politik in: Sammlung Kurt Thomas Schmitz.
35 Winkler, Heinrich August. Geschichte des Westens. Vom Kalten Krieg zum Mauerfall, S. 853-872.
36 Conze, Eckart. Die Suche nach Sicherheit, S. 85.
37 Loderer, Eugen. Aspekte der strukturellen Krisen im Metallbereich. In: GMH 1983, S. 635-641.
38 IGM-Geschäftsbericht 1983–1985, S. 15.
39 Schmidt, Manfred G. (Hg.). Geschichte der Sozialpolitik in Deutschland, Bd. 7, S. 786-799.
40 Protokoll 13. ordentlicher DGB-Bundeskongress 1986, S. 23: Rede des Bundespräsidenten Richard von Weizsäcker.

41 Neuhaus, Frank. DGB und CDU, S. 15.
42 Biedenkopf, Kurt. Die klassische soziale Frage ist heute bewältigt. In: 125 Jahre SPD. Vorwärts Nr. 21, Mai 1988.
43 Neuhaus, Frank. DGB und CDU, S. 346, 347. Remeke, Stefan. Anders links sein. Auf den Spuren von Maria Weber und Gerd Muhr. Essen 2012. Remeke, Stefan. Gerd Muhr und Maria Weber: Eine sozialpolitische Elite des DGB in den frühen Jahren der sozialliberalen Koalition (1969-1974). S. 207-223. In: Mitteilungsblatt des Instituts für soziale Bewegungen/Heft 35. 2006, S. 207-223.
44 Schroeder, Wolfgang. Christlich-Soziale im Deutschen Gewerkschaftsbund', S. 839-852. In: Stimmen der Zeit 1989.
45 Abelshauser, Werner. Deutsche Wirtschaftsgeschichte. Von 1945 bis zur Gegenwart. München 2011, 2. Auflage, S. 330.
46 Über die Krise der gewerkschaftlichen Gemeinwirtschaft sind eine Reihe von Studien vorgelegt worden: Hirche, Kurt. Der Koloß wankt? Die Gewerkschaftsunternehmen zwischen Anspruch und Wirklichkeit. Düsseldorf, Wien 1984. Abelshauser, Werner. Nach dem Wirtschaftswunder. Der Gewerkschafter, Politiker und Unternehmer Hans Matthöfer. Bonn. Abelshauser, Werner. Deutsche Wirtschaftsgeschichte. Von 1945 bis zur Gegenwart. München 2011. Kaltenborn, Wilhelm. Neue Heimat. Die Jahre 1982–1990 – Ereignisse und Bewertungen. Herausgegeben vom Deutschen Gewerkschaftsbund, Bundesvorstand, Abteilung Vorsitzender April 1990. Düsseldorf 1990. Kramper, Peter. Das Ende der Gemeinwirtschaft. Krisen und Skandale gewerkschaftlicher Unternehmen in den 1980er Jahren. S. 111-128. In: AfS Bd.52, 2012. Kramper, Peter. Das Unternehmen als politisches Projekt: Die Neue Heimat 1950–1982. In: Mitteilungsblatt des Instituts für soziale Bewegungen 44. Kramper, Peter. Neue Heimat. Unternehmenspolitik und Unternehmensentwicklung im gewerkschaftlichen Wohnungs- und Städtebau 1950–1982. In: VSWG. Beihefte 200. Stuttgart. Kunz, Andreas (Hg.). Die Akte Neue Heimat. Krise und Abwicklung des größten Wohnungsbaukonzerns Europas 1982–1998. 3 Bände. Frankfurt 2003.
47 Hemmer, Hans-Otto, Milert, Werner, Schmitz. Kurt Thomas. Gewerkschaftliche Politik unter der konservativ-liberalen Regierung seit 1982, S. 421. In: Hemmer, Hans-Otto, Schmitz, Kurt Thomas (Hg.). Geschichte der Gewerkschaften in der Bundesrepublik Deutschland.
48 IGM Geschäftsbericht 1980–1982, S. 36.
49 Neuhaus, Frank. DGB und CDU, S. S. 212-230.
50 Dr. Heinz Sippel (1922–2019) 1975–1986 Vorstandsvorsitzender der Hessischen Landesbank, übernahm am 11. Dezember 1986 die Treuhandschaft für die ‚Neue Heimat Gemeinnützig'.
51 IGM Geschäftsbericht 1986–1988, S. 34, 35.

52 Hans Matthöfer (1925–2009), Nach dem Studium der Volkswirtschaftslehre in Frankfurt und Madison (USA) ab 1957 Vorstandsverwaltung der IG Metall, 1960–1972 gewerkschaftliche Bildungsarbeit, 1961–1987 MdB SPD, 1974–1987 Bundesminister für Forschung und Technologie, 1978–1982 Bundesminister der Finanzen, 1982 Bundesminister für das Post- und Fernmeldewesen, 1987–1997 Vorsitzender des Vorstandes der gewerkschaftlichen BGAG. Mitglied der SPD. Bonn.
Abelshauser, Werner. 2009. Nach dem Wirtschaftswunder. Der Gewerkschafter, Politiker und Unternehmer Hans Matthöfer.
53 Kunz, Andreas (Hg.). Die Akte Neue Heimat, S. 1034, 1035.
54 Hassel, Anke. 2003 Organisation: Struktur und Entwicklung, S. 116-118. In: Schroeder, Wolfgang, Weßels, Bernhard (Hg.). Die Gewerkschaften in Politik und Gesellschaft der Bundesrepublik Deutschland.
55 Kunz, Andreas (Hg.). Die Akte Neue Heimat. Krise und Abwicklung des größten Wohnungsbaukonzerns Europas 1982–1998, S. 12.
56 Hassel, Anke. Wer beherrschte die Gemeinwirtschaft? Unternehmenskontrolle in politischen Unternehmen, S. 115, 116. In: Wolfgang Streeck, Höpner, Martin (Hg.). Alle Macht dem Markt? Fallstudien zur Abwicklung der Deutschland AG.
57 Kunz, Andreas (Hg.). Die Akte Neue Heimat, S. 11, 12.
58 Satzung der IG Metall § 35, beschlossen auf dem 16. Ordentlichen Gewerkschaftstag der IG Metall in Berlin und Frankfurt 1989 und ergänzt durch Beschlüsse des 2. Außerordentlichen Gewerkschaftstages in Bonn 1990. In: Dokumentation. Der gewerkschaftliche Einigungsprozess, S.56-58.
59 IGM Geschäftsbericht 1989–1991, S. 195.
60 Veröffentlichungen zur gewerkschaftlichen Einheit (Auswahl): Schmitz, Kurt Thomas, Tiemann, Heinrich. Auf dem Weg zur Gewerkschaftseinheit – Ein Bericht, S. 1608-1619: In: Deutschlandarchiv 1990. Schabedoth, Hans – Joachim. Zukunft der Gewerkschaften in Deutschland, S. 206-219. In: Gerholt, Martin/Kunz , Norbert W. (Hg.) Deutsche Einheit – Deutsche Linke. Reflexionen der politischen und gesellschaftlichen Entwicklung. Köln. Schmitz, Kurt Thomas, Schroeder, Wolfgang. Der gewerkschaftliche Einigungsprozess. Dokumente zum Aufbau der IG Metall in den neuen Bundesländern. 81 S. Dokumentation 1992. Gewerkschaftstag Hamburg 1992. Auf dem Weg zur deutschen Einheit. GMH 1990. Weinert, Rainer, Gilles Franz-Otto. Der Zusammenbruch des Freien Deutschen Gewerkschaftsbundes (FDGB). Schroeder, Wolfgang. Fallbeispiel IG Metall: Weder Selbsttransformation noch Fusion, S. 143-168. In: Weinert, Rainer, Gilles, Franz-Otto. Der Zusammenbruch des Freien Deutschen Gewerkschaftsbundes. Schmid, Josef u.a. Funktionsprobleme des westdeutschen Korporatismus in Ostdeutschland. Koch-Baumgarten, Sigrid. Gewerkschaften im deutsch-deutschen Vereinigungsprozess.

In: Politische Bildung, Heft 1/92. Jensen, Annette. Im Osten was Neues. Unterwegs zur sozialen Einheit. Berlin 2010. Müller, Werner. Zur Geschichte des FDGB – eine vorläufige Bilanz, S. 340-352. In: GMH 1990. Scharrer, Manfred. 2011. Der Aufbau einer Freien Gewerkschaft in der DDR 1989/90. ÖTV und FDGB-Gewerkschaften im deutschen Einigungsprozess. Berlin, New York 2011. Wilke, Manfred, Müller, Hans - Peter. In Zusammenarbeit mit der Konrad-Adenauer-Stiftung. Zwischen Solidarität und Eigennutz: Die Gewerkschaften des DGB im deutschen Vereinigungsprozess. Melle 1991.

61 Conze, Eckart. Die Suche nach Sicherheit. Eine Geschichte der Bundesrepublik Deutschland von 1949 bis in die Gegenwart, S. 728-732.

62 Heinelt, Hubert, Bosch, Gerhard, Reissert, Bernd (Hg.). Arbeitsmarktpolitik nach der Vereinigung. Berlin 1994. Czada, Roland, Lehmbruch, Gerhard (Hg.) Transformationspfade in Ostdeutschland. Beiträge zur sektoralen Vereinigungspolitik. Frankfurt/New York 1998. Weber, Christiana. Treuhandanstalt – eine Organisationskultur entsteht im Zeitraffer. Wiesbaden 1996. Treuhand Dokumentation. Berlin 1994. Hickel, Rudolf und Jan Priewe. Nach dem Fehlstart. Ökonomische Perspektiven der deutschen Einigung. Frankfurt am Main 1994. Maaßen, Hartmut. Transformation der Treuhandanstalt. Wiesbaden 2002. Wolfgang Seibel, Wolfgang. Verwaltete Illusionen. Die Privatisierung der DDR-Wirtschaft durch die Treuhandanstalt und ihre Nachfolger 1990–2000. Frankfurt, New York 2005. Laabs, Dirk. Der deutsche Goldrausch. Die wahre Geschichte der Treuhand. München 2012. Boers, Klaus et. al (Hg.). 2010. Wirtschaftskriminalität und Privatisierung der DDR-Betriebe. Böick, Marcus. Die Treuhand: Idee – Praxis – Erfahrung 1990–1994. Göttingen 2018. Geschichte der Treuhandanstalt. Projekt: des Instituts für Zeitgeschichte München-Berlin, Leitung Professor Dr. Dierk Hoffmann.

63 Jensen, Annette. Im Osten was Neues, S. 13-44.

64 Rohwedder, Detlev, (1932–1991), 1969–1978 Staatssekretär im Bundeswirtschafsministerium, 1979 Stahlkonzern Hoesch, 1990 Präsident der Treuhandanstalt, Ermordung in Düsseldorf 1991.

65 Schroeder, Wolfgang. Das Modell Deutschland, S. 304, 305.

66 Schmidt, Helmut. Handeln für Deutschland, S. 110.

67 IGM Geschäftsbericht 1992–1994, S. 667-670.

68 Heinrich August Winkler. Der lange Weg nach Westen. Bd. 2, S. 614, 615.

Kapitel 3

69 Abelshauser,Werner. Deutsche Wirtschaftsgeschichte, S. 449, 450. Hickel, Rudolf. Zwischenbilanz der sozial-ökonomischen Einigung Deutschlands. In: GMH 1999, S. 656-666.
70 Schabedoth, Hans-Joachim, Tiemann, Heinrich. Zukunftsdiskussion der Parteien und Gewerkschaften , S. 698-707. In: WSI-Mitteilungen 1989; Schmid, Josef, Tiemann, Heinrich. (Hg.). Aufbrüche. Zukunftsdiskussion in Parteien, Verbänden und Kirchen. Marburg 1990.
71 Hälker, Kurt, Vellay, Claudius. Union Renewal – Gewerkschaften in der Veränderung. Texte aus der aktuellen internationalen Gewerkschaftsforschung, 2. erweiterte Auflage. Düsseldorf 2007.
72 Janzen, Karlheinz. Technologie und Gewerkschaften. In: GMH, S. 256-262. Zimmermann, Lothar/Bleicher, Siegfried. Gewerkschaftliche Positionen zu den neuen Medien und ihren Folgen. In: GMH 1983, S. 329-338. Bleicher, Siegfried. Ergebnisse und Aussichten der Technologiepolitik und der Humanisierung der Arbeit nach einem Jahr Regierung Kohl/Genscher, S. 166-175. In: GMH 1984. Steinkühler, Franz. Gewerkschaftliche Positionen zur sozialen Beherrschbarkeit der Technik, S. 563-570. In: GMH 1985. Drinkuth, Andreas. Das IG Metall-Aktionsprogramm ‚Arbeit und Technik' – eine Zwischenbilanz, S. 617-622. In: GMH 1986. Klotz, Ulrich. Innovations- und Technologie-Beratung als Teil eines gewerkschaftlichen Offensivkonzepts, S. 440- 461. In: Konservatismus in der Strukturkrise; Schabedoth, Hans-Joachim. Mit der Computerisierung zur humanen Arbeitswelt. Gewerkschaftliche Erfahrungen und Handlungsperspektiven, S. 112-120. In: Vorgänge. Zeitschrift für Bürgerrechte und Gesellschaftspolitik, 103/Heft1/Februar 1990.
73 IGM-Geschäftsbericht 1980–1982, S. 420.
74 IGM-Geschäftsbericht 1983–1985, S. 658.
75 IGM-Geschäftsbericht 1986–1988, S. 613-616.
76 Ebda, S. 623.
77 Steinkühler, Franz. Die andere Zukunft: Solidarität und Freiheit. In: GMH 1989, S. 585-593. Schmitz, Kurt Thomas, Tiemann, Heinrich. Die andere Zukunft: Solidarität und Freiheit. Bericht über das Zukunftsprojekt der IG Metall. In: GMH 1989. S. 123-127. Meyer, Heinz – Werner. Die gewerkschaftliche Zukunftsdebatte – eine Zwischenbilanz. In: GMH 1991, S. 538-548.
78 Das Diskussionsform Umweltschutz zwischen Reparatur und realer Utopie. Wege aus der Bedrohung leitet eine Wende in der Zukunftsdiskussion der IG Metall ein; sie führt zu einer gesellschaftspolitischen Öffnung der Gewerkschaften. (Materialband Nr. 1 der Diskussionsforen. „Die andere Zukunft: Solidarität und

Freiheit". Köln 1988 ;Titel „Umweltschutz zwischen Reparatur und realer Utopie. Wege aus der Bedrohung").

79 IGM Gewerkschaftstag der IG Metall in Berlin 1989, Protokoll: S. 48, 49.

80 Protokoll Gewerkschaftstag 1989, Entschließung 1.

81 Protokoll Gewerkschaftstag 1989, Entschließung 2.

82 Steinkükler, Franz. Gewerkschaften als Garanten einer demokratischen und sozialen Entwicklung in der Welt, S. 280. In: Industriegewerkschaft Metall (Hg.). Auf der Suche nach Gerechtigkeit für die eine Welt. Demokratie, Solidarität und Freiheit. Internationales Zukunftsforum 1991. Köln 1992.

83 Trampusch, Christine. Der erschöpfte Sozialstaat. Transformation eines Politikfeldes. Frankfurt, New York 2009.

84 IGM Geschäftsbericht 1992–1994, S. 54.

85 IGM Gewerkschaftstag 1992, Protokoll Teil 1, S. 171-172.

86 Ebda, Teil 1, S. 180-181.

87 IGM Geschäftsbericht 1992–1994, S. 190-194.

88 Meyer, Heinz-Werner. Die gewerkschaftliche Zukunftsdebatte. In: GMH 1991, S. 545.

89 IGM Gewerkschaftstag 1995, Protokoll , S. 57, 58.

90 IG Metall Vorstand Projekt Organisationsentwicklung, Statusbericht, S. 23.

91 IGM 5. Außerordentlicher Gewerkschaftstag 1998, Protokoll, S. 97.

92 Ebda., S. 284, 285.

93 IGM Gewerkschaftstag 1999. Protokoll, Grundsatzrede von Klaus Zwickel, S. 8, 11, 12.

94 IGM-Geschäftsbericht 1999 –2002, S. 54-58.

95 Lang, Klaus, Kuhlmann, Reinhard. Erneuerung und Kontinuität. Zur programmatischen Neuorientierung der Gewerkschaftsbewegung. In: GMH 1994, S.269-281. Zwickel, Klaus. Zukunftsdiskussionen der IG Metall. In: GMH 2000, S.511-520. Lang, Klaus, Legrand, Jupp. Hintergrund, Inhalte und Ziele der IG Metall Zukunftsdebatte. In: GMH 2001, S. 73-82.

96 Im Rahmen der Zukunftsdiskussion fanden eine Reihe von Befragungen statt: Repräsentativbefragung mit 2.792 Befragten, durchgeführt und ausgewertet von polis, München. ‚metall'-Befragung mit ca. 30.500 Rückläufen, ausgewertet durch polis, München; Befragungen in 699 Betrieben mit ca. 80.000 Teilnehmerinnen und Teilnehmern, ausgewertet durch polis, München. 2.543 Teilnehmerinnen und Teilnehmer nahmen an drei ‚online'- Befragungen.

97 IGM Geschäftsbericht 1999–2002, S. 58. Klaus Zwickel. 1998. Streiten für Arbeit. Klaus Zwickel. Zukunftsreport. Zwischenbericht. IG Metall Vorstand. Neue Wege wagen. Dokumentation. IG Metall Zukunftskongress 13.–15. Juni 2002. Congress Center Leipzig. Frankfurt 2002. Joachim Beerhorst, Jens-Jean Berger (Hg.). Die IG

Metall auf dem Weg in die Mitte?. VSA. Hamburg 2003. www. Labournet.de: Gester, Wie zukunftsfähig ist die Zukunftsdebatte der IG Metall?
98 IGM-Geschäftsbericht 1999–2002, S. 60-61.

Kapitel 4

99 IGM Geschäftsbericht 1995–1998, S. 42, 43. Teichmüller, Frank. Reform und Strukturen der Gewerkschaften. Was passt zusammen. In: GMH 1999, S. 559-565.
100 IGM Geschäftsbericht 1999–2002, S. 60.
101 Haipeter, Thomas. Dörre, Klaus. (Hg.). Gewerkschaftliche Modernisierung. Wiesbaden 2011. Müller, Hans-Peter. Die Deutsche Angestelltengewerkschaft im Wettbewerb mit dem DGB. Baden-Baden.
102 Die Organisationsentwicklungsdebatte in der Gewerkschaft Öffentliche Dienste, Transport und Verkehr (ÖTV) scheiterte: Zum einem daran, dass der Prozess zu stark zentral geführt wurde und zum anderen daran, dass die finanzielle Konsolidierung der ÖTV und der Personalabbau in den Vordergrund rückten. Die Leitbilddebatte geriet ins Hintertreffen und der Gesamtprozess wurde schließlich ohne Ergebnis abgebrochen. Die IGBCE führte 1997 eine verbandsinterne Leitbilddiskussion durch, die ab 1998 in das Organisationsentwicklungsprojekt ‚Gemeinsame Entwicklung der Organisation (GEO)' einmündete. Organisationsentwicklungsprojekte wurden beim DGB-Rechtsschutz und bei den Gewerkschaften GEW und NGG durchgeführt.
103 Die Gewerkschaft Bau, Steine, Erden nahm 1996 die Gewerkschaft Gartenbau, Landwirtschaft und Forsten auf. Die Industriegewerkschaft Chemie, Papier, Keramik (IGCPK) nahm die Gewerkschaft Leder auf und fusionierte mit der Industriegewerkschaft Bergbau und Energie (IGBE).
104 IGM-Geschäftsbericht 1995–1998, S. 42-43.
105 IGM Geschäftsbericht 1995–1998, S. 45.
106 Protokoll 5. Außerordentlicher Gewerkschaftstag der IG Metall 1998 , S. 118.
107 „Wir kommen nicht als ‚Metaller light'. Interview mit Manfred Schallmeyer, S. 83-86. In: Die GTB 1990 bis 1998. Herausgeber: Die GTB 1990 bis 1998 – eine Publikation des Vereins zur Weiterbildung der Arbeitnehmerinnen und Arbeitnehmer in der Textil- und Bekleidungsindustrie e.V. Düsseldorf 1998.
108 Nickel, Walter. Die Gewerkschaft Holz und Kunststoff , S. 148-156. In: Nickel, Walter. Taschenbuch der deutschen Gewerkschaften; Herausgeber Gewerkschaft Holz und Kunststoff. Die Kunst: Mitmachen wecken: Innovative Ansätze zur Mitgliederentwicklung und zur ehrenamtlichen Gewerkschaftsarbeit. Koopmann, Peter. Gewerkschaftsfusion und Tarifautonomie. Berlin 2000.

109 Grebing, Helga, Hemmer, Hans-Otto, Christmann, Gottfried (Hg.). Das HolzArbeiterBuch. Die Geschichte der Holzarbeiter und ihrer Gewerkschaften. Köln 1993.
110 Kooperationsvertrag zwischen GHK und IG Metall, 15 S. Auszüge S. 1, 2.
111 Gisbert Schlemmer, geboren 1946, Studium als Diplom-Sozialwirt in Hamburg an der Hochschule für Wirtschaft und Politik, 1979 Mitglied Hauptvorstand GHK, 1993–1999 Bundesvorsitzender GHK. Mitglied der SPD.
112 Protokoll 5. Außerordentlicher Gewerkschaftstag der IG Metall 1998, S. 113, 114.
113 IGM Geschäftsbericht 1999–2002, S. 62, 63.
114 Wolfgang Rhode, geboren 1953, Sozialpädagoge, (1980–1990) Bezirksleiter der GHK Hessen und Rheinland – Pfalz, (1990–1999) Vorstandsmitglied und stellvertretender Vorsitzender der Gewerkschaft Holz und Kunststoff; seit 1999 geschäftsführendes Vorstandsmitglied der IG Metall. Mitglied der SPD.
115 Hemmer, Hans Otto. Bilanz mit Aussichten. Die neue IG Metall an der Schwelle zum 21. Jahrhundert. Mit einem Vorwort von Klaus Zwickel. Eine Publikation der Hans-Böckler-Stiftung, S. 11.

Kapitel 5

116 Hemmer, Hans-Otto. Gewerkschaftsmiseren. In: GMH 2003, S. 457-459.
117 Schönhoven, Klaus. Quellen zur Geschichte der deutschen Gewerkschaftsbewegung. Bd. 10, S. XIX.
118 Ebda, S. XXV.
119 Ebbinghaus, Bernhard, Göbel, Claudia. Mitgliederrückgang und Organisationsstrategien deutscher Gewerkschaften. In: Schroeder, Wolfgang (Hg.). Handbuch Gewerkschaften in Deutschland, S. 207-239. Armingeon, Klaus. Arbeitsbeziehungen und Gewerkschaftsentwicklung in den achtziger Jahren: Ein Vergleich der OECD-Länder. In: PVS 1989, S. 603-628. Armingeon, Klaus. Gewerkschaften in der Bundesrepublik Deutschland 1950–1985: Mitglieder, Organisation und Außenbeziehungen. In PVS 1987, S. 7-34.
120 Ebbinghaus, Bernhard. Die Mitgliederentwicklung deutscher Gewerkschaften im historischen und internationalen Vergleich, S. 189-190. In: Wolfgang Schroeder, Bernhard Weßels.(Hg.). Die Gewerkschaften in Politik und Gesellschaft der Bundesrepublik Deutschland.
121 IGM Geschäftsbericht 1995–1998, S. 222.
122 Norbert Fischer (1927–1987), Kaufmännischer Angestellter, 197–1975 Erster Bevollmächtigter IG Metall –Verwaltungsstelle München, 1975–1987 geschäftsführendes Vorstandsmitglied der IG Metall, Hauptkassierer, Mitglied der SPD.

123 Fischer, Norbert. Mitgliederwerbung – eine vorrangige Aufgabe. In: Der Gewerkschafter 1985, S. 7.
124 Gudrun Hamacher (1945–2014), Technische Zeichnerin, 1972–1983 Gewerkschaftssekretärin der IG Metall Verwaltungsstelle Dortmund, 1983–1999 geschäftsführendes Vorstandsmitglied der IG Metall; Zu den Vorstandswahlen der IG Metall 1983: Alleingang der Männer. Frauenausschuss fühlt sich von den Kollegen ausgetrickst (In: Die Zeit 1983), Mitglied der SPD.
125 Kirsten Roelke, geboren 1949, Industriekauffrau, Soziologie- und Lehramtsstudium, 1984–1999 Erste Bevollmächtigte der Verwaltungsstelle Flensburg als erste Frau auf einer solchen Position, 1999–2007 Geschäftsführendes Vorstandsmitglied der IG Metall. Mitglied der SPD.
126 Werner Schreiber, (1950–2007), Industriekaufmann, 1985–1988 Erster Bevollmächtigter der Verwaltungsstelle Gelsenkirchen, 1988–1996 Hauptkassierer der IG Metall, Mitglied der SPD.
127 Bertin Eichler, geboren 1952, Industriekaufmann, Erster Bevollmächtigter der Verwaltungsstelle Amberg; 1996–2013 Mitglied des Vorstandes der IG Metall, Ressort Finanzen. Mitglied der SPD.
128 Harald Schartau, geboren 1953, Chemielaborant, Diplom-Betriebswirt, hauptamtliche Gewerkschaftstätigkeit in der IG Metall, 1997 – 2000 Leiter des IG Metall Bezirks Nordrhein-Westfalen, 2000–2005 Minister für Arbeit und Soziales in Nordrhein-Westfalen, 2009 Arbeitsdirektor der Georgsmarienhütte Osnabrück. Mitglied der SPD.
Schartau, Harald. Mitgliederorientierung. Was bedeutet das? In GMH 1999, S. 535.
129 IGM Geschäftsbericht 1995–1998, S. 226
130 Ebda, S. 237.
131 IGM Geschäftsbericht 2003–2006, S. 239.
132 IGM Geschäftsbericht 1995–1998, S. 236.
133 Nickel, Walter. Mitglieder, Nichtorganisierte und Mitgliederwerbung, S. 253-268. In: Nickel, Walter. Taschenbuch der deutschen Gewerkschaften.
134 IGM Geschäftsbericht 2003–2006, S. 240.
135 Eichler, Bertin. Mitgliederbindung. In: GMH 2000, S. 150-159.
136 Ebda, S. 240-245.
137 IGM Geschäftsbericht 1995–1998, S. 129.
138 Wetzel, Detlef. Die Mitgliederoffensive: kopernikanische Wende in der deutschen Gewerkschaftspolitik, S. 54,55. In: Schroeder, Wolfgang (Hg.). Handbuch der Gewerkschaften in Deutschland, S.47-55, insbesondere S. 54, 55.
139 Rehder, Britta. Vom Korporatismus zur Kampagne? Organizing als Strategie der gewerkschaftlichen Erneuerung, S. 241-264. In: Schroeder, Wolfgang (Hg.). Handbuch der Gewerkschaften in Deutschland.

140 Schmidt, Jürgen. Arbeiter in der Moderne. Arbeitsbedingungen, Lebenswelten, Organisationen. Frankfurt 2015. Wiesenthal, Helmut, Hinrichs, Karl. An den Grenzen des ‚Arbeiterbewusstseins'. Argumente für eine erweiterte Perspektive. In: GMH 1983, S. 775-788.
141 Zahlreiche Berichte über die Jugendarbeit der Gewerkschaften in den 1980er Jahren wurden in den Gewerkschaftlichen Monatsheften veröffentlicht: Glotz, Peter. Jugend und Gesellschaft – die Herausforderung der 80er Jahre. In: GMH 1980, S.357-368. Tenfelde, Klaus. Jugend und Gewerkschaften in historischer Perspektive. In: GMH 1981, S. 129-143. Brauser, Hans. Jugend und gewerkschaftliche Jugendarbeit. In. GMH 1981, S. 157-164. ‚Shell-Studie' über die Einstellung der jungen Generation zur Arbeitswelt und Wirtschaftsordnung,. GMH 1980, S. 411-417.
142 IGM Geschäftsbericht 1980–1982, S. 253, 254.
143 Andresen, Knud. Gebremste Radikalisierung. Die IG Metall und ihre Jugend 1968 bis in die 1980er Jahre. Göttingen 2016.
144 Horst Klaus, geboren 1930, Mechaniker und Maschinenschlosser, 1956–1972 Sekretär der IGM Verwaltungsstelle Nürnberg, 1972–1973 Sekretär IG Metall Vorstandsverwaltung, 1973–1983 1. Bevollmächtigter der IG Metall Verwaltungsstelle Nürnberg, 1983–1992 geschäftsführendes Vorstandsmitglied der IG Metall.
145 Karin Benz-Overhage, geboren 1942, Chemielaborantin, hauptamtliche Gewerkschaftstätigkeit in der IG Metall 1963–1972, Studium der Wirtschafts- und Sozialwissenschaften, Promotion, ab 1982 hauptamtliche Tätigkeit in der IG Metall, 1986–2003 geschäftsführendes Vorstandsmitglied. Mitglied der SPD.
146 Feist, Ursula, Krieger, Hubert. Jugendliche und Gewerkschaften – Zwischen struktureller Organisationslücke und aktueller Vertrauenskrise. In: GMH 1986, S. 84-94.
147 Ebbinghaus, Bernhard, Göbel, Claudia. Mitgliederrückgang und Organisationsstrategien deutscher Gewerkschaften, S. 207-239. In: Schroeder, Wolfgang (Hg.). Handbuch Gewerkschaften in Deutschland.
148 Yilmaz Karahasan, geboren 1938, Elektriker im Bergbau, arbeitete seit 1958 in der Bundesrepublik Deutschland, ehrenamtliche Gewerkschaftstätigkeit, nach dem Studium an der Akademie und Wirtschaft, der Sozialakademie in Dortmund, Gewerkschaftssekretär im Referat Ausländische Arbeitnehmer beim Vorstand der IG Metall, geschäftsführendes Vorstandsmitglied, (1992–1995) geschäftsführendes Vorstandsmitglied der IG Metall. Mitglied der SPD.
149 Erwin Vitt, geboren 1942, Industriekaufmann, geschäftsführendes Vorstandsmitglied 1992–2005. Mitglied der CDU. Nachfolgerin: Regina Görner, geboren 1950, 2005–2009 geschäftsführendes Vorstandsmitglied der IG Metall,

Mitglied der CDU; nach ihr kein weiteres CDU-Mitglied im Kreis der geschäftsführenden Vorstandsmitglieder.

150 Regina Görner, geb. 1950, 1990-1999 geschäftsführendes Vorstandsmitglied des DGB, 1999–2004 Arbeits- und Sozialministerin im Saarland, 2005–2011 geschäftsführendes Vorstandsmitglied der IG Metall.

151 Ebbinghaus, Bernhard. Die Mitgliederentwicklung deutscher Gewerkschaften, S. 193. In: Schroeder, Wolfgang, Weßels, Bernhard. Die Gewerkschaften in Politik und Gesellschaft der Bundesrepublik Deutschland.

152 Gewerkschaftliche Jugendarbeit als Handlungs- und Möglichkeitsraum. Marburg 2002, S. 15.

153 IGM Geschäftsbericht 1995–1998, S. 173.

154 Ebda, S. 205.

155 Bleicher, Siegfried. Probleme und Perspektiven gewerkschaftlicher Angestelltenpolitik. In: GMH 1985, S. 577-583. Niclas, Wolfgang, ‚Wir gewinnen die Neuen für uns'. Neue Formen der Werbung und Aktivierung junger Angestellter bei der IG Metall. In: GMH 1985, S. 624-631. Imiela, Ulf. Leitende Angestellte und gewerkschaftliche Interessenvertretung. In: GMH 1985, S. 632-636.

156 Ebbinghaus, Bernhard. Die Mitgliederentwicklung deutscher Gewerkschaften, S. 191. In: Schroeder, Wolfgang, Weßels, Bernhard. Die Gewerkschaften in Politik und Gesellschaft der Bundesrepublik Deutschland.

157 Lutz Dieckerhoff (1935–1987), Industriekaufmann, ehrenamtliche Gewerkschaftstätigkeit IG Metall-Verwaltungsstelle Dortmund und im IG Metall Bezirk Essen, 1973–1987 geschäftsführendes Vorstandsmitglied der IG Metall. Mitglied der SPD.

158 IGM Geschäftsbericht 1980–1982, S. 435.

159 Sammlung Kurt Thomas Schmitz. Solidarität 2000. Angestelltenpolitisches Arbeitsprogramm der Industriegewerkschaft Metall. Frankfurt 1989. Expertendiskussion: Bericht von Heinrich Tiemann.

160 Fröhlich, Dieter, Kindler, Beate. Drahtseilakt. Die angestelltenpolitische Initiative der IG Metall zwischen Organisationsreform und Mitgliederwerbung. 1996. Balduin, Siegfried. Neue Arbeits- und Beschäftigungsstrukturen als Herausforderung für die Gewerkschaften. Fünf Thesen über die Schwierigkeiten zwischen Angestellten und ihren Gewerkschaften, S. 216-231. In: Fricke, Werner (Hrsg.). Jahrbuch Arbeit und Technik. Schwerpunktthema: Zukunft der Arbeit – Zukunftsfähigkeit der Gewerkschaften. Bonn 1993. 216-231.

161 Manfred Schallmeyer, geboren 1948, Studium der Rechtswissenschaft, 1971–1973 DGB – Rechtsschutzsekretär, 1973–1989 Gewerkschaftssekretär im Hauptvorstand der Gewerkschaft Textil und Bekleidung (GTB), 1989–1998 geschäftsführendes Vorstandsmitglied im Hauptvorstand der GTB, 1998–2003

geschäftsführendes Vorstandsmitglied der IG Metall, Mitglied der SPD. Mitglied der SPD.
162 Berthold Huber, geboren 1950, Abitur, Werkzeugmacher, Studium; 1990 hauptamtlicher Gewerkschaftssekretär der IG Metall Aufbau der IG Metall in Ostdeutschland, 1990–1991, 1991–1998 Abteilungsleiter IG Metall Vorstand, 1998–2003 Bezirksleiter IG Metall Bezirk Stuttgart, 2003–2007 Zweiter Vorsitzender der IG Metall, 2007–2013 Erster Vorsitzender der IG Metall. Mitglied der SPD.
163 IGM Geschäftsbericht 1995–1998, S. 184.
164 Ebbinghaus, Bernhard, Die Mitgliederentwicklung deutscher Gewerkschaften, S. 192: In: Schroeder, Wolfgang/Weßels, Bernhard. Die Gewerkschaften in Politik und Gesellschaft.
165 IGM Geschäftsbericht 1992–1994, S. 482.
166 IGM Geschäftsbericht 1995–1998, S. 227.
167 Müller, Ursula. Das Ganze und das Andere: Frauen – nur eine Organisation. In: GMH 1989, S. 628-638.
168 Budde, Gunilla-Friederike. 1997. Frauen arbeiten. Weibliche Erwerbstätigkeit in Ost- und Westdeutschland nach 1945. Göttingen 1997.
169 Ursel Ibler (geboren 1922), Stenotypistin, 1951–1954 Angestellte der Ortsverwaltung Goslar der IG Chemie-Papier-Keramik, 1954–1959 Gewerkschaftssekretärin der IG Metall Goslar, 1959–1977 IG Metall Vorstandsverwaltung, 1977–1983 geschäftsführendes Vorstandsmitglied der IG Metall. Mitglied der SPD.
170 IGM Vorstand. Frauenförderpolitik der IG Metall, S. 8.
171 Banos, Elisabeth. Frauen in Fach- und Führungspositionen der IG Metall. Eine empirische Befragung. Abschlussbericht, S. 2.
172 IGM Metall Vorstand (Hg.) Frauen und Männer in der IG Metall. Erster Gender-Bericht der IG Metall, S. 6, 7.
173 IGM Geschäftsbericht 2003–2006, S. 198.
174 Hinrichs, Uwe. Multi Kulti Deutsch. Wie Migration die deutsche Sprache verändert. München, S. 43.
175 Herbert, Ulrich. Geschichte der Ausländerpolitik in Deutschland. Saisonarbeiter, Zwangsarbeiter, Gastarbeiter, Flüchtlinge. München 2001. Kühne, Peter, Oztürk, Nihat, West, Klaus W. (Hg.). Gewerkschaften und Einwanderung – eine kritische Zwischenbilanz. Köln 1994. Luft, Stefan. Dort lasst euch ruhig nieder. In: FAZ 30. 01. 1914.
176 Max Diamant (1908–1992), 1962–1973 Leiter der Abteilung Ausländische Arbeitnehmer im Vorstand der IG Metall.
177 Ferdinand Koob, geboren 1924, Maurer, 1946 Eintritt in den Industrieverband Bau und Holz für das Saarland, 1958–1973 Mitglied der IG Metall-Ortsverwaltung

in Saarbrücken, 1973–1984 Geschäftsführendes Vorstandsmitglied der IG Metall. Mitglied der CDU.
178 Willi Sturm (1934–2016), Wechsel von der Christlichen Gewerkschaft Deutschlands (CGD) zur IG Metall, Sachbearbeiter Arbeitsgemeinschaft christlich-demokratischer Kolleginnen und Kollegen in der IG Metall, 1985–1991 geschäftsführendes Vorstandsmitglied der IG Metall. Mitglied der CDU.
179 Zahlreiche Diskussionen über Arbeitsmigration in den Gewerkschaftlichen Monatsheften, u.a. Interview von Hans-Otto Hemmer, Chefredakteur der Gewerkschaftlichen Monatshefte: ‚Wir gehören zu dieser Gesellschaft'-Gespräch mit türkischen Arbeitnehmern. In: GMH 1982, S. 457-464. Bleicher, Siegfried. Ausländerpolitik: Absichten sind kein Ersatz für konkrete Maßnahmen. In: GMH 1982, S. 393-397. Wolfgang Rose, GTB; Karl Heinz Goebels DGB; Siegfried Müller, IGM. Korner, Reinhard/Spies, Ulrich. Zur Fremdenfeindlichkeit in der Bundesrepublik Deutschland. In: GMH 1982, S. 397-407. Dohse, Knuth. Ausländische Arbeitnehmer und betriebliche Personalpolitik. In: GMH 1982, S. 427-438. Schultze, Günther. Ausländerfeindlichkeit – woher sie kommt und was man dagegen tun kann. In: GMH 1989, S. 404-414. Fink, Ulf. Multikulturelle Gesellschaft – Realität heute. In: GMH 1989, S. 443-447. Kühne, Peter. Den Dialog organisieren! Zum Verhältnis ausländischer und deutscher Arbeitnehmer in den Gewerkschaften. In: GMH, S. 683-690. Richert, Jochen. Zur Ausländerpolitik des DGB. In: GMH 1989, S. 385-393.
180 IGM Geschäftsbericht 1983–1985, S. 726, 727.
181 IGM Geschäftsbericht 1974–1976, S. 595.
182 Arbeitspapier (Hans-Böckler-Stiftung), Nr. 45. Trends in der Migrationspolitik, S. 118 – 119. Arbeitspapier HBS Nr. 46. 2001, Multikulturelle Gesellschaft, S. 35-42. Celik, Hidir. Die Migrationspolitik bundesdeutscher Parteien und Gewerkschaften: eine kritische Bestandsaufnahme ihrer Zeitschriften 1980–1990. Bonn 1995.
183 IGM Geschäftsbericht 1989–1991, S. 855.
184 Haghighi, Peyman Javaher. Ausländerfeindlichkeit und Diskriminierung im betrieblichen Alltag, S. 157.
185 IGM Geschäftsbericht 1999–2002, S. 217, 218.
186 Haghighi, Peyman Javaher. Ausländerfeindlichkeit und Diskriminierung im betrieblichen Alltag, S. 211.
187 IGM Geschäftsbericht 2003–2006, S. 205.
188 Wolfgang Rhode „Die migrationspolitischen Erfahrungen der IG Metall". „Konferenz 50 Jahre Anwerbeabkommen Deutschland – Italien. Wir bewegen uns – Migrantinnen und Migranten in den Gewerkschaften" ,23./24. Juni 2005. Ver.di Berlin. Zuwanderung gestalten. Der DGB Bundesvorstand nimmt Stellung 1997–2005. In: Mitteilungen DGB Bildungswerk. Organisieren oder marginalisieren. In:

Magazin Mitbestimmung 7/8 2013; Migrationspolitisches Forderungs- und Arbeitspapier der IG Metall beschlossen von der 7. Bundesmigrationskonferenz der IG Metall 22.–24. März 2007.
189 IGM Geschäftsbericht 2003–2006, S. 204
190 IGM Geschäftsbericht 1995–1998, S. 180.
191 Wassermann, Wolfram, Rhode, Wolfgang. Kleinbetriebe im Zentrum. (Arbeitspapier Vorstand IGM 2004). Wassermann, Wolfram. Gewerkschaften auf dem Weg zu den kleinen Betrieben. Ein Überblick über aktuelle Modellprojekte und Schwerpunktaktionen der Gewerkschaften im Bereich kleiner und mittlerer Betriebe. Manuskript. Hans-Böckler-Stiftung Düsseldorf 1995.
192 Schroeder, Wolfgang, Bettina Munimus, Diana Rüdt. 2010. Seniorenpolitik im Wandel. Verbände und Gewerkschaften als Interessenvertreter der älteren Generation. Unter Mitarbeit von Thomas Koch, S. 345, 348, 349.
193 IG Metall Vorstand. Menschen im Sozialstaat. Für eine solidarische Sozialpolitik. Köln 1988.
194 Anlagen DGB-Kongress: Europäisches Gewerkschaftsinstitut.
195 Schroeder, Wolfgang, Munimus, Bettina, Rüdt, Diana. Seniorenpolitik im Wandel, S. 352, 353.
196 IGM Geschäftsbericht 1989–1991, S. 215, 216.
197 IGM Geschäftsbericht 1999–2002, S. 202.
198 IGM Geschäftsbericht 1992–1994, S. 665.
199 IGM Geschäftsbericht 1999–2002, S. 203.
200 Ebda, S. 271.
201 Schroeder, Wolfgang, Bettina Munimus, Diana Rüdt. 2010. Seniorenpolitik im Wandel. Verbände und Gewerkschaften als Interessenvertreter der älteren Generation. Unter Mitarbeit von Thomas Koch, S. 345, 348, 349.
202 IG Metall Vorstand. Menschen im Sozialstaat. Für eine solidarische Sozialpolitik. Köln 1988.
203 Hinweis auf Stellungnahme Schabedoth; Anlagen DGB-Kongress: Europäisches Gewerkschaftsinstitut.
204 Schroeder, Wolfgang, Munimus, Bettina, Rüdt, Diana. Seniorenpolitik im Wandel, S. 352, 353.
205 IGM Geschäftsbericht 1989–1991, S. 215, 216.
206 Schroeder, Wolfgang, Munimus, Bettina, Rüdt, Diana. Seniorenpolitik im Wandel. Verbände und Gewerkschaften als Interessenvertreter der älteren Generation, insbesondere Senioren in der IG Metall, S. 338-368.
207 Ebda, S. 356.
208 Ebda, S. 363.
209 Ebda, S. 366, 368.

Kapitel 6

210 Scharf, Günther. Geschichte der Arbeitszeitverkürzung. Der Kampf der deutschen Gewerkschaften um die Verkürzung der täglichen und wöchentlichen Arbeitszeit. Frankfurt 1987.

211 IGM Vorstand (Hg.) „...denn 35 ist das Ziel. Der Kampf um kürzere Arbeitszeit in der Metallindustrie 1983/84. Frankfurt 1984. Ferlemann, Erwin u.a. Existenz sichern, Arbeit ändern, Leben gestalten. Gewerkschaften im Kampf um Arbeitszeitverkürzung. Hamburg 1985. Zwickel, Klaus (Hg.). 1990. Wege in eine andere Zukunft. Die Tarifauseinandersetzung um Arbeitszeitverkürzung. IGM-Vorstand (Hg.). 1995. 35 – Ein Ziel ist erreicht. Eine kleine Geschichte der Arbeitszeit. Frankfurt 1995. Mayr, Hans, Janßen, Hans (Hg.). Perspektiven der Arbeitszeitverkürzung. Wissenschaftler und Gewerkschafter zur 35-Stunden-Woche. Köln 1984. Eine besondere Bedeutung für die Erarbeitung von Strategie und Taktik für den Kampf um die 35-Stunden-Woche hatte die Wirtschaftsabteilung der IG Metall unter Leitung von Dr. Rudolf Kuda (1940–2016). Eine erfolgreiche Pressearbeit führte die Presseabteilung unter der Leitung von Jörg Barczynski durch, der Pressesprecher von 1982–1999 durch.

212 Kittner, Michael. Arbeitskampf. Geschichte, Recht, Gegenwart. München 2005

213 IG Metall (Hg.). Der Arbeitskampf in der Eisen- und Stahlindustrie von Nordrhein-Westfalen, Osnabrück, Bremen, Dillenburg und Niederschelden (1978/79). Frankfurt 1979.

214 Mayr, Hans. Der Weg zur 35-Stunden-Woche, S. 62-68. In: Schmidt, Helmut, Hesselbach, Walter (Hg.). Kämpfer ohne Pathos. Festschrift für Hans Matthöfer;

215 IGM Gewerkschaftstag der IG Metall 1980. Protokoll: Entschließung Tarifpolitik.

216 IGM Geschäftsbericht 1980–1982, S. 512-514. Boll, Friedhelm , Kalass, Viktoria. Streik und Aussperrung, S. 564-566. In: Schroeder, Wolfgang (Hg.). Handbuch Gewerkschaften in Deutschland.

217 IGM Geschäftsbericht 1980–1982, S. 515-519.

218 Hemmer, Hans-Otto, Milert, Werner, Schmitz. Kurt Thomas. Gewerkschaftliche Politik unter der konservativ-liberalen Regierung seit 1982, S. 429. In: Hemmer, Hans-Otto, Schmitz, Kurt Thomas. Geschichte der Gewerkschaften in der Bundesrepublik Deutschland.

219 Der Arbeitskampf in der Metall- und Druckindustrie. Dokumentation. In: GMH 1984, Heft 7. Weiser, Wilhelm (Hg.). Der Kampf um die Arbeitszeit in der Metallindustrie 1984. Herausgegeben vom Institut der deutschen Wirtschaft. Köln 1984. Arlt, Hans – Jürgen. Ansichten des gewöhnlichen Journalismus. Warum der

Kampf für die 35-Stunden-Woche auch ein Kampf gegen die Meinung der Medien war. In: GMH 1984, S. 690-700. Bahnmüller, Reinhard. Der Streik. Tarifkonflikt um Arbeitszeitverkürzung in der Metallindustrie 1984. Hamburg 1985.

220 Michael Kittner, Arbeitskampf, S. 694-710. Fehmel, Thilo. Tarifautonomie zwischen Funktions- und Handlungsfähigkeit. Ursachen, Ablauf und Folgen der Neufassung des Paragraphen 116 Arbeitsförderungsgesetz. In: Geschichte und Gesellschaft 36 (2010), Heft 4. Professor Dr. Michael Kittner, geboren 1941, Prof. an der Universität Kassel für Wirtschafts-, Arbeits- und Sozialrecht, Justitiar der IG Metall 1972–1996.

221 Kittner, Michael. Aktuelle arbeitsrechtliche Fragen des Arbeitskampfrechts – Erwartungen und Gestaltungsmöglichkeiten, S. 415-418. In: Däubler u.a. (Hg.). Festschrift für Albert Gnade zum 65. Geburtstag.

222 Bosch, Gerhard. Arbeitszeitverkürzung im Betrieb: die Umsetzung der 38,5-Stundenwoche in der Metall-, Druck- und Holzindustrie und sowie im Einzelhandel. Altun, Ufuk. Arbeitszeitflexibilisierung in der Westdeutschen Metall- und Elektroindustrie und die Verbandsstrategien. Eine vergleichende Analyse der arbeitspolitischen Strategien des Arbeitgeberverbandes Gesamtmetall und der Industriegewerkschaft Metall. (Diss. masch) Universität Kassel 2005.

223 Hemmer, Hans-Otto, Milert, Werner, Schmitz. Kurt Thomas. Gewerkschaftliche Politik unter der konservativ-liberalen Regierung seit 1982, S. 432, 433. In: Hemmer, Hans-Otto, Schmitz, Kurt Thomas. Geschichte der Gewerkschaften in der Bundesrepublik Deutschland.

224 Gerhard Franke (1928–2004), CDU, Mitglied des niedersächsischen Landtages 1955–1965, Mitglied des Bundestages 1965–1984, Präsident der Bundesanstalt für Arbeit 1984–1993. Er trat das Amt des Präsidenten wenige Wochen vor dem Streik um die 35-Stundenwoche an.

225 Kock, Klaus. Kalt ausgesperrt. Erfahrungen von Betriebsräten im Arbeitskampf 1984 (Hans-Böckler Stiftung). Der Kampf um den Streikparagraphen 116. „...denn wir geben nicht auf". (1986). Metall-Taschenbuch.
Dokumentation: Der §116 AFG in der Auseinandersetzung (Dokumentation) In: GMH, Heft 4 1986.
Apitzsch, Wolfgang, Klebe, Thomas, Schumann, Manfred (Hg.). §116 Arbeitsförderungsgesetz. Kampf um das Streikrecht. Hamburg 1986. Institut der deutschen Wirtschaft (Hrsg.). Streikparagraph 116, Köln 1986.

226 Hemmer, Hans-Otto, Milert, Werner, Schmitz. Kurt Thomas. Gewerkschaftliche Politik unter der konservativ-liberalen Regierung seit 1982. S.413-458, insbesondere S. 435. In: Hemmer, Hans-Otto, Schmitz, Kurt Thomas. Geschichte der Gewerkschaften in der Bundesrepublik Deutschland. Von den Anfängen bis heute.

227 Hans Janßen (1924–2011), Industriearbeiter, Mitglied der SPD, 1959–1966 Mitglied der SPD im niedersächsischen Landtag, Mitglied der IG Metall, 1954 Erster Bevollmächtigter der IG Metall in Hildesheim, 1965 Bezirksleiter der IG Metall im Bezirk Münster, 1977–1986 Mitglied des Vorstandes IG Metall, Schwerpunkt: Tarifpolitik, Kampf um die 35-Stunden-Woche.
228 Kittner, Michael. Arbeitskampf, S. 684.
229 Müller-Jentsch, Walther. Die Arbeitszeitpolitik der IG Metall in den siebziger und achtziger Jahren. S. 84-95. In: Schwarz, Hans – Peter, Schmitz, Kurt Thomas (Hg.). In der Tradition der Moderne. 100 Jahre Metallgewerkschaften. München, Stuttgart. Hemmer, Hans-Otto: Stichwort Tarifpolitik. Jetzt haben die Betriebsräte ihren Spielraum, S. 700-716. In: GMH 1984. Himmelmann. Krise und Stabilität des Tarifvertragssystems, S. 477-488. In: GMH 1985. Teschner, Eckart. Probleme gewerkschaftlicher Betriebs- und Tarifpolitik im Strukturwandel, S. 619-628. In: GMH 1989.
230 Schroeder, Wolfgang. Das Modell Deutschland, S. 129.
231 Kädtler, Jürgen. Tarifpolitik und tarifpolitisches System, S. 425-464, insbesondere S. 442. In: Wolfgang Schroeder (Hg.). Handbuch Gewerkschaften in Deutschland.
232 Zwickel, Klaus. Verteilungskonflikte und Gestaltungsanspruch – tarifpolitische Perspektiven für die neunziger Jahre. GMH 1992, S. 659-667. Bispinck, Reinhard. Tarifpolitik in den neuen Bundesländern 1990. Bispinck, Reinhard. Die Gratwanderung; Tarifpolitik in den neuen Bundesländern. GMH 1991, S. 744-755.
233 Walter Riester, geboren 1943, Fliesenleger, 1970–1977 Jugendsekretär DGB-Landesbezirk Baden-Württemberg, 1977–1970 IG Metall-Verwaltungsstelle Geislingen, 1980–1988 Bezirkssekretär der IG Metall Bezirk Stuttgart, 1988–1993 Bezirksleiter IG Metall Bezirk Stuttgart, 1993–1998 Zweiter Vorsitzender der IG Metall, 1998–2002 Bundesminister für Arbeit und Sozialordnung, 2002–2009 Mitglied des Deutschen Bundestages, Mitglied der SPD.
234 Jürgen Peters, geboren 1944, Maschinenschlosser, 1969–1976 Lehrer in der IG Metall Bildungsstätte Lohr, 1976–1988 Zweigbüro Düsseldorf der IG Metall, 1988–1998 Bezirksleiter des Bezirks Hannover der IG Metall, 1998–2003 Zweiter Vorsitzender der IG Metall, 2003–2007 Erster Vorsitzender der IG Metall, Mitglied der SPD.
235 Wolfgang Schroeder. Das Modell Deutschland, S. 207.
236 IGM Vorstand (Hg.). 1993. Aufrechter Gang in schwieriger Zeit. Der Kampf um den Stufenplan im Osten und die Verteidigung der Tarifautonomie in Deutschland 1993 (Metall-Dokumentation); Hasso Düvel. Tarifverträge haben nicht nur für

Arbeitnehmer eine Schutzfunktion. Gespräch mit Hasso Düvel über die Lehren aus dem Metallstreik in Ostdeutschland, S. 385-392. In: GMH 1993.
237 Kittner, Michael. Arbeitskampf, S. 689-691.
238 Wolfgang Schroeder. 2000. Das Modell Deutschland , S. 351, 352.
239 Schroeder, Wolfgang. Modell Deutschland, S. 360. Rudi Schmidt, Theesen zum Streik 2003.
240 Zwickel, Klaus. Zukunft der Arbeit am Industriestandort Deutschland. Konsequenzen aus der Tarifrunde 1994. In: GMH 1994, S. 381-389. Streeck, Wolfgang. Anmerkungen zum Flächentarif und seiner Krise, S. 86, 87. In: GMH 1996, S.86, 87. Peters, Jürgen, Schild, Armin. Die Tarifbewegung 2002 in der Metall- und Elektroindustrie. In: GMH 2002, S. 544-547.
241 Peters, Jürgen (Hg.). In freier Verhandlung. Dokumente zur Tarifpolitik der IG Metall 1945 bis 2002, S. 764. Ruck, Michael. Die Republik der Runden Tische. Konzertierte Aktionen, Bündnisse und Konsensrunden. In: Andre Kaiser, Zittel, Thomas (Hg.). Demokratietheorie und Demokratieentwicklung. Festschrift für Peter Graf Kielmannsegg. Wiesbaden 2004. Däubler, Wolfgang (Hg.). Tarifvertragsgesetz. 2. Auflage; Bispinck, R., Th. Schulten (Hg.). Zukunft der Tarifautonomie. 60 Jahre Tarifvertragsgesetz: Bilanz und Ausblick. Hamburg 2009.
242 Könke, Günter. Die IG Metall in Ostdeutschland. Der Arbeitszeitkonflikt 2003 und seine Vorgeschichte. In: GMH 2004, S. 175.
243 Kittner, Michael. Arbeitskampf, S. 692-694.
244 Schmidt, Rudi. Der Streik in der bayerischen Metallindustrie 1954. Köln.
245 Kittner, Michael. Arbeitskampf, S. 692.
246 Schroeder, Wolfgang. Das Modell Deutschland, S. 37. Hertle, Hans-Hermann, Kädtler, Jürgen. Die industriepolitische Wende der industriellen Beziehungen. Gewerkschaftspolitik unter dem Primat der Industriepolitik am Beispiel der IG Chemie, Papier, Keramik. In: Soziale Welt Heft 2/1990.
247 Ebda, S. 54.
248 IGM Geschäftsbericht 1995–1998, S. 54.
249 IGM Geschäftsbericht 2003–2006, S. 82-84.
250 Huber, Berthold, Burkhard, Oliver, Klebe, Thomas. Tarifpolitik ist Betriebspolitik, Betriebspolitik ist Tarifpolitik. In: WSI – Mitteilungen 2005, S. 656-662, S. 656: „Die Rahmenbedingungen und Grundkoordinaten von Tarifpolitik haben sich in den letzten Jahren rapide verändert. Die IG Metall hat sich auf ihrer tarifpolitischen Konferenz vom 20.–22. Oktober 2005 mit dieser Situation auseinandergesetzt. Anspruch der IG Metall ist, sich den neuen tarifpolitischen Bedingungen nicht nur zu stellen, sondern sie mitzugestalten. Ein wesentliches Element bei allen inhaltlichen wie handlungsorientierten Konzepten, die in

diesem Zusammenhang entwickelt wurden, ist die zunehmende Verknüpfung von Tarif- und Betriebspolitik, wie der folgende Diskussionsbeitrag zeigt. Bevor konkrete Maßnahmen skizziert werden, gilt es, die entscheidenden Voraussetzungen festzuhalten, unter denen die IG Metall und die in ihr organisierten betrieblichen Interessenvertretungen heute Tarifpolitik zu gestalten haben. Anschließend wird der jüngste Tarifabschluss in der Metall- und Elektroindustrie (der sogenannte ‚Pforzheimer Tarifvertrag') als Reaktion auf diese veränderten Parameter erläutert und in seiner Wirkung analysiert. Ausgehend davon werden im Schlussteil notwendige Handlungsschritte und sieben konkrete Maßnahmen für eine zeitgemäße und organisationspolitisch erfolgreiche Verknüpfung von Tarif- und Betriebspolitik vorgestellt".

251 Kittner, Michael. Öffnung des Flächentarifvertrags, S. 389. In: Tarifautonomie für ein neues Jahrhundert. München 1998. Kittner, Michael. Aktuelle arbeitsrechtliche Fragen des Arbeitskampfrechts – Erwartungen und Gestaltungsmöglichkeiten, S. 415– 418. In: Däubler, Wolfgang. Arbeit und Recht. Festschrift für Albert Gnade zum 65. Geburtstag.

252 Huber, Berthold, Burkhard, Oliver, Klebe, Thomas. Tarifpolitik ist Betriebspolitik, Betriebspolitik ist Tarifpolitik. In: WSI-Mitteilungen 2005, S. 659.

253 Kittner, Michael, Arbeitskampf, S. 662.

254 Silvia, Stephen J. Die Zukunft der Tarifpolitik. In: GMH 1995, S. 624-632; Riester, Walter. Tarifpolitik im Umbruch. In: GMH 1994, S. 149-157. Streeck, Wolfgang. Das Zukunftsmodell – Der Flächentarifvertrag. In: GMH 1998, S. 6-16; Nickel, Bernhard. Wie effizient sind Tarifvertrag und Mitbestimmung? In: GMH 1996 S. 9-111.

255 IGM Geschäftsbericht 1989–1991, S. 256.

Kapitel 7

256 Hemsteg van Fintel, Renate. 2002. Vertrauensleute in der IG Metall. Programmatischer Anspruch und Realität. 2 Bände. Dissertation Universität Dortmund. Länge 1027 S. (Veröffentlichung: Books on Demand).

257 IGM Geschäftsbericht 1983–1985, S. 673.

258 IGM-Geschäftsbericht 1980–1982, S. 428-429.

259 Ebda, S. 74-77.

260 IGM Geschäftsbericht 1999–2002, S. 106.

261 Pyhel, Jörn. Betriebliche Mitbestimmung und gewerkschaftliche Loyalitätssicherung. In: Industrielle Beziehungen 2008, S. 43, 44.

262 Sperling, Hans-Joachim: Gewerkschaftliche Betriebspolitik, S. 485. In: Wolfgang Schroeder (Hg.). Handbuch Gewerkschaften in Deutschland.

263 Ebda, S. 433.
264 Ebda, S. 428.
265 IGM Geschäftsbericht 1980–1982, S. 239
266 Rudolf Judith (1925–2000), Maschinenschlosser, ehrenamtliche Gewerkschaftstätigkeit, 1972–1986 geschäftsführendes Vorstandsmitglied der IG Metall, Mitglied und 1979/80 Präsident des beratenden Ausschusses der Europäischen Gemeinschaft für Kohle und Stahl (EGKS). Mitglied der SPD.
267 Georg Ippers, 1982–1987 Bezirksleiter des IG Metall Bezirks Essen 1987–1995, geschäftsführendes Vorstandsmitglied der IG Metall und Leiter des Zweigbüros der IG Metall 1987–1997. Mitglied der SPD.
268 IGM Geschäftsbericht 1992–1994, S. 409.
269 Müller-Jentsch, Walther, Sperling, Hans Joachim. Reorganisation der Arbeit als Herausforderung für Betriebsräte und Gewerkschaften. In: GMH 1996, S. 41-47. Prott, Jürgen. Beteiligungsorientierte Betriebszeitungsarbeit. In: GMH 1996, S. 317-324.
270 IGM Geschäftsbericht 1995–1998, S. 72.
271 Verlust des Gegners: Stirbt der klassische Betriebsrat aus? Der Spiegel 35/1998.
272 Müller-Jentsch, Walther. Der Betriebsrat – Karriere einer janusköpfigen Institution. In: Denk-doch-mal.de Netzwerk Gesellschaftsethik e.V., Ausgabe 1 – 2012. Drinkuth, Andreas. Eine soziale Elite – die Betriebsräte. Marburg 2010. Leminsky, Gerhard. Gewerkschaftsreform und Mitbestimmung. In: GMH 1995, S. 21-34. IG Metall (Hg.) Dokumentation IG Metall Konferenz Betriebspolitik 08/09. 11. 2002 in Dortmund. Frankfurt 2002.
273 Franz, Klaus, Krüger, Peter, Lense. Helmut. Gesellschaftliche Entwicklungen und Handlungsnotwendigkeiten für die IG Metall. In: GMH 2003, S. 285-293.
274 Schroeder, Wolfgang. Modell Deutschland, S. 207, 219-221.
275 IGM Geschäftsbericht 1999–2002, S. 109.
276 Ebda, S. 104.
277 Lauschke, Karl. Die halbe Macht. Mitbestimmung in der Eisen- und Stahlindustrie 1945–1989. Essen 2007. Müller-Jentsch, Walther. Mitbestimmungspolitik, S. 451-477. In: Schroeder, Wolfgang, Weßels, Bernhard. Gewerkschaften in Politik und Gesellschaft; Müller-Jentsch, Walther. Mitbestimmungspolitik, S. 505-534. In: Schroeder, Wolfgang (Hrsg.). Handbuch Gewerkschaften in Deutschland. Beyme, Klaus von. Mitbestimmung – Tendenzen der sozialwissenschaftlichen Forschung. In: GMH 1984, S. 129-139. Leminsky, Gerhard. Mitbestimmung. In: GMH 1990, S. 361, 362. Abelshauser, Werner. Deutsche Wirtschaftsgeschichte, insbesondere S. 384-391. Vollmer, Walter. Montanmitbestimmung und Unternehmenskultur während der Bergbaukrise

1958–1968. Essen 2013. Blüm, Norbert. Die Zukunft der wirtschaftlichen Mitbestimmung. In: Festschrift Eugen Loderer, S. 29-36. Kübel, Friedrich. Der Arbeitsdirektor im Widerstreit der Interessen. In: Festschrift Eugen Loderer, S. 69-84.

278 Bamberg, Ulrich, Michael Bürger,Michael. Aber ob die Karten voll ausgereizt sind. 10 Jahre Mitbestimmungsgesetz 1976 in der Bilanz. Köln 1986, S. 6.

279 In den Zeitschriften Gewerkschaftliche Monatshefte, Die Mitbestimmung und WSI-Mitteilungen wurden zahlreiche Aufsätze zu Theorie und Praxis der Mitbestimmung veröffentlicht. Streit um die Montanmitbestimmung, Teil 1. In: GMH 1980, S.545. Teil 2. In: GMH 1980, S.606-611. Breit, Ernst. Mitbestimmungsinitiative. Abbau der Arbeitslosigkeit – Demokratisierung der Wirtschaft. In: GMH 1982. S. 593-602. Loderer, Eugen. Montanmitbestimmung – ihre Möglichkeiten und Grenzen. In: GMH 1982. S. 611-617. Jung, Volker. Aspekte der Mitbestimmungsinitiative des DGB. In: GMH 1982. S. 627-640. Dokumentation. Verhandlungen und Beschlüsse des 12. Ordentlichen DGB-Bundeskongresses. In: GMH 1982. S. 640-662. Dokumentation. Konzeption Mitbestimmung am Arbeitsplatz. In: GMH 1982. S. 180-184.

280 Montanmitbestimmung. Geschichte, Idee, Wirklichkeit. Mit Beiträgen von Hans Becker, Otto Brenner, Rudolf Judith, Eugen Loderer, Franz Ludwig, Wolfgang Spieker, Heinz Oskar Vetter. 1979, S. 71-85, insbesondere S. 76. Köln 1979.

281 Egon Overbeck (1918–1996), Vorstandsvorsitzender der Mannesmann AG von 1962–1983.

282 IGM Geschäftsbericht 1980–1982, S. 292.

283 Judith, Rudolf. 40 Jahre Mitbestimmung. Erfahrungen, Probleme, Perspektiven. Köln 1986. Lompe, Klaus u.a. Bilanz und Perspektiven der Montanmitbestimmung. Entwicklungen, Erfahrungen, Herausforderungen. Berlin 2003. Hindrichs, Wolfgang u. a. Der lange Abschied vom Malocher. Sozialer Umbruch in der Stahlindustrie und die Rolle der Betriebsräte von 1960 bis in die neunziger Jahre. Essen 2000.

284 Niethammer, Lutz. Entwicklungslinien internationaler Arbeitsteilung und Folgen für die nationale Gewerkschaftspolitik. In: GMH 1981, S. 446-462; Rebhan, Herman. Die IG Metall in der internationalen Gewerkschaftsbewegung, S. 135 – 144, In: Brandt, Willy, Woodcock, Leonard (Hg.). Festschrift für Eugen Loderer. Köln 1980.

285 Friedhelm Farthmann. Gewerkschaftspolitik vor dem Ende?, S. 8. In: FAZ 06. 09. 2007.

286 Clairmont, Yves. Vom europäischen Verbindungsbüro zur transnationalen Gewerkschaftsorganisation. Organisation, Strategien und Machtpotentiale des Europäischen Metallgewerkschaftsbundes. Stuttgart 2014.

287 Müller-Jentsch, Walther. Gewerkschaften und soziale Marktwirtschaft seit 1945, S. 171.
288 Klebe, Thomas, Kunz, F. Europäische Betriebsräte – Erste Erfahrungen. Jahrbuch des Arbeitsrechts. Bd. 38 (2001), S. 55. Niedenhoff, Horst-Udo. Der Europäische Betriebsrat: Gesetz, Kritik und Beispiele. Köln 1997.
289 Müller-Jentsch, Walther. Gewerkschaften und soziale Marktwirtschaft, S. 181. Reib, Stefan. Die Transnationalisierung der Gewerkschaften: eine empirische Untersuchung der IG Metall 2009. Rumpf, Jörg. Deutsche Industriegewerkschaften und Europäische Gemeinschaft; Klebe, Thomas, Roth, Siegfried. Die Gewerkschaften auf dem Weg zu einer internationalen Strategie?, S. 749-759. In: Arbeitsrecht im Betrieb, 12, 2000.
290 IGM Geschäftsbericht 1995–1998, S. 84.
291 Henning, Klaus. Europäische Integration und Gewerkschaften. Der EMB zwischen Interessenvertretung und Transnationaler Solidarität. 2013.
292 IGM Geschäftsbericht 1999–2002, S. 123-125.
293 Hindrichs, Wolfgang. Der lange Abschied vom Malocher. Sozialer Umbruch in der Stahlindustrie und die Rolle der Betriebsräte von 1960 bis in die neunziger Jahre. Essen 2000.
294 Müller, Jentsch, Walther. Gewerkschaften und soziale Marktwirtschaft seit 1945, S. 173-175.
295 Werner Reutter, Werner, Peter Rütters, Peter. ‚Pragmatischer Internationalismus': Geschichte, Struktur und Einfluss internationaler und europäischer Gewerkschaftsorganisationen, S. 581- 615. In: Schroeder, Wolfgang (Hg.). Handbuch der Gewerkschaften in Deutschland. Kowalsky, Wolfgang. Europäischer Gewerkschaftsbund: politische Entwicklung, S. 617-636. In: Schroeder, Wolfgang (Hg.). Handbuch der Gewerkschaften in Deutschland; Platzer, Hans-Wolfgang. Europäische Betriebsräte, S. 637-655. In: Schroeder, Wolfgang (Hg.). Handbuch der Gewerkschaften in Deutschland; Streeck, Wolfgang. Gewerkschaften in Westeuropa, S. 107-120. In: Schroeder, Wolfgang (Hg.). Handbuch der Gewerkschaften in Deutschland. Müller-Jentsch, Walther. 2011. Gewerkschaften und soziale Marktwirtschaft seit 1945, S. 169-192.
296 Mittag, Jürgen. Deutsche Gewerkschaften und europäische Integration: Forschungsphasen, Desiderate und Perspektiven aus historischer Sicht. In: Mitteilungsblatt des Institutes für soziale Bewegungen, Heft 42/2009, S. 5-24.
297 Bürgerschaftliches Engagement der Betriebsräte: Erhebungen im Rahmen des von der Hans-Böckler-Stiftung und der Otto-Brenner-Stiftung finanzierten Forschungsprojektes ‚Global mitbestimmen – lokal gestalten'. Forschungsprojekt Universität Jena, Institut für Soziologie 2008.

298 Reiner Hofmann. Europäisierung als Modernisierung, S. 292-303, insbesondere S. 301, 302. In: Ulrich Mückenberger, Eberhardt Schmidt, Rainer Zoll (Hg.). Die Mobilisierung der Gewerkschaften in Europa. Münster 1996. Wolfgang Kowalsky, Peter Scherrer. Gewerkschaften für einen europäischen Kurswechsel. Das Ende der europäischen Gemütlichkeit. Münster 2011.

Kapitel 8

299 Schmid, Josef, Tiemann, Heinrich. Organisation ist auch Politik. In: GMH 1991, S. 390.
300 Brunner, Detlev. Zur historischen Entwicklung gewerkschaftlicher Verwaltung und des Funktionärsbildes. In: GMH 1991, S. 360-370.
301 IGM Geschäftsbericht 1999–2002, S. 158, 159.
302 Hickel, Rudolf, Mattfeldt, Harald. Die ‚Fünf Weisen' in der Krise – 20 Jahre Rat der Ratlosen, S. 699-713. In: GMH 1983. Hickel, Rudolf. Deregulierung der Arbeitsmärkte. In: GMH 1984, S. 85-96.
303 IGM Geschäftsbericht 1983–1985, S. 159.
304 IGM Geschäftsbericht 1986–1988, S. 157, 158.
305 IGM Geschäftsbericht 1989–1991, S. 726
306 Die 1948 mit Sitz in Frankfurt gegründete Treuhandgesellschaft IGEMET konzentrierte sich auf die treuhänderische Verwaltung von Vermögenswerten für die IG Metall. Die Gesellschaft konzentrierte sich auf die Verwaltung des Liegenschaftsbestandes, zu dem unbebaute Grundstücke, bebaute Grundstücke und Geschäftsgebäude, Wohngebäude, Bildungsstätten und Erholungsheime gehören. Der Ertragsüberhang betrug 1982 34, 2 Millionen DM und 1988 9,3 Millionen DM.
307 IGM Geschäftsbericht 2003–2006, S. 229-237. Überblick über Gesellschaften und Beteiligungen der IG und ihre finanziellen Aktivitäten
308 IGM Geschäftsbericht 1986–1998, S. 261, 262.
309 IGM Geschäftsbericht 1995–1998, S. 202.
310 IGM Geschäftsbericht 1995–1998, S. 200; Der Spiegel 27/1996. Sehr dubios: Protokoll Untersuchungsausschuss.
311 IGM Geschäftsbericht 1995–1998, S. 199.
312 Arlt, Hans-Jürgen. Kommunikation, Öffentlichkeit, Öffentlichkeitsarbeit. PR von gestern, PR für morgen – das Beispiel Gewerkschaft. Opladen 1998.
313 IGM Geschäftsbericht 1986–1988, S. 447-453.
314 IGM Geschäftsbericht 1989–1991, S. 227.
315 IGM Geschäftsbericht 1999–2002, S. 193.
316 IGM Geschäftsbericht 1995–1998, S. 160.

317 Ebda, S. 160.
318 Ebda, S. 164.
319 Schreiber, Werner. Kampfkraft durch Dienstleistung. In: GMH 1996, S. 356-367.
320 Zech, Rainer. Mitmach-Gewerkschaften gibt es nicht. Zur Kommunikation mit Mitgliedern. In: GMH 1996, S. 309-317. Negt, Oskar. Für eine Veränderung der gewerkschaftlichen Organisationskultur. In: GMH 1993. 265-270; Arlt, Hans-Jürgen, Jarren, Otfried. Mehr PR wagen? Über Agitation, Öffentlichkeitswandel und Gewerkschaftsreform, S. 298-308. In: GMH 1996. Mehrens, Klaus. Kommunikationskultur innerhalb der IG Metall – wie kann das funktionieren? In: GMH 1999, S.545-551. Müller, Meike. Gewerkschaftsmarketing in Sachsen. Eine vergleichende Analyse. Hausarbeit masch. Prott, Jürgen. Öffentlichkeit und Gewerkschaften. Theoretische Ansätze und empirische Erkenntnisse. Münster 2003.
321 IGM Geschäftsbericht 1980–1982, S. 321.
322 Rudzio, Wolfgang. Politische Perspektiven der ‚Stamokap'-Theorie. In: GMH 1979, S. 228.
323 Heinz Dürrbeck (1912–2001), Lehre als Tischler und Schlosser, Studium zum Ingenieur, beschäftigt bei AEG, 1933 aktiver Kampf gegen das NS-Regime, 1945 Betriebsratsvorsitzender der AEG in Hannover, 1954–1977 geschäftsführendes Vorstandsmitglied der IG Metall mit dem Schwerpunkt Bildungsarbeit, zweimal, 1975 und 1994, Anklage wegen angeblicher nachrichtendienstlicher Tätigkeit für das Ministerium für Staatssicherheit der DDR, 1979 Flucht nach Italien und Ungarn. Die Verfahren gegen ihn wurden ohne Hauptverhandlung eingestellt. Müller, Stefan. 2010. Gewerkschafter, Sozialist, Bildungsarbeiter: Heinz Dürrbeck 1912–2001. Essen 2010. Negt, Oskar. 1971. Soziologische Phantasie und Exemplarisches Lernen – zur Theorie und Praxis der Arbeiterbildung. Frankfurt 1971.
324 Johannson, Kurt. Arbeiterbildung im Wandel, S. 321-325. In: Großpietsch, Edith, Benz, Georg (Hg.). Wissen um zu handeln. Ein Buch der Solidarität mit Heinz Dürrbeck. Göttingen 1998.
Negt, Oskar. Erfahrung und Kompetenz. In: Großpietsch, Edith, Benz, Georg (Hg.). Wissen um zu handeln, S. 279-296.
325 Hans Preiss (1927–2005), 1949 Eintritt in die Gewerkschaft Öffentliche Dienste, Transport und Verkehr (ÖTV), Angestellter, 1962–1964 Angestellten- und Bildungssekretär beim DGB in Wiesbaden, ab 1964 Verwaltung IG Metall, gewerkschaftliche Bildungsarbeit, 1970–1972 persönlicher Referent von Otto Brenner, 1972–1989 geschäftsführendes Vorstandsmitglied der IG Metall, gewerkschaftliche Bildungsarbeit, Mitglied der SPD. Preiss, Hans. Perspektiven der Bildungsarbeit, in: Der Gewerkschafter 11/1972.

326 Karl Heinz Hiesinger, geboren 1942, Maschinenschlosser, seit 1974 hauptamtlicher Funktionär in der Verwaltungsstelle Augsburg, Erster Bevollmächtigter in der Verwaltungsstelle Augsburg, 1989–1992 geschäftsführendes Vorstandsmitglied, Mitglied der SPD.
327 Siegfried Bleicher, (19401–978), Maschinenschlosser, 1970–1975 Sekretär DGB Landesbezirk Düsseldorf, 1978–1982 Vorsitzender des DGB-Landesbezirks Nordrhein-Westfalen, 1982–1986 Mitglied des Geschäftsführenden Bundesvorstandes des DGB, 1986–1999 geschäftsführendes Vorstandsmitglied der IG Metall, Mitglied der SPD.
328 Wolf Jürgen Röder, geboren 1948, Studium der Rechtswissenschaften, nach dem Zweiten juristischen Staatsexamen hauptamtliche Gewerkschaftstätigkeit, 1984–1999 Erster Bevollmächtigter der Verwaltungsstelle Reutlingen, 1999–2007 geschäftsführendes Vorstandsmitglied der IG Metall, Mitglied der SPD.
329 IGM Geschäftsbericht 1992–1994, S. 588. Walter, Jürgen. Die Deutsche Vereinigung – Konsequenzen für die gewerkschaftliche Bildung. In: GMH 1991, S. 776-781.
330 IGM Geschäftsbericht 1999–2002, S. 179, 180. Dera, Klaus. Gewerkschaftliche Bildungsarbeit zwischen Zweckbildung und Teilnehmerorientierung, S. 341-351. In: Großpietsch, Edith/Benz, Georg (Hg.). Wissen um zu handeln. Röder, Wolf Jürgen. Welche Bildung braucht die Arbeit. In: GMH 2001, S. 499-508.
331 Wentzel, Lothar. Gewerkschaftliche Bildungsarbeit (http:www.bpd.de/gesellschaft/kultur/politische bildung/ 193579/gewerkschaftichliche-bildungsarbeit) (19.03.2015).
332 Neumann, Uwe, Schäfer, Wolfgang. Gewerkschaftssekretäre in der industriellen Provinz – Arbeitertribüne oder Verwalter sozialer Rückständigkeit. In: Gerd Uwe Bogulawski, Bodo Irrek (Hg.).Ohne Utopien kann der Mensch nicht leben. Göttingen 1985, S. 127, 128.
333 IGM Geschäftsbericht 1995–1998, S. 134.
334 IGM-Geschäftsbericht 1999–2002, S. 172; Beerhorst, Joachim, Gröbel, Rainer, Scholtyssek, Susanne. Das Traineeprogramm der IG Metall. Ein Instrument der vorausschauenden Personalentwicklung. In: GMH 2002, S. 305-315. Prott, Jürgen, Schramm, Florian. Die IG Metall auf dem Weg zu einer systematischen Personalpolitik, S. 316-323. In: GMH 2002, S. 316-323. Molitor, Andreas. Ein Bund fürs Leben. In: Magazin Mitbestimmung 04/2009.
335 Prott, Jürgen, Schramm, Florian. Die IG Metall auf dem Weg zu einer systematischen Personalpolitik, In: GMH 2002, S. 323.
336 IGM Metall Vorstand (Hg.). Frauen und Männer in der IG Metall. Erster Gender-Bericht der IG Metall. Banos, Elisabeth. Frauen in Fach- und Führungspositionen.

337 IGM Geschäftsbericht 2003–2006, S. 69.
338 Ebda, S. 165.
339 Im Rahmen der Hundertjahrfeier der IG Metall im Jahre 1991 veröffentlichte Der Gewerkschafter ein Schwerpunktheft mit dem Titel ‚100 Jahre IG Metall – 100 Jahre Funktionäre'. Gewerkschafter 39. Jg., 1991, Mai 1991, S. 17-32.
340 IGM Geschäftsbericht 1983–1985, S. 146.
341 Karlheinz Janzen (1926–2016), Modellschreiner, ehrenamtliche Gewerkschaftsarbeit, 1963–1972 Erster Bevollmächtigter IG Metall Gummersbach, 1972 – 1986 Vorstandsmitglied der IG Metall; Schwerpunkt u.a. Sozial- und Arbeitsrecht, Sozialpolitik, gewerkschaftliche Technologiepolitik; 1986–1989 Zweiter Vorsitzender der IG Metall. Mitglied der SPD.
342 IGM Geschäftsbericht 1986–1988, S. 186, 187.
343 IGM-Geschäftsbericht 1992–1994, S. 201.
344 Witjes, Claus W. Gewerkschaftliche Führungsgruppen: eine empirische Untersuchung zum Sozialprofil, zur Selektion und Zirkulation sowie zur Machtstellung westdeutscher Gewerkschaftsführungen. Berlin 1976.
345 Margarete Traeder (1895–1965), vor 1933 Angestellte im DMV, nach 1933 Emigration, 1947 bis 1958 Leiterin der Abteilung Frauen in der IG Metall, war von 1958–1960 geschäftsführendes Vorstandsmitglied der IG Metall. Mitglied der SPD; Amtszeit weiterer Vorstandsmitglieder im Ressort Frauen: Gertrud Mahnke (1960–1971); Anke Fuchs (1971–1977); Ursel Ibler 1977–1983); Gudrun Hamacher (1983–1999); Kirsten Roelke (1999–2007); Helga Schwitzer (2007–2011); Christiane Benner (seit 2011).
346 IGM Geschäftsbericht 1986–1988, S. 180.
347 Ebda, S. 180.
348 Ebda, S. 181.
349 Prott, Jürgen, Keller, Axel. Hauptamtliche, S. 46, 307. Prott, Jürgen. Funktionäre in den Gewerkschaften, S. 283-307. In: Schroeder, Wolfgang (Hg.). Handbuch Gewerkschaften in Deutschland. Lauschke, Karl. Weder Kämpfer noch Bürokrat oder Dienstleister. Zum Wandel der Gewerkschaftsfunktionäre in der zweiten Hälfte des 20. Jahrhunderts, S.221-238. In: Kössler, Till, Stadtland, Helke (Hg.). Vom Funktionieren der Funktionäre. Politische Interessenvertretung und gesellschaftliche Integration in Deutschland nach 1933. Essen 2004. Schmitz, Kurt Thomas. Beruf Gewerkschaftsfunktionär, S.130-148. In: Hans-Joachim Schabedoth, Peter Schaaf (Hg.). 2012. Franz Steinkühler. Einer von uns. Marburg: Schüren;
350 Prott, Jürgen, Keller, Axel. 2002, Hauptamtliche, S. 43.
351 Borsdorf, Ulrich. Deutsche Gewerkschaftsführer – biographische Muster, S. 11 – 41. In: Borsdorf, Ulrich u.a. (Hg.).Gewerkschaftliche Politik: Reform aus Solidarität. Zum 60. Geburtstag von Heinz O. Vetter, Köln 1977.

352 Hans Brümmer (1886–1966), Schmied, Vorsitzender des Schmiedeverbandes in Mannheim 1907, in der Novemberrevolution Mitglied des Arbeiter- und Soldatenrats in Karlsruhe und Mitglied der vorläufigen badischen Volksregierung im Jahre 1918, 1919–1933 Sekretär des Deutschen Metallarbeiterverbandes in Stuttgart, im Jahre 1933 von den Nationalsozialisten 1933 und verurteilt, nach 1945 Neuaufbau der Gewerkschaften in Württemberg-Baden, 1945–1949 Vorstandsmitglied des Gewerkschaftsbundes Württemberg-Baden, 1946–1949 zugleich Vorsitzender des Industrieverbandes Metall, von 1948–1956 zunächst mit Walter Freitag 1948–1952 und ab 1952 mit Otto Brenner Vorsitzender der IG Metall. Mitglied der SPD.
353 Walter Freitag (1989–1958), Werkzeugdreher, ab 1920 Gewerkschaftssekretär des Deutschen Metallarbeiterverbandes, 1932 Mitglied des Preußischen Landtages, 1933 bis 1935 im Konzentrationslager, ab 1941 Arbeit bei Werk Hörder des Dortmund-Hörder- Hüttenvereins; nach 1945 am Wiederaufbau der SPD und der Gewerkschaften beteiligt; wichtige politische und gewerkschaftliche Ämter; Ko-Vorsitzender der IG Metall von 1948 zusammen mit Hans Brümmer. Vorsitzender des DGB von 1952–1956. Mitglied der SPD.
354 Otto Brenner (1907–1972), Betriebselektriker, 1922 Mitglied des Deutschen Metallarbeiterverbandes, seit 1931 Mitglied der Sozialistischen Arbeiterpartei Deutschlands (SAP), Widerstandsaktivitäten in Hannover, 1933 verhaftet und zu zwei Jahren Haft verurteilt, nach 1945 Mitglied der SPD, Wiederaufbau der Gewerkschaften in Hannover, 1947 Bezirksleiter der Metallsparte in der Allgemeinen Gewerkschaft in Niedersachsen, bis 1952 Bezirksleiter der IG Metall im Bezirk Hannover, 1952–1956 Zweiter Vorsitzender und 1956–1972 Erster Vorsitzender der IG Metall, 1961–1972 Präsident des Internationalen Metallarbeiterbundes. Mitglied der SPD.
355 Aloys Wöhrle (1903–1985), Feinmechaniker, vor 1933 Funktionär des Deutschen Metallarbeiterverbandes (DMV), nach 1933 Haft, 1945 Wiederaufbau der Gewerkschaften in München, 1946 Bevollmächtigter der Verwaltungsstelle München, 1946–1948 Vorsitzender der IG Metall in Bayern, 1948–1950 stellvertretender Vorsitzender der IGM in der Bizone, 1950–1956 Mitglied des geschäftsführenden Vorstandes der IGM, 1956–1958 Zweiter Vorsitzender der IG Metall, Mitglied der SPD.
356 Willi Bleicher (1907–1981), erlernter Beruf Bäcker, ab 1927 Hilfsarbeiter bei Daimler Stuttgart Untertürkheim, Eintritt in den Deutschen Metallarbeiter Verband, Mitglied der KPD, nach der NS-Machtübernahme zunächst Emigration in die Schweiz und nach Frankreich, Rückkehr nach Stuttgart, 1936 Verhaftung durch die Gestapo, Verurteilung wegen Hochverrat, nach Haft in Ulm am 1938 im KZ Buchenwald bis Kriegsende, nach aktive Mitarbeit im Aufbau der

Gewerkschaften und der KPD, Ausschluss aus der KPD 1950, ab 1948 hauptamtlicher IG-Metall Funktionär, Mitglied im Vorstand der IG Metall, 1950 Abwahl der Kommunisten im Vorstand, Erster Bevollmächtigter der IG Metall in Göppingen, 1959–1972 Bezirksleiter der IG Metall im Bezirk Stuttgart. Ab 1953 Mitglied der SPD.

357 Kempter, Klaus. 2003. Eugen Loderer und die IG Metall, S. 20.

358 Prott, Jürgen, Keller, Axel. Hauptamtliche, S. 107.

359 Jensen, Annette. Im Osten was Neues, S. 275-280.

360 Gemeinsame Erklärung von Jürgen Peters und Berthold Huber, Frankfurt am Main 23. Juli 2003, 2 S.

361 Klaus Ernst, geboren 1954, Elektromechaniker, Studium an der Hochschule für Wirtschaft und Politik in Hamburg, 1995 Gewerkschaftssekretär in der Verwaltungsstelle Stuttgart; 1995–2007, Erster Bevollmächtigter der IG Metall in Schweinfurt; er war zunächst Mitglied der SPD, dann Mitbegründer der WASG, 2007–2010 stellvertretender Vorsitzender der Partei Die Linke, 2010–2012 zusammen mit Gesine Lötzsch Vorsitzende der Partei Die Linke. Mitglied des Bundestages ab 2005.

362 Wolfrum, Edgar. Rot-Grün an der Macht, S. 193.

363 Der Weg nach vorne für Europas Sozialdemokraten. Ein Vorschlag von Gerhard Schröder und Tony Blair. 18 S., masch.

364 Winkler, Heinrich August. Sozialliberal oder sozialkonservativ? Zum ‚Schröder-Blair- Papier, S. 109-112. In: Heinrich August . Zerreißproben. München 2015.

Kapitel 9

365 Schönhoven, Klaus. Wendejahre, S. 339-351. Abelshauser, Werner. Deutsche Wirtschaftsgeschichte, S. 378-391.

366 Hassel, Anke, Trampusch, Christine. Verbände und Parteien: Die Dynamik von Parteikonflikten und die Erosion des Korporatismus, S. 111-131. In: Beckert, Jens, Ebbinghaus, Bernhard, Hassel, Anke, Manow, Philipp (Hg.). Transformation des Kapitalismus. Festschrift für Wolfgang Streeck zum sechzigsten Geburtstag.

367 Mülhaupt, Bernd. Betrogene Betrüger – Vom Scheitern des Programms der Bundesregierung ‚Für mehr Wachstum und Beschäftigung‘, S.164-171, insbesondere S. 165, 166. In: Klaus Zwickel (Hg.). Kurswechsel für Arbeit und soziale Gerechtigkeit.

368 IGM Geschäftsbericht 1995–1998, , S. 94-111.

369 Zwickel, Klaus. Kurswechsel für Arbeit und soziale Gerechtigkeit, S. 14, 15.

370 Literatur zu ‚Bündnis für Arbeit, Ausbildung und soziale Gerechtigkeit‘: Wolfrum, Edgar. Rot-Grün an der Macht, S. 501. Arlt, Hans Jürgen, Nehls, Sabine (Hg.) Bündnis für Arbeit. Konstruktion –Kritik – Karriere. Opladen, Wiesbaden 2009. Reutter, Werner. Das Bündnis für Arbeit, Ausbildung und Wettbewerbsfähigkeit, S. 289-305. In: Gohr, Antonia u.a. (Hg.). Sozial- und Wirtschaftspolitik unter Rot-Grün. Wiesbaden 2003. Jeanrond, Hanna. Gewerkschaften und soziale Sicherung, S. 465-484. In: Schroeder, Wolfgang (Hg.). Handbuch der Gewerkschaften in Deutschland. Tiemann, Heinrich. Rot-Grün und Gewerkschaften. Altes Bündnis oder Ende einer Partnerschaft, S. 40-48. In: Forschungen und Neue Soziale Bewegungen, Heft 2: Ohne sie zieht die neue Zeit? Gewerkschaften in der Sackgasse, Jg. 15. 2002

371 IGM Geschäftsbericht 2000–2002, S. 74-76.

372 In der Phase der rot-grünen Regierung von 1998 bis 2005 wurden 25 Expertenkommissionen eingesetzt, u.a. die Hartz-Kommission, die Rürup-Kommission und die Kommission zur Modernisierung der bundesstaatlichen Ordnung.

373 Schmidt, Manfred G. (Hg.).Geschichte der Sozialpolitik in Deutschland. Bd. 7, S. 119.

374 Wolfgang Clement, geboren 1940, Jurist, 1997–2005 Mitglied SPD-Bundesvorstand, ab 1969 Staatssekretär und Chef der Staatskanzlei der Regierung Johannes Rau in Nordrhein-Westfalen, seit 1990 Landesminister, 1998 Nachfolger von Johannes Rau, 1998–2002 Ministerpräsident des Landes Nordrhein-Westfalen, 2002–2005 Bundesminister für Wirtschaft und Arbeit.

375 Wolfrum, Edgar. Rot-Grün an der Macht, S. 528-583.

376 Ebda, S. 539.

377 IGM Geschäftsbericht 2000–2002, S. 139-155, insbesondere S. 139.

378 Im Mai 2001 veröffentlichte die Regierung Schröder den ersten Armuts- und Reichtumsbericht vor. Graf, Marie Sophie. Die Inszenierung der Neuen Armut im sozialpolitischen Repertoire von SPD und Grünen 1983–1987. Frankfurt 2015. Peters, Jürgen. Warum wir in Deutschland einen Politikwechsel brauchen. In: GMH 2003, S. 518-527; Trampusch, Christine. Der erschöpfte Sozialstaat. Transformation eines Politikfeldes. Frankfurt am Main 2009.

379 Horst Schmitthenner, geboren 1940, Maschinenschlosser, zweiter Bildungsweg: sozialwissenschaftliches Studium, ab 1971 hauptamtliche Tätigkeit in der IG Metall, 1985–1989 Erster Bevollmächtigter der IG Metall in Neuwied, 1989–2003 geschäftsführendes Vorstandsmitglied der IG Metall.

380 IGM Geschäftsbericht 1999–2002, S. 139.

381 Wolfrum, Edgar. Rot-Grün an der Macht, S. 504, 505.

382 Ebda, S. 697-699.

383 Ebda, S. 582.
384 Spier, Tim, Butzlaff, Felix, Mircus, Matthias, Walter, Franz (Hg.). Die Linkspartei. Wiesbaden 2007. Nachtweg, Oliver. Die Entstehung der Wahlalternative Arbeit und soziale Gerechtigkeit, S. 155-184. In: Spier, Tim, Butzlaff, Felix, Mircus, Matthias, Walter, Franz (Hg.). Die Linkspartei. Neugebauer, Gero. Die Partei Die Linke. Demuth, Christian. Die Linkspartei – eine populistische Partei, S. 131-150. In: Perspektiven ds 2007. Brie, Michael (Hg.). Die Linkspartei. Ursprünge, Ziele. Erwartungen. Berlin 2005. Holzhauer, Thorsten. ‚Niemals mit der PDS'?. Zum Umgang der SPD mit der SED-Nachfolgepartei zwischen Ausgrenzungs- und Integrationsstrategie (1990–1998). In: Vierteljahreshefte für Zeitgeschichte 2014. Weichold, Jochen. Die WASG eine zeitgenössische Arbeiterpartei. Ein Überblick über die Kurse Geschichte der ‚Wahlalternative Arbeit und soziale Gerechtigkeit'. In: Zs. Jahrbuch für Forschungen zur Geschichte der Arbeiterbewegung 2013.
385 Thomas Händel, geboren 1953, Elektromechaniker, Studium an der Akademie der Arbeit, Gewerkschaftssekretär ab 1979, Geschäftsführer der IG Metall 1987 bis 2012 in Fürth, zunächst SPD, Mitbegründer WASG, Mitglied der Partei Die Linke, MdB ab 2005, ab 2009 Mitglied im Europaparlament
386 Schreiner, Ottmar. Gegen die Entsozialdemokratisierung der SPD. In: FAZ 10. September 2007.
387 Lafontaine, Oskar. Freiheit durch Sozialismus. In: FAZ 9. Juli 2007, S. 7.
388 Neugebauer, Gero. Die Partei Die Linke, S. 129.
389 Hassel, Anke. Die Lage der deutschen Gewerkschaften. In: GMH 2003, S. 294-298, insbesondere S. 297.

Kapitel 10

390 Die Friedrich-Ebert-Stiftung, das Archiv der sozialen Demokratie in Kooperation mit Jürgen Kocka und dem Verband der Historikerinnen und Historiker Deutschlands veranstalteten ein Symposium vom 06.10.2016 bis 07.10.2016 zum Gedenken an Gerhard A. Ritter. Gerhard A. Ritter gab die Reihe ‚Geschichte der Arbeiter und der Arbeiterbewegung seit dem Ende des 18. Jahrhunderts" heraus. Im Rahmen dieser Reihe wurden Grundlagenwerke zur Geschichte der Arbeiterbewegung und der Arbeiterbewegungskultur vorgelegt.
391 Schönhoven, Klaus. Vor einem Jahrhundert-Jubiläum. Die Gewerkschaften und ihre Geschichtsschreibung, S. 35, 36. In: Brusis, Ilse, Schönhoven, Klaus. Die Gewerkschaften und ihre Geschichtsschreibung. Beier, Gerhard. Die Wiederentdeckung der Gewerkschaftsgeschichte. Ein aktueller Streit und seine

historischen Hintergründe. In: Aus Politik und Zeitgeschichte. Beilage zur Wochenzeitung Das Parlament B 41/79, S. 19-35.
392 Ernst Breit. (Hg.). Aufstieg des Nationalsozialismus. Untergang der Republik. Zerschlagung der Gewerkschaften. Beiträge zur Geschichte der Arbeiterbewegung zwischen Demokratie und Diktatur. Köln 1984.
393 Arbeiter und Arbeiterbewegung im Vergleich. Berichte zur internationalen historischen Forschung. Herausgegeben von Klaus Tenfelde. Historische Zeitschrift. Sonderhefte. Herausgegeben von Lothar Gall, Bd. 15, München 1986.
394 Einen Überblick über die Tarifpolitik der IG Metall bietet die kommentierte Materialsammlung: „In freier Verhandlung. Dokumente zur Tarifpolitik der IG Metall 1945 bis 2002". Herausgegeben von Jürgen Peters. Bearbeitet und eingeleitet von ‚Holger Gorr'. Unter Mitarbeit von Franz Steinkühler, Hans Janßen, Armin Schild, Peter Scherer, Hermann Unterhinninghofen, Reinhard Kiel, Udo Achten und Dirk Erb. Göttingen 2003.
Schneider, Michael. Aussperrung, ihre Vorgeschichte und Funktion im Kaiserreich bis heute. Köln 1980. Schneider, Michael. Streit um Arbeitszeit. Köln 1984.
395 Aus der Vielzahl an Arbeiten über die Mitbestimmung eine kleine Auswahl: Lauschke, Karl. Die halbe Macht. Mitbestimmung in der Eisen- und Stahlindustrie 1945 bis 1989. Essen 2007. Müller, Gloria. Strukturwandel und Arbeitnehmerrechte. Die wirtschaftliche Mitbestimmung in der Eisen- und Stahlindustrie 1945–1975. Essen 1991. Müller, Gloria. Entstehung und Entwicklung der Mitbestimmung – ein Überblick über die historische Forschung. In: Borsdorf, Ulrich u.a. Montan-Mitbestimmung – Bestandsaufnahme und Perspektiven. Beiträge zur Mitbestimmungsdiskussion. WSI-Arbeitsmaterialien Nr. 16, Düsseldorf 1987. Ranft, Norbert. Vom Objekt zum Subjekt. Montanmitbestimmung, Sozialklima und Strukturwandel im Bergbau seit 1945. Köln 1988. Schneider, Dieter, Kuda, Rudolf. Mitbestimmung – Wege zur industriellen Demokratie. München 1968. Streeck, Wolfgang, Kluge, Norbert (Hg.). Mitbestimmung in Deutschland: Tradition und Effizienz. Frankfurt, New York 1999.
396 Schroeder, Wolfgang. Das Modell Deutschland auf dem Prüfstand. Zur Entwicklung der industriellen Beziehungen in Ostdeutschland (1990–2000). Wiesbaden 2000.
397 Quellen zur Geschichte der deutschen Gewerkschaftsbewegung im 20. Jahrhundert. Herausgegeben von Hermann Weber, Klaus Schönhoven, Klaus, u.a. 14 Bde. (1914–1969). Köln: Bund (Bde 1-11, 1984–1996), Bonn: Dietz (Bde. 12-14, 2005–2007). Dowe, Dieter, Kruke, Anja, Schneider, Michael (Hg.). Der Deutsche Gewerkschaftsbund 1969–1975. Bearbeitet von Klaus Mertsching. Bonn 2013.
398 Quellen zur Geschichte der deutschen Gewerkschaftsbewegung im 20. Jahrhundert. Band 10: „Die Industriegewerkschaft Metall in der frühen

Bundesrepublik 1950–1956". Bearbeitet von Walter Dörrich und Klaus Schönhoven. Köln 1991. Quellen zur Geschichte der deutschen Gewerkschaftsbewegung im 20. Jahrhundert. Band. 9: „Die Industriegewerkschaft Metall in den Jahren 1956 bis 1963". Bearbeitet von Felicitas Merkel. Köln 1999.
399 Kalbitz, Rainer. Die Ära Otto Brenner in der IG Metall. Frankfurt 2001. Becker, Jens, Jentsch, Harald. Otto Brenner. Eine Biografie. Göttingen 2007.
400 Kempter, Klaus. Eugen Loderer und die IG Metall. Biografie eines Gewerkschafters. Filderstadt 2003.
401 Kittner, Michael. Arbeitskampf. Geschichte, Recht. Gegenwart. München 2005.
402 Schmitz, Kurt Thomas. Geschichtsschreibung der IG Metall. Überblick und Ausblick. In: GMH 1990, S. 112-120.
403 Barth, Boris. Die IG Metall zwischen Wiedervereinigung und Finanzmarktkrise. Ausgewählte Ereignisse der jüngeren Gewerkschaftsgeschichte. Freiburg 2016. Lauschke, Karl. Sind Gewerkschaften eine historische Randerscheinung? Weiße Flecken in großen Geschichtswerken. In: Gegenblende. Das gewerkschaftliche Debattenmagazin März, April 2015.
404 Berger, Stefan (Hg.). Gewerkschaftsgeschichte als Erinnerungsgeschichte. Der 2. Mai 1933 in der gewerkschaftlichen Erinnerung und Positionierung nach 1945. Essen 2015.
405 Schönhoven, Klaus. Die Gewerkschaften und ihre Geschichtsschreibung, S. 59. In: Schroeder, Wolfgang/Weßels, Bernhard (Hg.). Die Gewerkschaften in Politik und Gesellschaft der Bundesrepublik Deutschland. Deppe, Frank, Fülberth, Georg, Harrer, Jürgen (Hg.). Geschichte der deutschen Gewerkschaftsbewegung. Köln 1977. Kolb, Johannes. Metallgewerkschaften in der Nachkriegszeit. Der Organisationsaufbau der Metallgewerkschaften in den drei westlichen Besatzungszonen Deutschlands. Frankfurt 1972. Soergel, Werner. Metallindustrie und Nationalsozialismus. Eine Untersuchung über Struktur und Funktion industrieller Organisationen in Deutschland 1929–1939. Frankfurt o. J. (1965) .
406 Müller-Jentsch, Walther. Der Weg der Gewerkschaften in die Soziale Marktwirtschaft, S. 215. In: Berger, Stefan (Hg.). 2015. Gewerkschaftsgeschichte als Erinnerungsgeschichte.

Abkürzungen

AfS	Archiv für Sozialgeschichte
ASG	Initiative Arbeit und soziale Gerechtigkeit
CDA	Christlich-Demokratische Arbeitnehmerschaft
CDU	Christlich Demokratische Union Deutschlands
CSU	Christlich-Soziale Union in Bayern
DGB	Deutscher Gewerkschaftsbund
EVG	Eisenbahn- und Verkehrsgewerkschaft
FDP	Freie Demokratische Partei
FDGB	Freier Deutscher Gewerkschaftsbund
GHK	Gewerkschaft Holz und Kunststoff
GMH	Gewerkschaftliche Monatshefte
GTB	Gewerkschaft Textil-Bekleidung
HBS	Hans-Böckler-Stiftung
IG Bau	Industriegewerkschaft Bauen-Agrar-Umwelt
IG BCE	Industriegewerkschaft Bergbau, Chemie, Energie
NGG	Gewerkschaft Nahrung-Genuss-Gaststätten
NG/FH	Neue Gesellschaft/Frankfurter Hefte
PVS	Politische Vierteljahresschrift
SPD	Sozialdemokratische Partei Deutschlands
Ver.di	Vereinte Dienstleistungsgewerkschaft
VSWG	Vierteljahresschrift für Sozial- und Wirtschaftsgeschichte
WASG	Wahlalternative Arbeit und soziale Gerechtigkeit
WSI	Wirtschafts- und Sozialwissenschaftliches Institut

Über den Autor

Kurt Thomas Schmitz
geb. 1940, nach dem Studium und der Promotion bei Professor Karl Dietrich Bracher im Fach Politikwissenschaft 1969, von 1969 bis 1972 Friedrich-Ebert-Stiftung, Abteilung Sozial- und Zeitgeschichte, Mitarbeit im Projekt SPD-Bundestagsfraktion, IG Metall 1978 bis 2000, 1978 bis 1991 Referent in der Grundsatzabteilung des 1. Vorsitzenden der IG Metall, 1991 bis 2000 Leiter der Abteilung Werbung, Marketing und Kulturarbeit.

Wolfgang Schroeder
geb. 1960, Professor für Politikwissenschaft an der Universität Kassel, Fellow am Wissenschaftszentrum Berlin (WZB). Vorsitzender des Wissenschaftlichen Beirats des Progressiven Zentrums.